AF637593

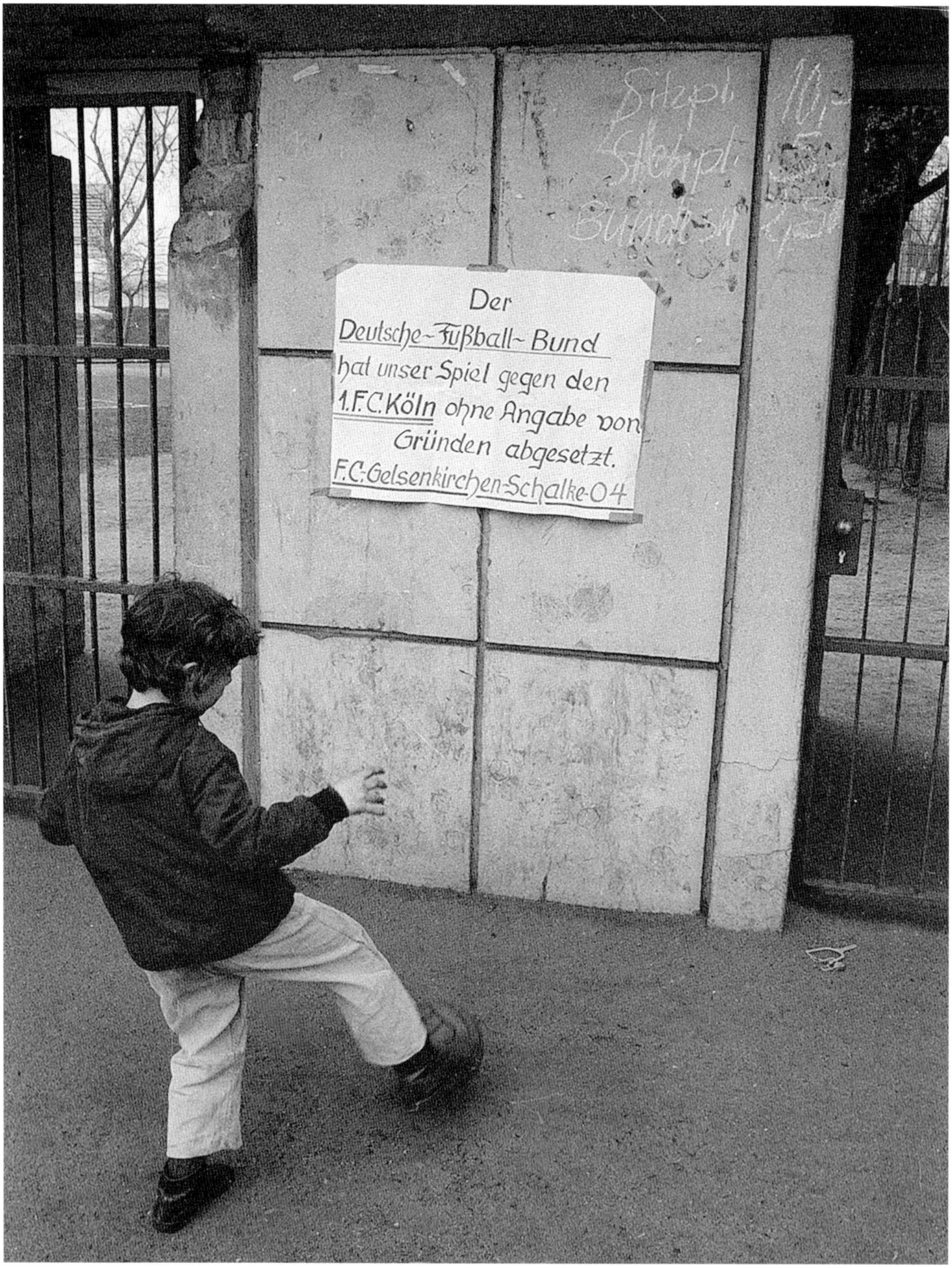

Die Eingangstore zur Glückauf-Kampfbahn blieben nach Bekanntwerden des Bundesligaskandals 1973 auf Anordnung des DFB für das Spiel gegen den 1. FC Köln geschlossen.

Schalke 04
in den 70er-Jahren

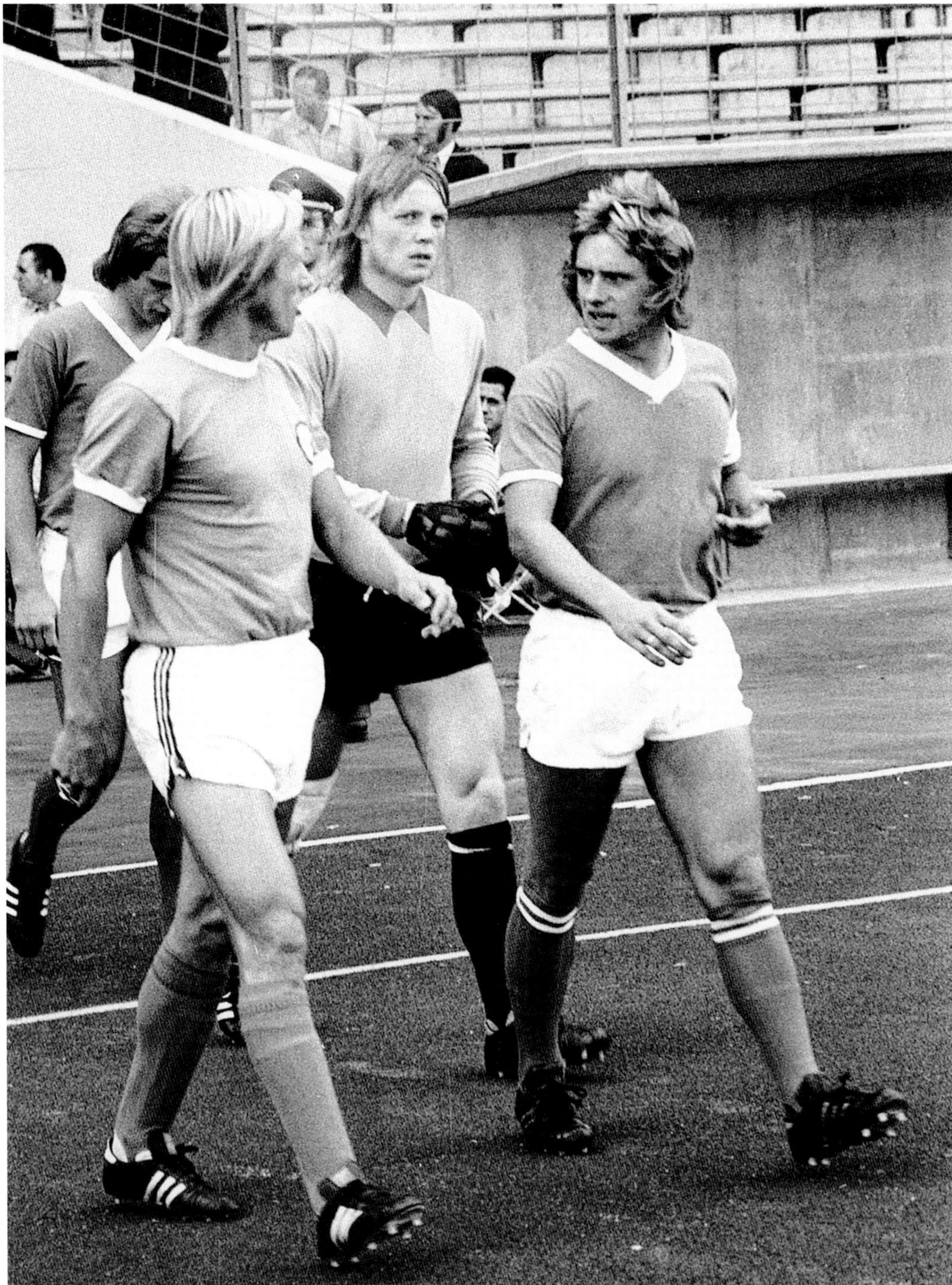

Zwiegespräch zwischen Siggi Held (Offenbach) und S04-Mannschaftskapitän Helmut Kremers (rechts), dahinter Helmut Pabst und Paul Holz.

Friedhelm Wessel

Schalke 04 in den 70er-Jahren

Ein königsblaues Jahrzehnt in Bildern

SUTTON

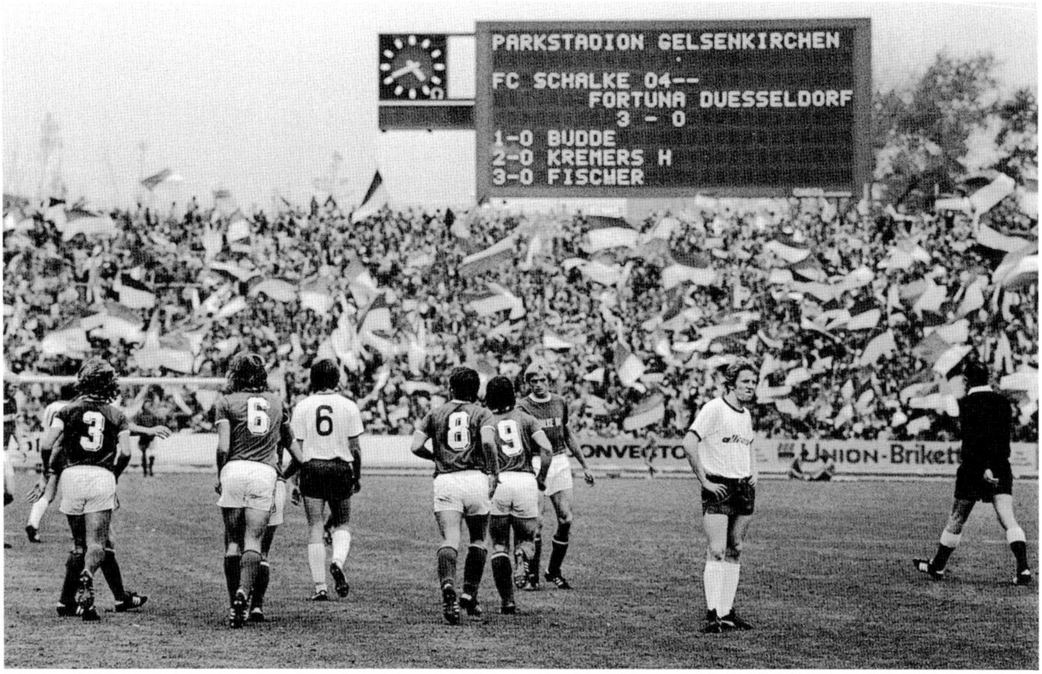

Da können die Düsseldorfer Fortunen nur staunen: Budde, Kremers und Fischer haben wieder zugeschlagen.

Bildnachweis
Seite 81: Ilona Caroli privat;
Seite 87: Dr. Peter Krevert privat;
Seite 95: Klaus Windmüller privat;
alle anderen Fotos stammen von Friedhelm Wessel.

Impressum

Sutton Verlag GmbH
Arnstädter Straße 8
99096 Erfurt
www.suttonverlag.de

Copyright © Sutton Verlag, 2023
ISBN: 978-3-96303-327-8
Druck: Florjančič Tisk d.o.o. / Slowenien
Gestaltung und Herstellung: Sutton Verlag

In diesem Buch wird aus Gründen der besseren Lesbarkeit das generische Maskulinum verwendet. Weibliche und anderweitige Geschlechteridentitäten werden dabei ausdrücklich mitgemeint, soweit es für die Aussage erforderlich ist.

Sollte dieses Werk Links auf Webseiten Dritter enthalten, so machen wir uns die Inhalte nicht zu eigen und übernehmen für die Inhalte keine Haftung.

Inhalt

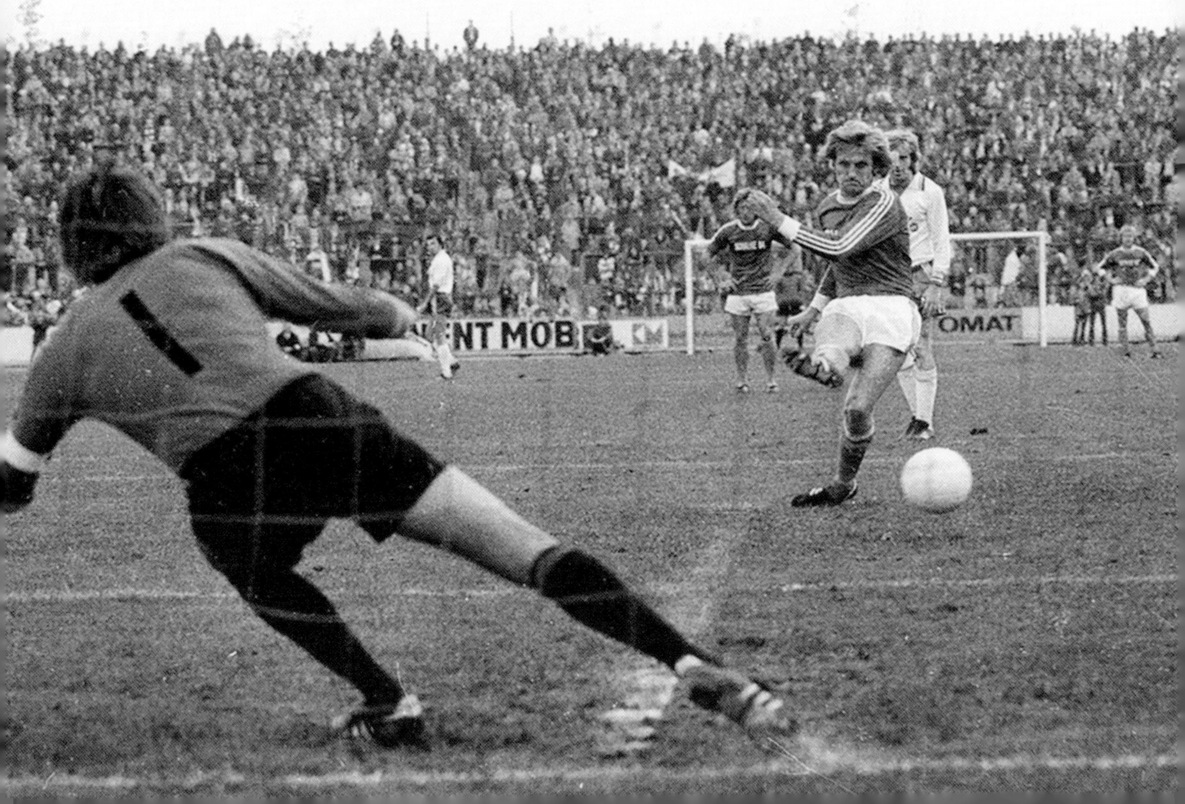

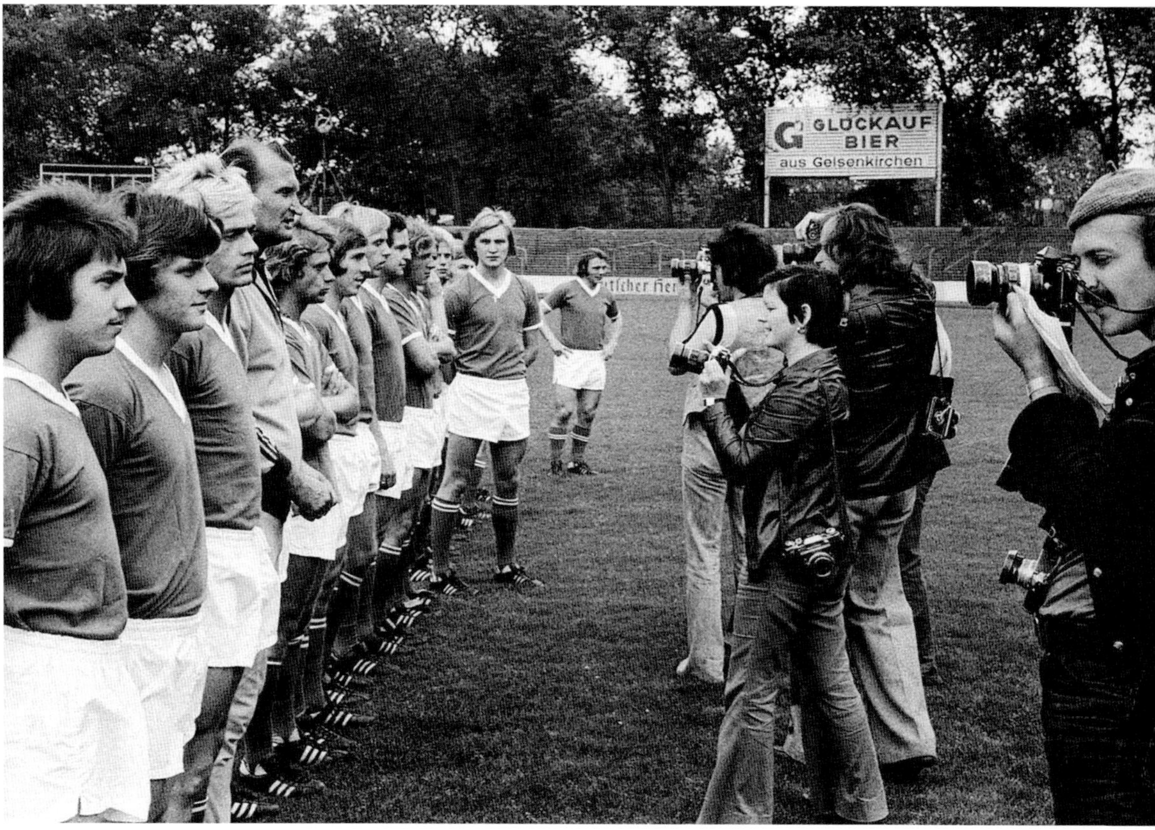

Fototermin zum Saisonauftakt. Reinhard „Stan" Libuda (Mitte hinten) riskiert noch einen letzten prüfenden Blick.

Vorwort

Die 70er, das war mein Jahrzehnt beim FC Schalke 04. Im ersten Sommer bin ich vom TSV München 1860 zu diesem großen Verein gekommen. Präsident Günter Siebert hatte alles dafür getan, dass ich dem Wechsel ins Ruhrgebiet eine Chance gegeben habe. Mit meiner Frau Margit habe ich den Schritt gewagt – und bin nun seit über 50 Jahren Gelsenkirchener.

In meinen elf Jahren auf Schalke habe ich einiges erlebt. Zunächst in der altehrwürdigen Glückauf-Kampfbahn, in der häufig großartige Stimmung aufkam, wenn wir spielten. Vor allem, als wir 1972 Vizemeister wurden und den DFB-Pokal gewannen. Unvergessen das dramatische Pokalhalbfinale in jener Saison gegen den 1. FC Köln mit den vielen Elfmetern und dem glücklichen Ausgang für uns. Hier hat mich Trainer Ivica Horvat mit seinen vielen guten Tipps zu einem besseren Stürmer gemacht.

Zur Weltmeisterschaft 1974 erfolgte dann der Umzug ins große Parkstadion. Wenn hier 50.000 Fans kamen oder die Hütte bei 70.000 Zuschauern sogar ausverkauft war, dann war Leben in der Bude. Bei weniger Zuspruch konnte es auch ein wenig trostlos werden. 1976 schoss ich hier viele Tore, dank derer ich Torschützenkönig der Bundesliga wurde, 1977 wurden wir ein zweites Mal Vizemeister, ich durfte endlich in der Nationalmannschaft spielen.

Ich freue mich, dass der vorliegende Bildband jene Jahre auf Schalke noch einmal erlebbar macht. Vieles war anders, weniger durchgeplant, aber nahbar, menschlich. Ich sehe Bilder, auf denen ich viele Freunde entdecke, mit denen ich für mein Leben gern zusammengespielt habe, die unser Leben im Revier schön gemacht haben. In jenen Jahren besaß Schalke 04 große Talente, die Jugendmannschaften feierten große Erfolge. Überehrgeizige Pläne der Vereinsführung führten später zu einem nie für möglich gehaltenen Absturz, dem ersten Bundesligaabstieg. Aber das war 1981, also in einem anderen Jahrzehnt.

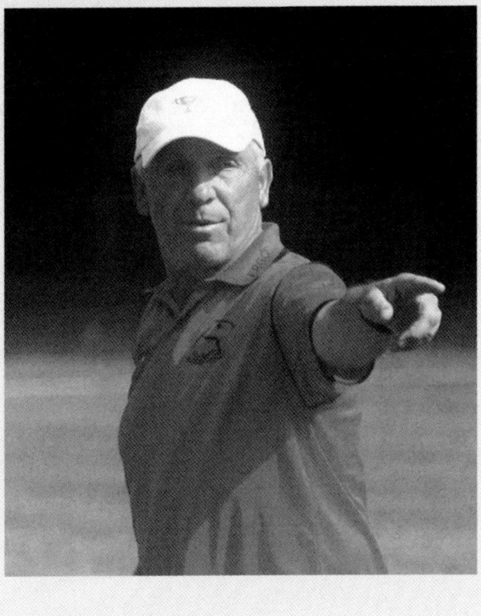

Ich wünsche den Leserinnen und Lesern viel Spaß beim Betrachten dieser Bilder.

Klaus Fischer, Oktober 2022

Ein bewegtes Jahrzehnt

Meine Zeit in Schalke liegt fast ein halbes Jahrhundert zurück. Damals kickten die Knappen noch in der alten Glückauf-Kampfbahn an der Kurt-Schumacher-Straße. Kaum in Gelsenkirchen heimisch geworden, bot man mir eine neue Aufgabe an. Aber ich schob die Zusage um ein paar Jahre hinaus – wollte ich doch unbedingt nach einigen Regionalligajahren auch mal Bundesligaluft spüren und die anstehenden Fußball-WM-Begegnungen im neuen Parkstadion nicht verpassen. Eine Entscheidung, die ich nie bereut habe.

Als ich 1973 erstmals als junger Bildberichterstatter Spiele der Königsblauen in der Kampfbahn ablichtete, herrschte in Gelsenkirchen eine Stimmung, die zwischen Euphorie und Enttäuschung anzusiedeln war, denn nach dem Sieg im DFB-Pokal 1972 schwebten nun auch die Folgen des Bundesligaskandals über dem Verein, der Mannschaft, dem Stadion und der Stadt.

So war ich dann bis Herbst 1976 trikotnah dabei, wenn die erste Knappenmannschaft und die zahlreichen königsblauen Nachwuchsteams ihre Spiele in Schalke oder auf Gastplätzen bestritten. Damals begleitete ich auch die erfolgreiche S04-Jugend nach Bochum, wo man Pokalsieger wurde, fuhr 1975 mit nach Marburg, als dort die A-Jugend im Endspiel um die „Deutsche" leider gegen Stuttgart unterlag und freute mich ein Jahr später mit dem Team um Thomas Lander über den Meistertitel, den die Nachwuchsknappen in Herne über RW Essen erringen konnten. Ich war auch vor Ort, wenn sich S04-Akteure zum Shoppen trafen, im familiären Kreis feierten oder als die damalige Vereinsikone Fritz Szepan zu Grabe getragen wurde.

Daher liegt der Schwerpunkt dieses königsblauen Bildbandes nicht nur auf den damaligen fußballerischen Begegnungen, die in der Glückauf-Kampfbahn und dem Parkstadion ausgetragen wurden, sondern ebenso auf Randerscheinungen im Umfeld der Knappen. Auch Zeitzeugen wie Ilona Caroli (Köln), Klaus Windmüller (Wattenscheid), Dr. Peter Krevert (Steinfurt), Roland Kosien (Hannover), Rudolf Schonhoff und Jürgen Bradler (Herne) erzählen ihre sehr persönlichen Schalke-Geschichten.

In diesem Bildband stelle ich rund 180 Fotos aus meinem umfangreichen S04-Archiv vor, die unter anderem in die Bereiche „Im Parkstadion", „Im Training", „Auf der Bank", „Mit Blumen" und „Am Rande" unterteilt sind. Ich glaube, dass ich mit diesem Buch den „Fußballgeist" der 1970er-Jahre in Schalke sehr gut eingefangen habe.

Glückauf!

Friedhelm Wessel

1

Zuschauermagnet Glückauf-Kampfbahn

Mit einem Freundschaftsspiel gegen die Mannschaft von Köln-Sülz wurde die Gelsenkirchener Glückauf-Kampfbahn 1926 auf einem Gelände eröffnet, das die Zeche „Consolidation" den Schalkern zur Verfügung gestellt hatte. Als die Knappen hier 1931 zu einem Freundschaftsspiel gegen die damals als „Lackschuhverein" verschrienen Fortunen aus Düsseldorf antraten, verzeichnete man einen Zuschauerrekord: 70.000 Fans füllten die Kampfbahn, die eigentlich nur 34.000 Zuschauer fasste. Im Zweiten Weltkrieg wurde das Stadion zerstört, aber danach wieder aufgebaut. Eine weitere Rekordkulisse soll es beim Endrundenspiel um die Deutsche Fußballmeisterschaft des Jahres 1955 gegeben haben. Damals trat hier der SV Sodingen (Herne) gegen den 1. FC Kaiserslautern an. 80.000 Zuschauer, so nicht bestätigte Berichte, sollen in der Glückauf-Kampfbahn mitgefiebert haben. Bis 1973 war die Kampfbahn das Stadion der Knappen. Als letzter Bundesligist wurde hier der HSV empfangen und vor dem Spiel ein ehemaliger Schalker geehrt: World-Cup-Willi – Willi Schulz. 1974 zog man ins neue Parkstadion um, das 70.000 Zuschauern Platz bot. 2001 wechselten die Königsblauen in die neue Veltins-Arena. Die Tribüne der altehrwürdigen Glückauf-Kampfbahn steht inzwischen unter Denkmalschutz.

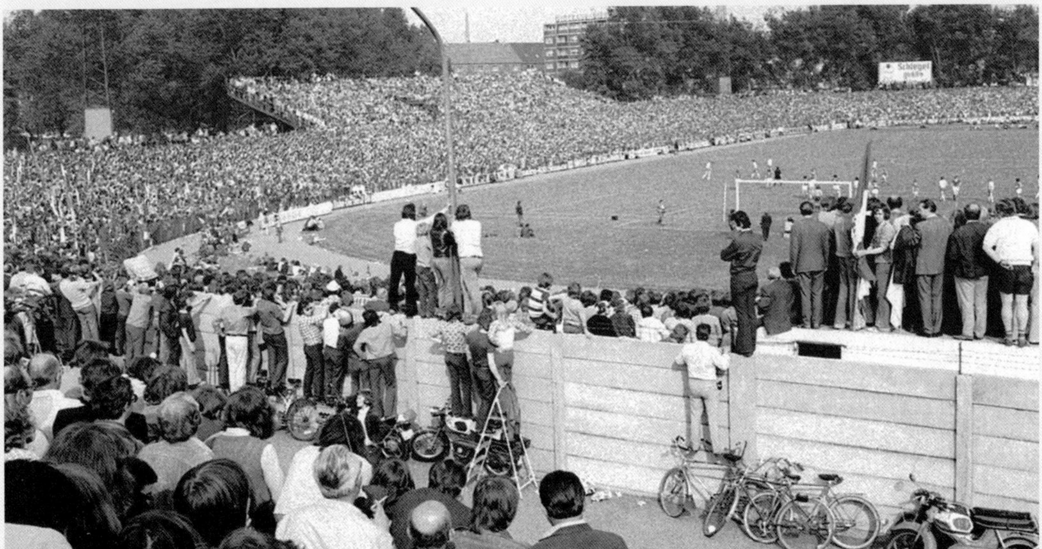

Mit einem Spiel gegen den Hamburger Sportverein verabschieden sich die Knappen im Sommer 1973 offiziell aus der alten Kampfbahn, die an diesem Tag wieder bis auf den letzten Platz gefüllt ist. Natürlich verfolgen auch etliche Zaungäste diese historische Begegnung.

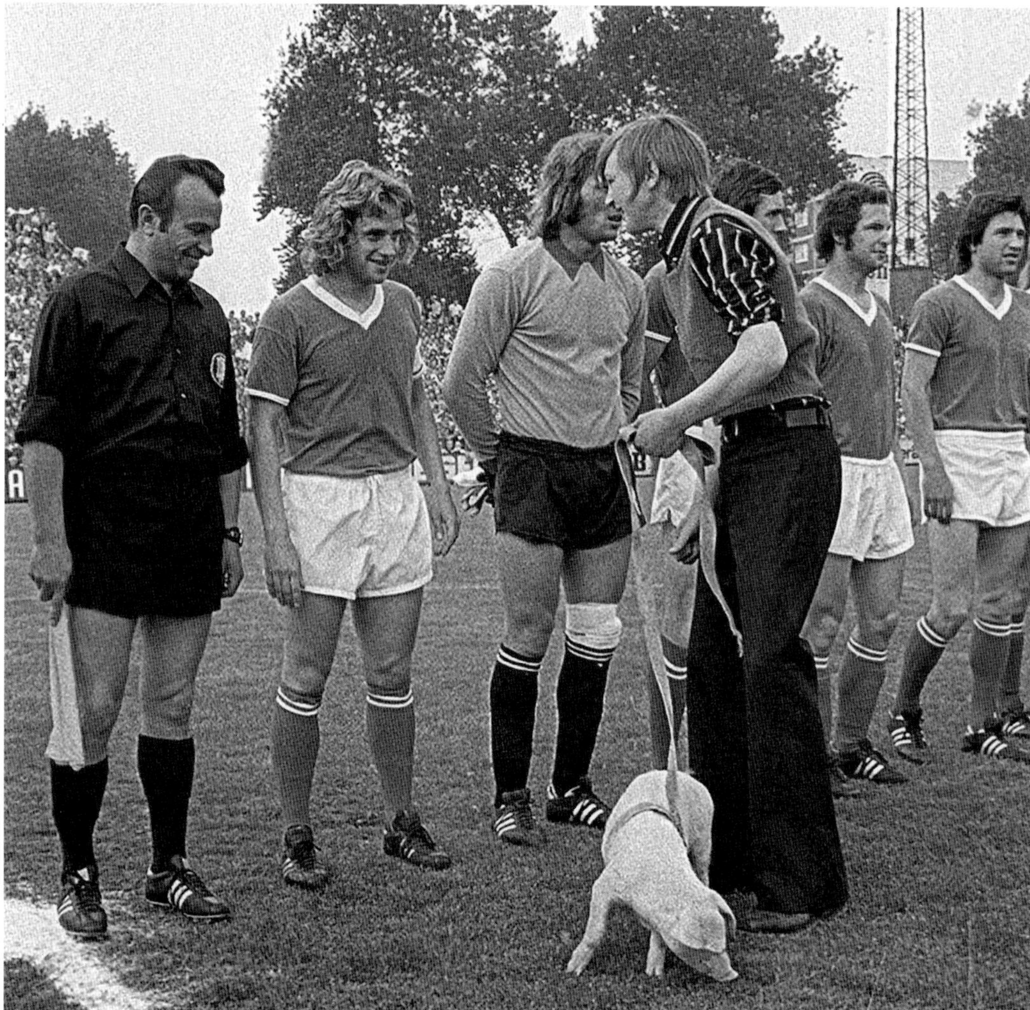

„Schweinisch" ging es am letzten Spieltag der Saison 1972/73 in der Glückauf-Kampfbahn zu, denn der Mannschaft um Helmut Kremers wurde ein lebendes Glücksschwein überreicht.

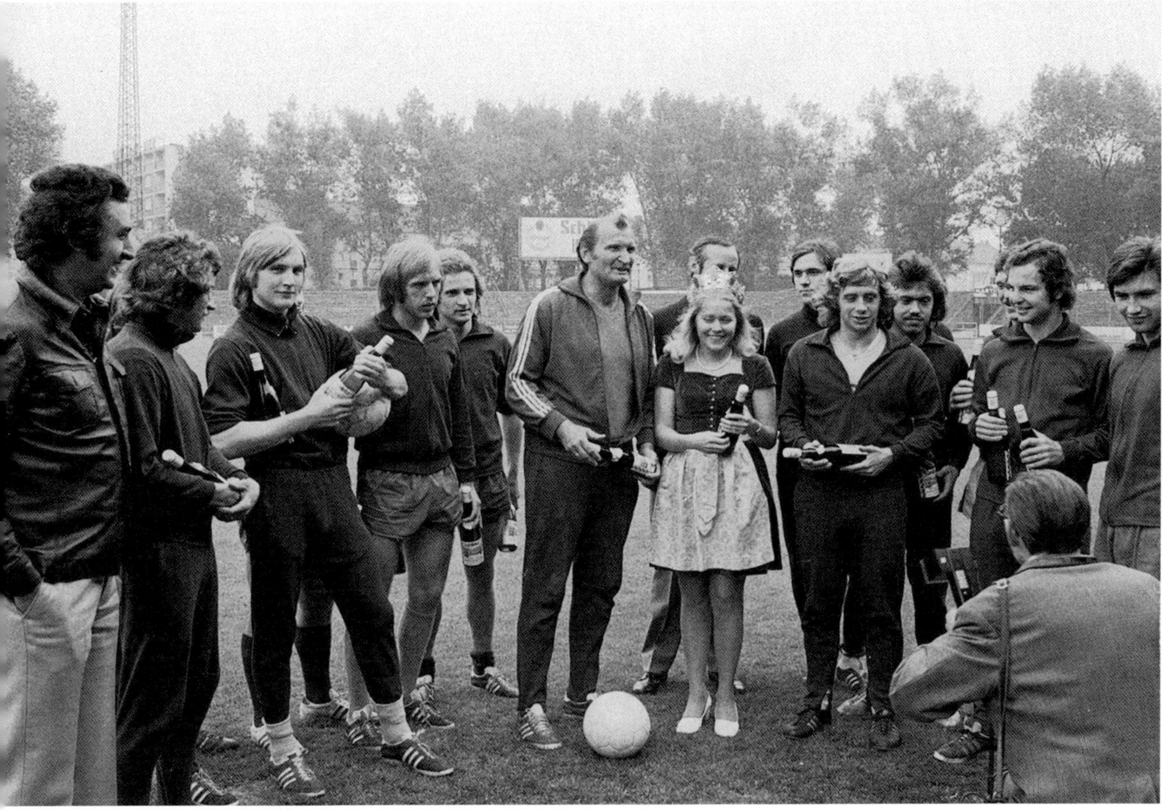

Die Deutsche Weinkönigin besuchte die Schalker Bundesligakicker während einer Trainingseinheit in der Glückauf-Kampfbahn.

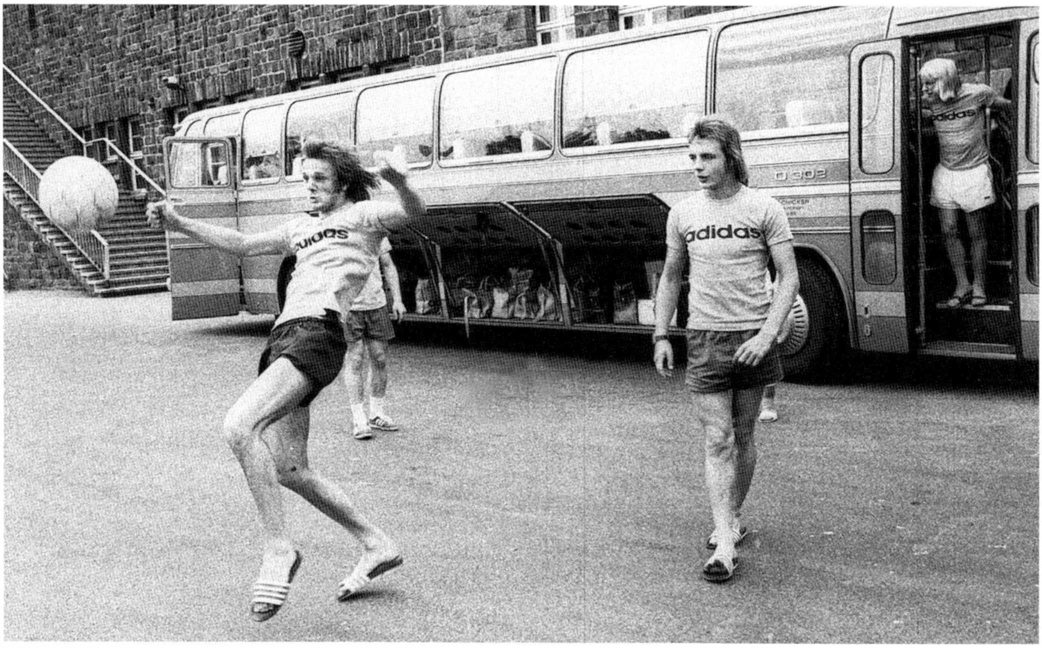

Bevor der Bus die erfolgreiche A-Jugend der Schalker zu einem Auswärtsspiel bringt, legen Torwart Peter Endrulat und Rechtsaußen Rüdiger Abramczik im Schatten der Kampfbahntribüne noch schnell eine kleine Trainingseinheit ein.

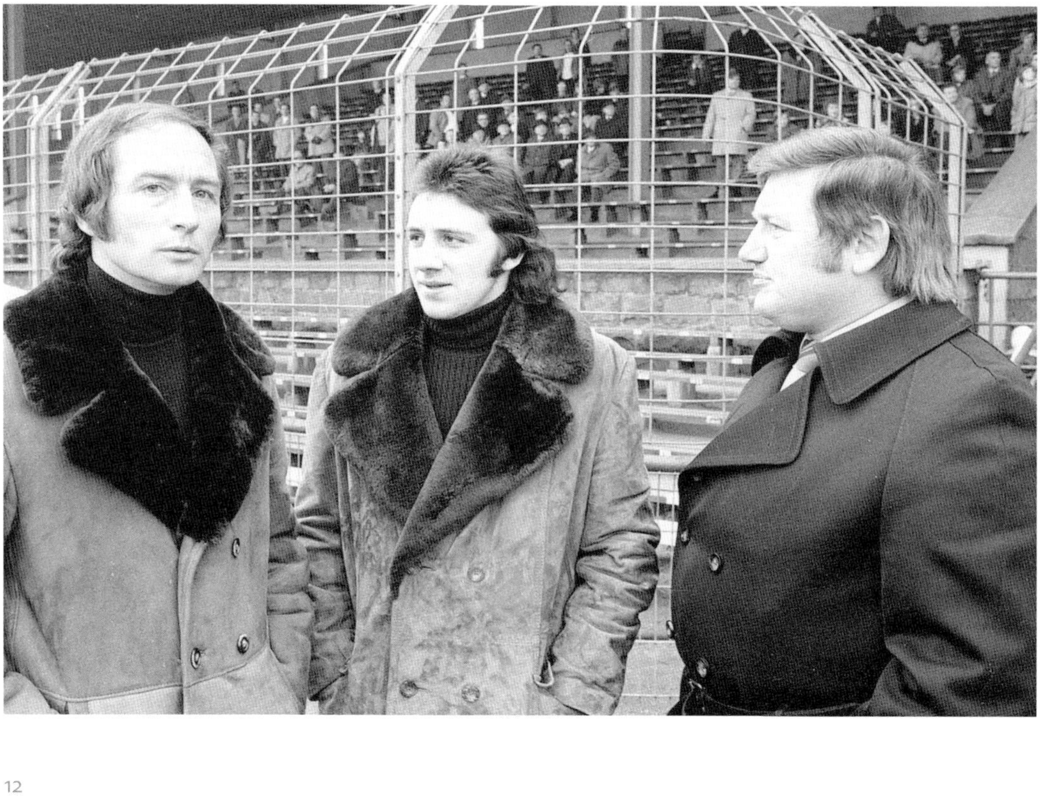

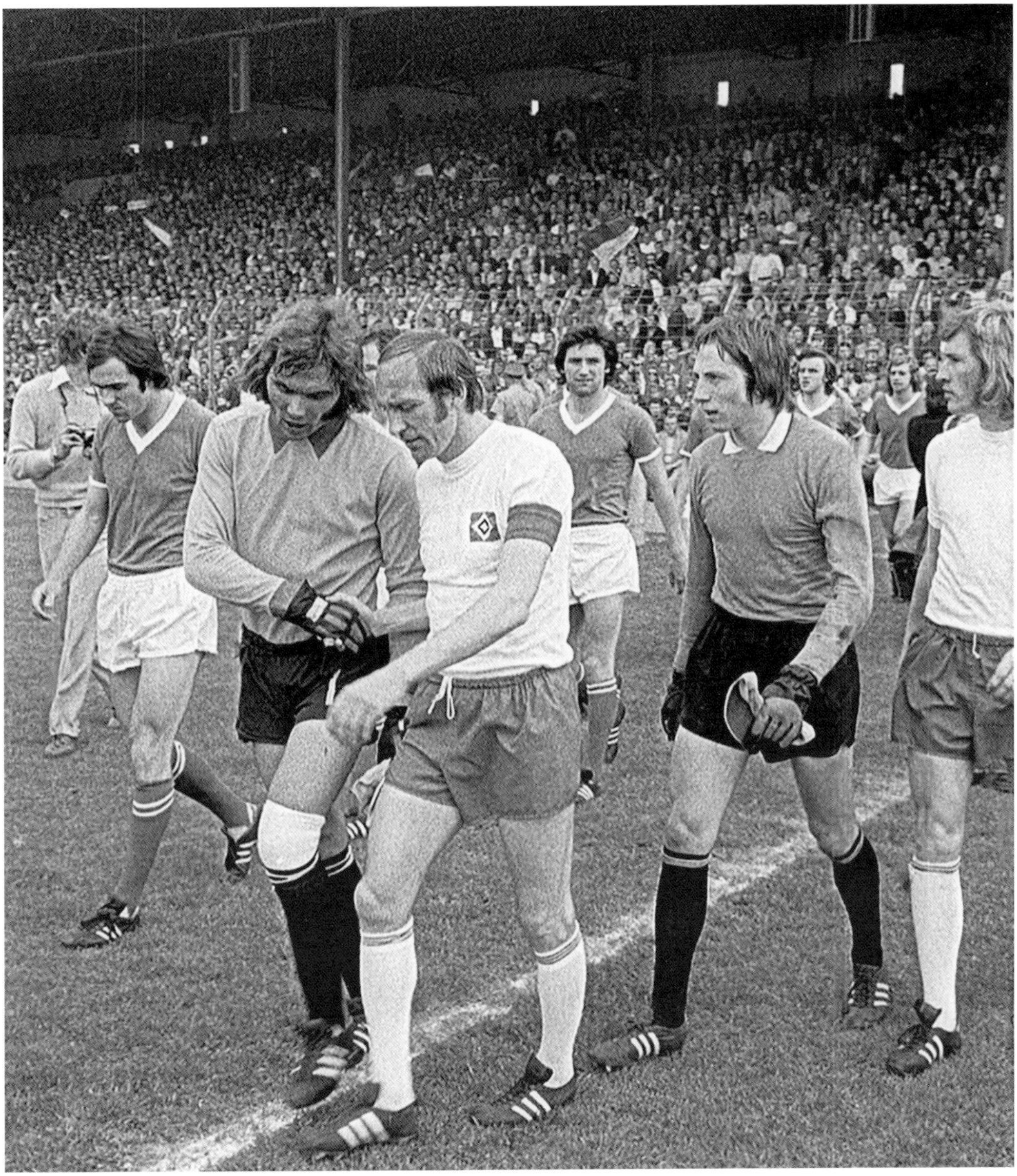

Begrüßung des HSV-Mannschaftskapitäns Willi Schulz durch S04-Keeper Norbert Nigbur. Rechts schauen Rudi Kargus und Manfred „Manni" Kaltz (HSV) zu.

◄ Gesprächsrunde im Stadion: Jugendtrainer Uli Maslo, Bernd Thiele und Charly Neumann.

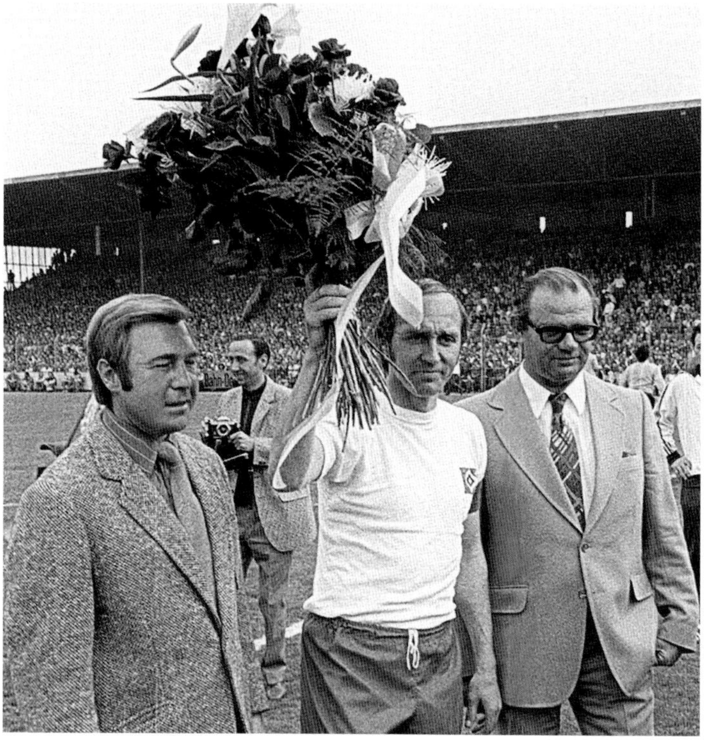

Blumen für den HSVer Willi Schulz (Mitte), der zuvor jahrelang für Schalke kickte. Der gebürtige Wattenscheider im Dress des HSV absolvierte in der Glückauf-Kampfbahn sein letztes Spiel.

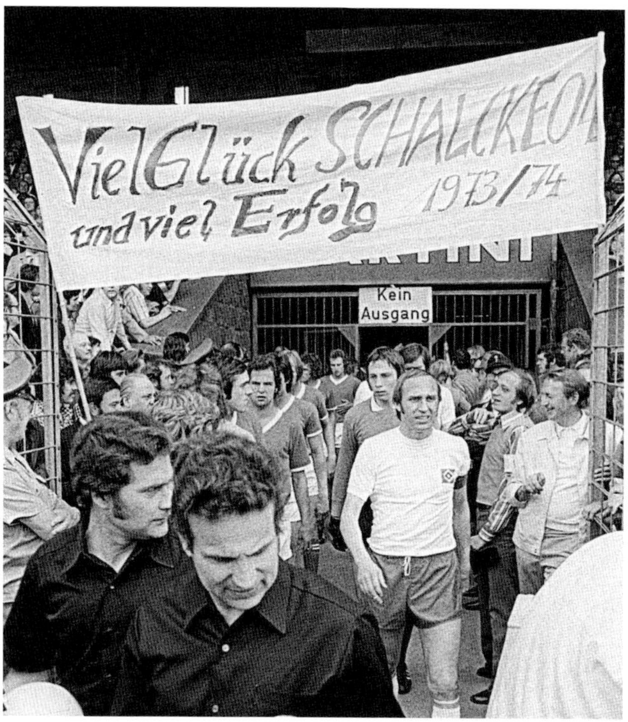

Im Sommer 1973 verfolgten über 30.000 Zuschauer das letzte Bundesligaspiel in der altehrwürdigen Kampfbahn gegen den HSV.

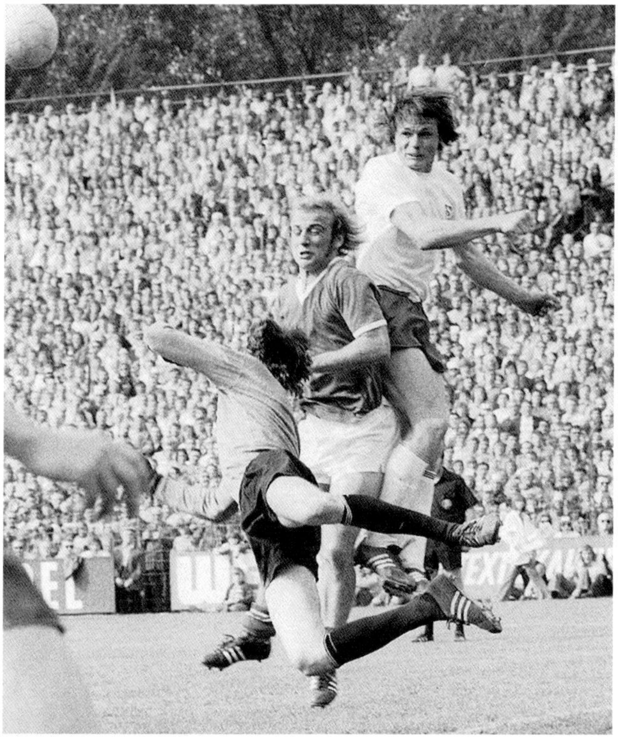

Nico Braun (Mitte), der Luxemburger Nationalspieler in Diensten von S04, sorgte wie hier in der Glückauf-Kampfbahn in etlichen Spielen für reichlich Unruhe in den gegnerischen Strafräumen.

Im Strafraum des VfB Stuttgart setzt sich Nico Braun (helles Trikot) in der Glückauf-Kampfbahn gegen die Abwehr durch. ▼

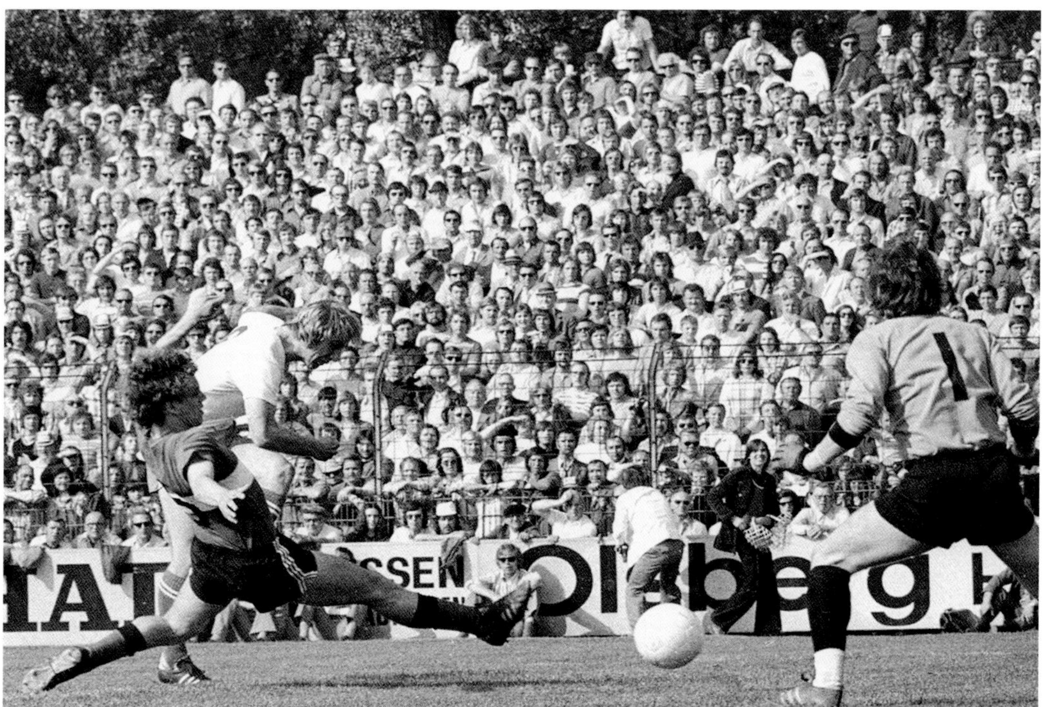

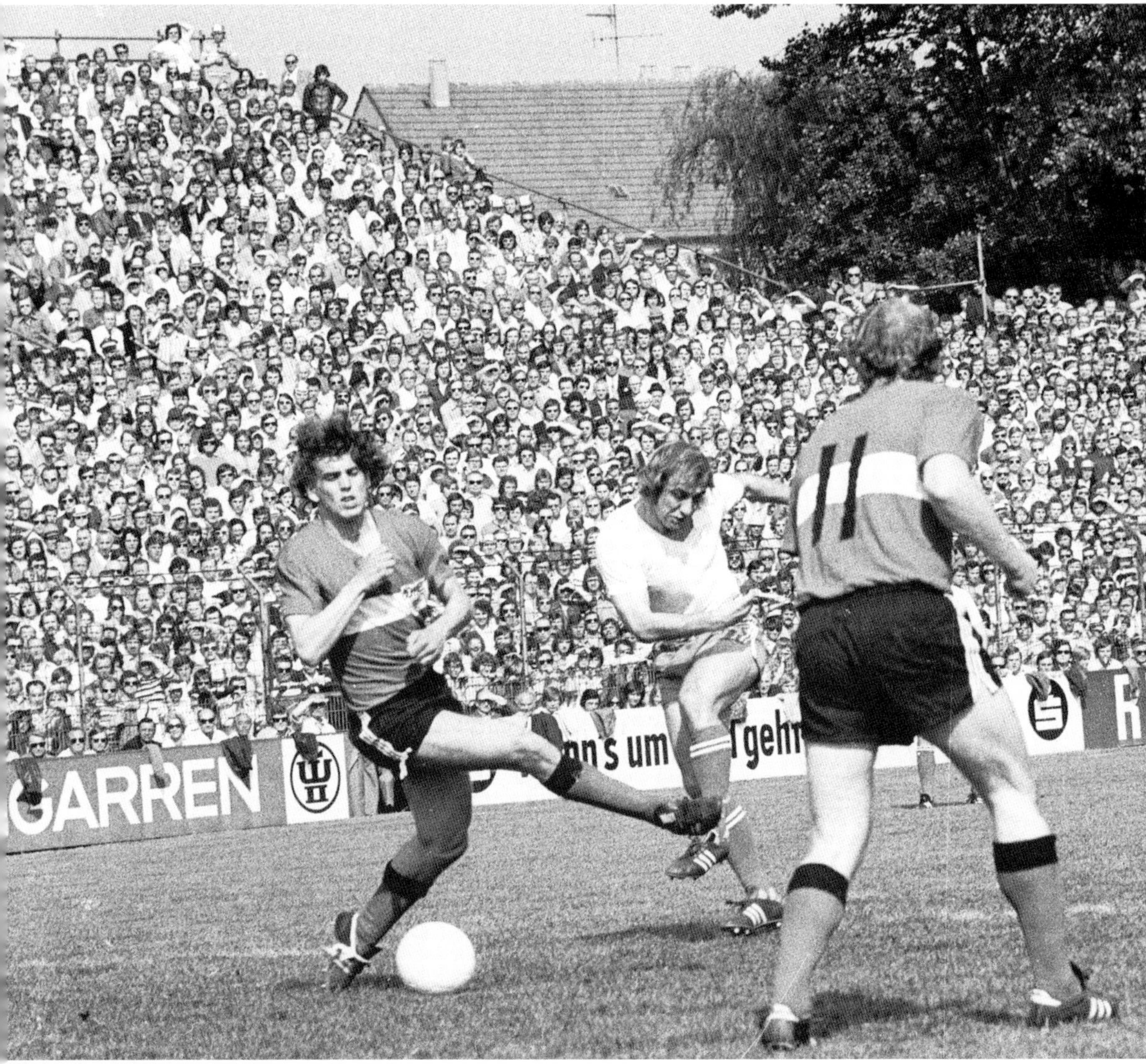

Im Spiel gegen den VfB Stuttgart ist der schussgewaltige Nico Braun (Mitte) ein stetiger Unruheherd.

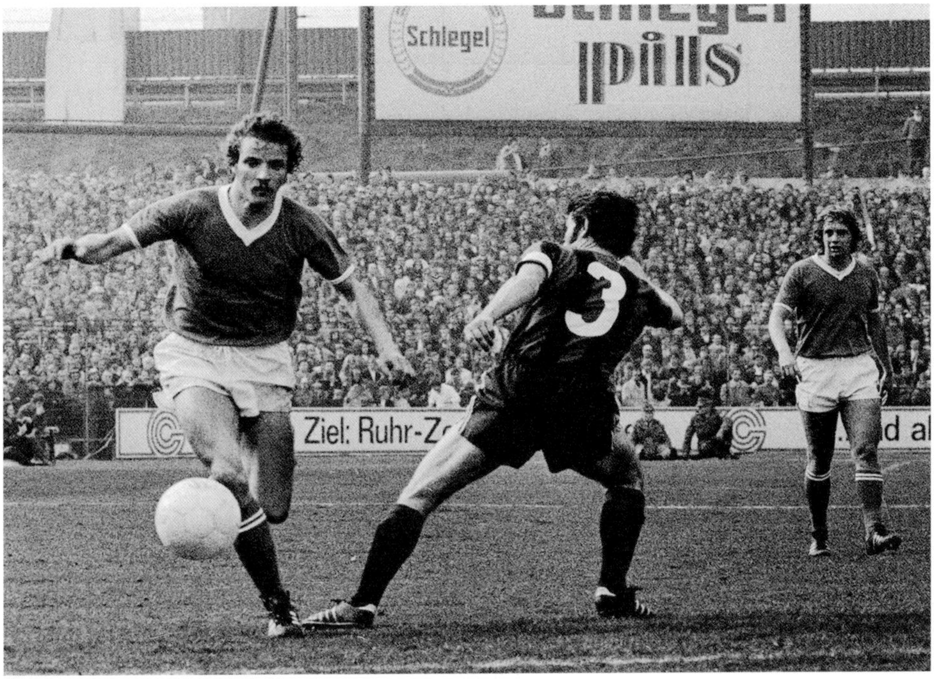

Jürgen Klein (links) behauptet sich im Spiel gegen Hertha BSC gegen seinen Kontrahenten. Rechts schaut Helmut Kremers dem Einsatz des ballführenden Schalkers zu.

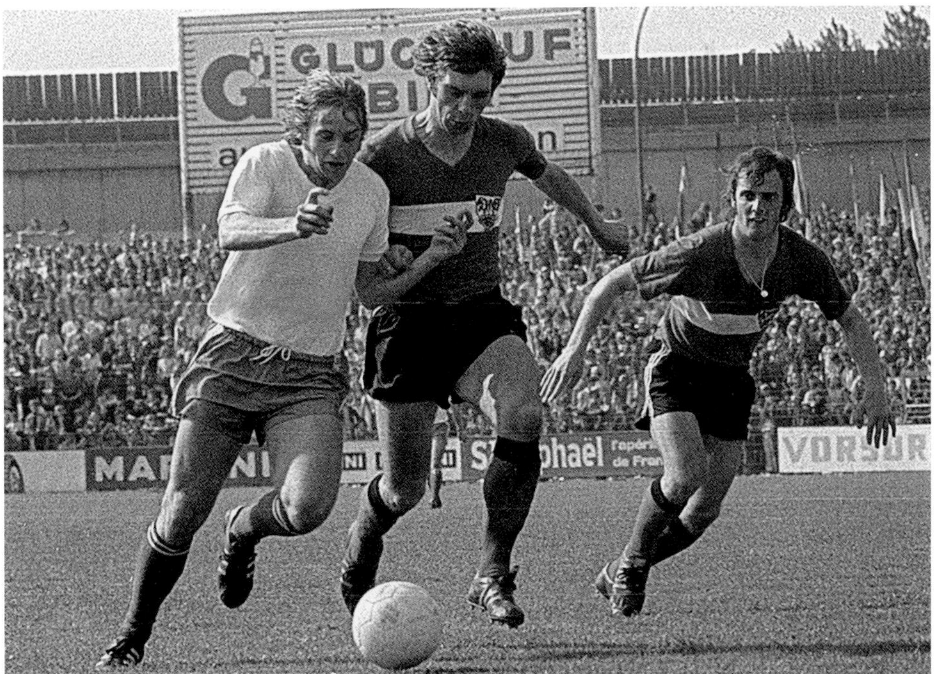

Kremers setzt sich hier im Spiel gegen den VfB Stuttgart gegen zwei Verfolger durch.

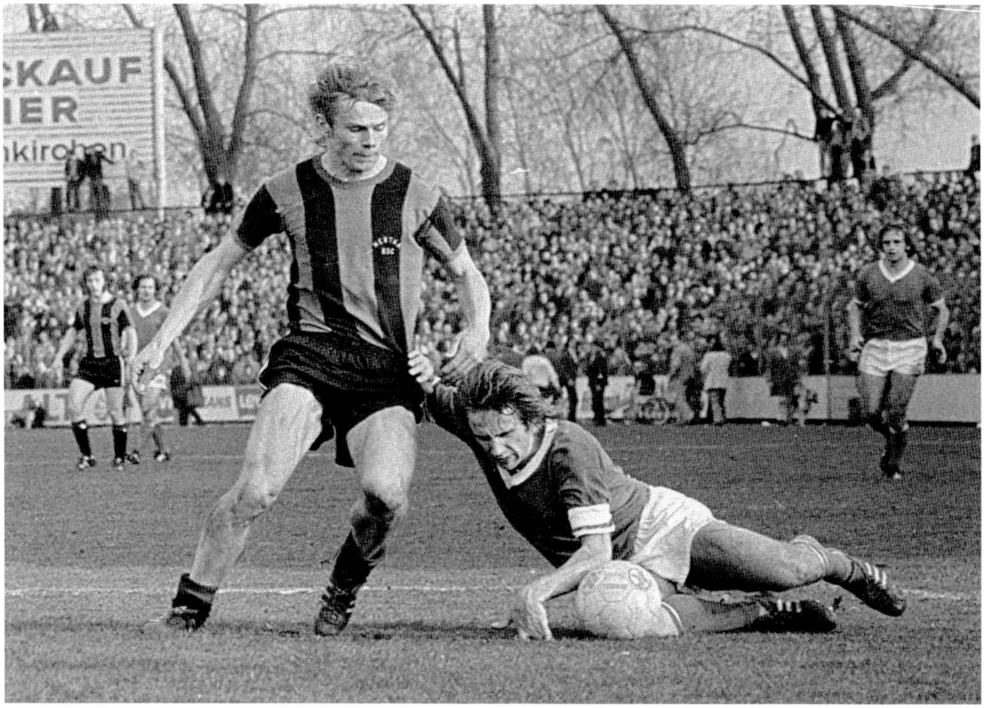

Kampf um den Ball in der Kampfbahn Glückauf im Spiel gegen Hertha BSC. Mannschaftskapitän Helmut Kremers kann das Leder noch vor seinem Gegner wegspitzeln. Im Hintergrund verfolgt sein Zwillingsbruder Erwin das Geschehen.

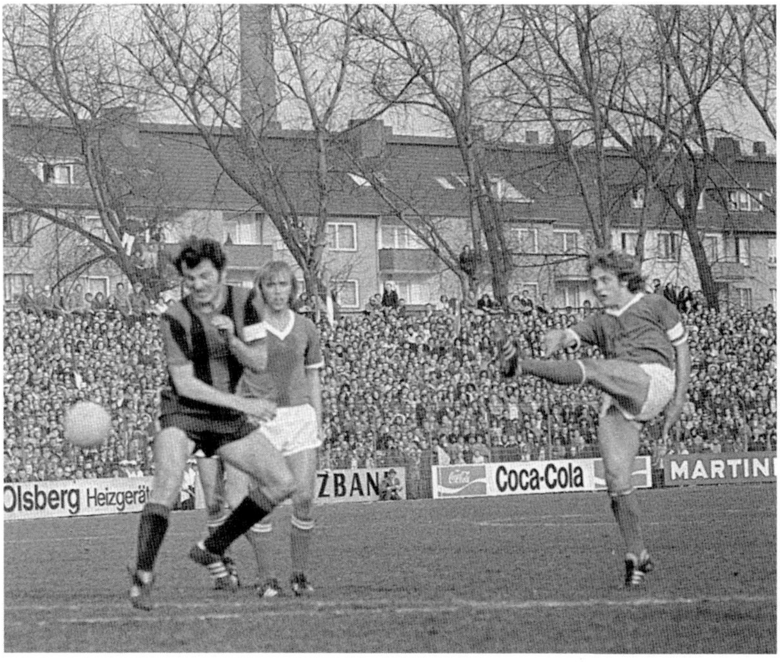

Spiel gegen Hertha: Mannschaftskapitän Helmut Kremers zieht ab – Müller (Hertha) und Klaus Scheer (S04) schauen gebannt zu.

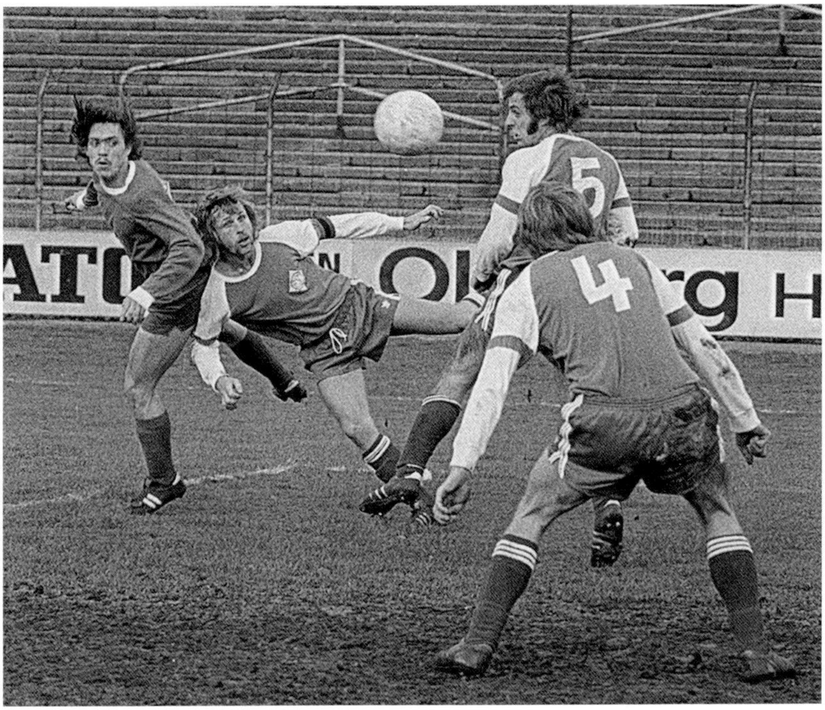

Manfred „Manni" Dubski (links) überwindet mit einem Kopfball die RWE-Abwehr.

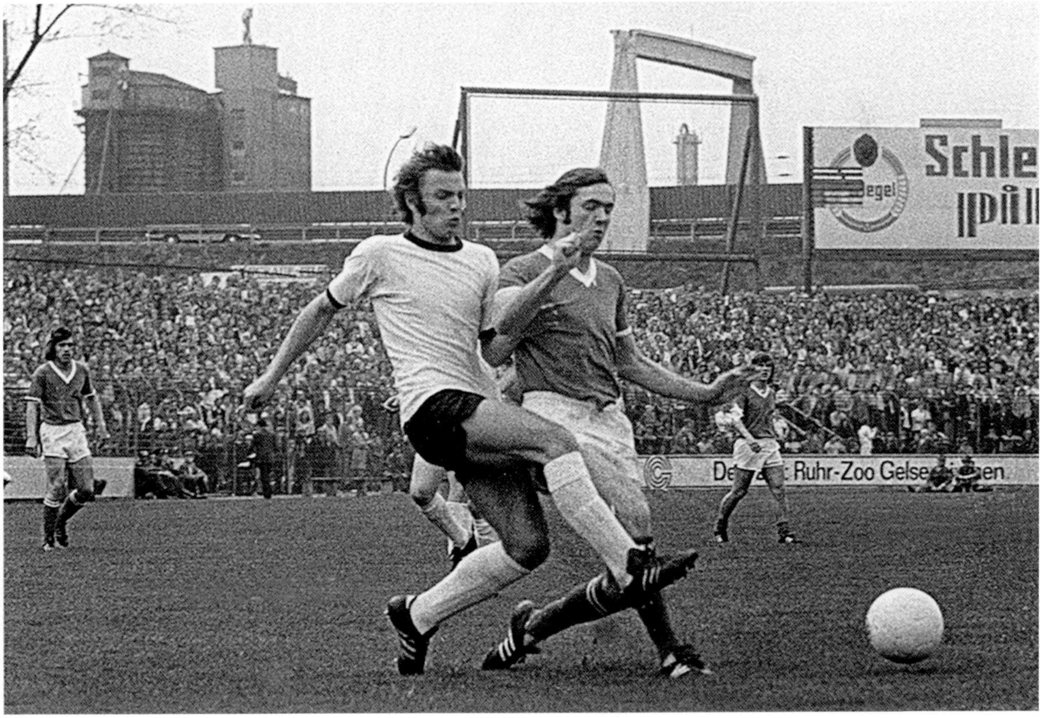

Eintracht Frankfurt ist zu Gast in der Glückauf-Kampfbahn. S04er Peter Ehmke (rechts) behauptet sich.

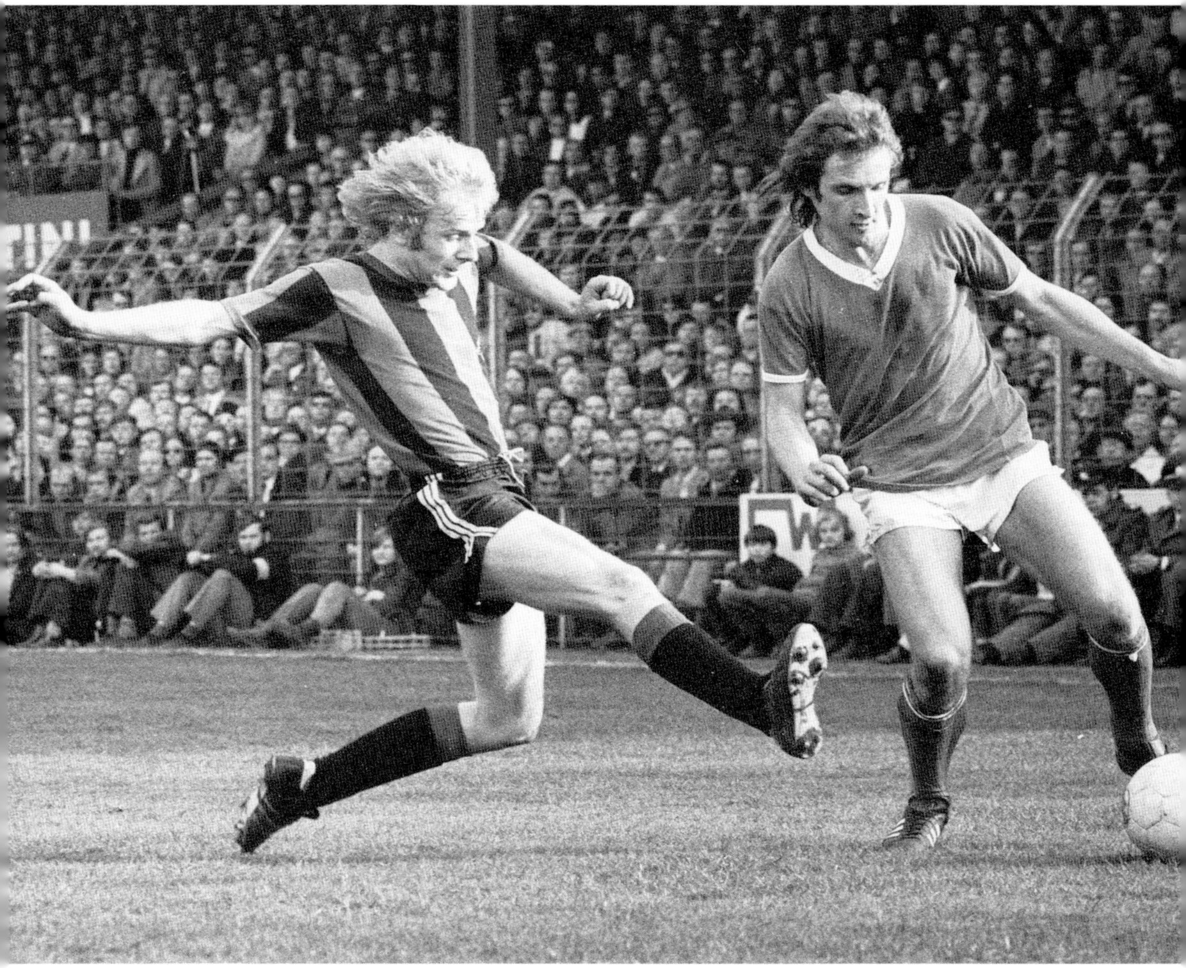

Paul Holz (rechts) im Zweikampf gegen einen Herthaner.

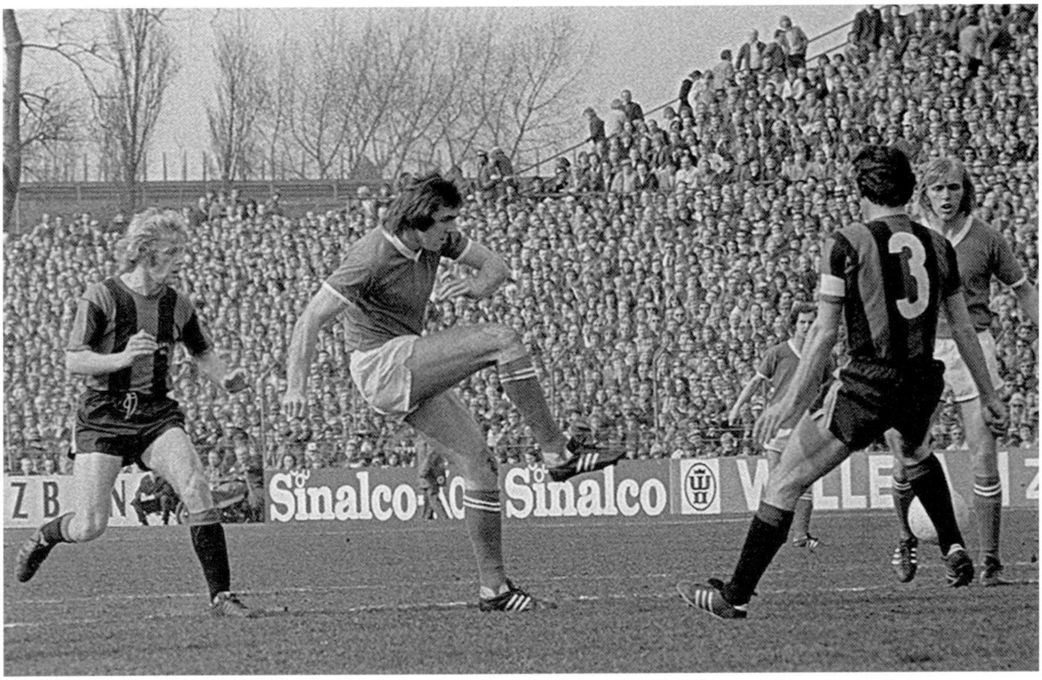

Peter Ehmke (helle Hose) zieht ab: Seine Kollegen Hartmut Huhse, Klaus Scheer und Spieler der gegnerischen Hertha können nur zuschauen.

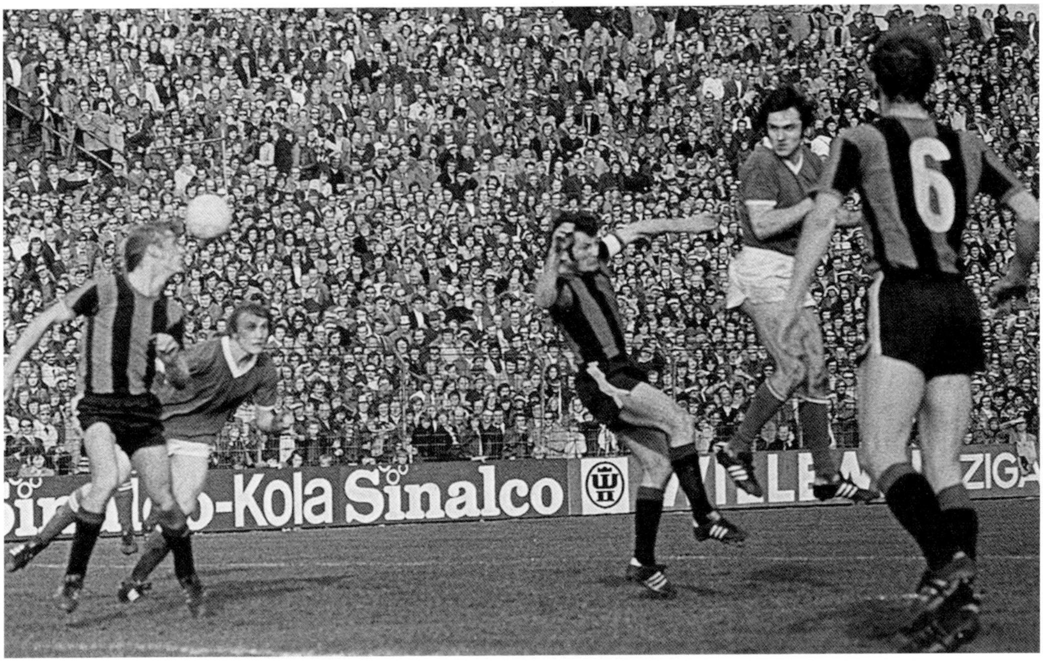

S04er Peter Ehmke beim Kopfball im Spiel gegen Hertha BSC. Rainer Budde (2. v. l.) verfolgt gespannt den Angriff.

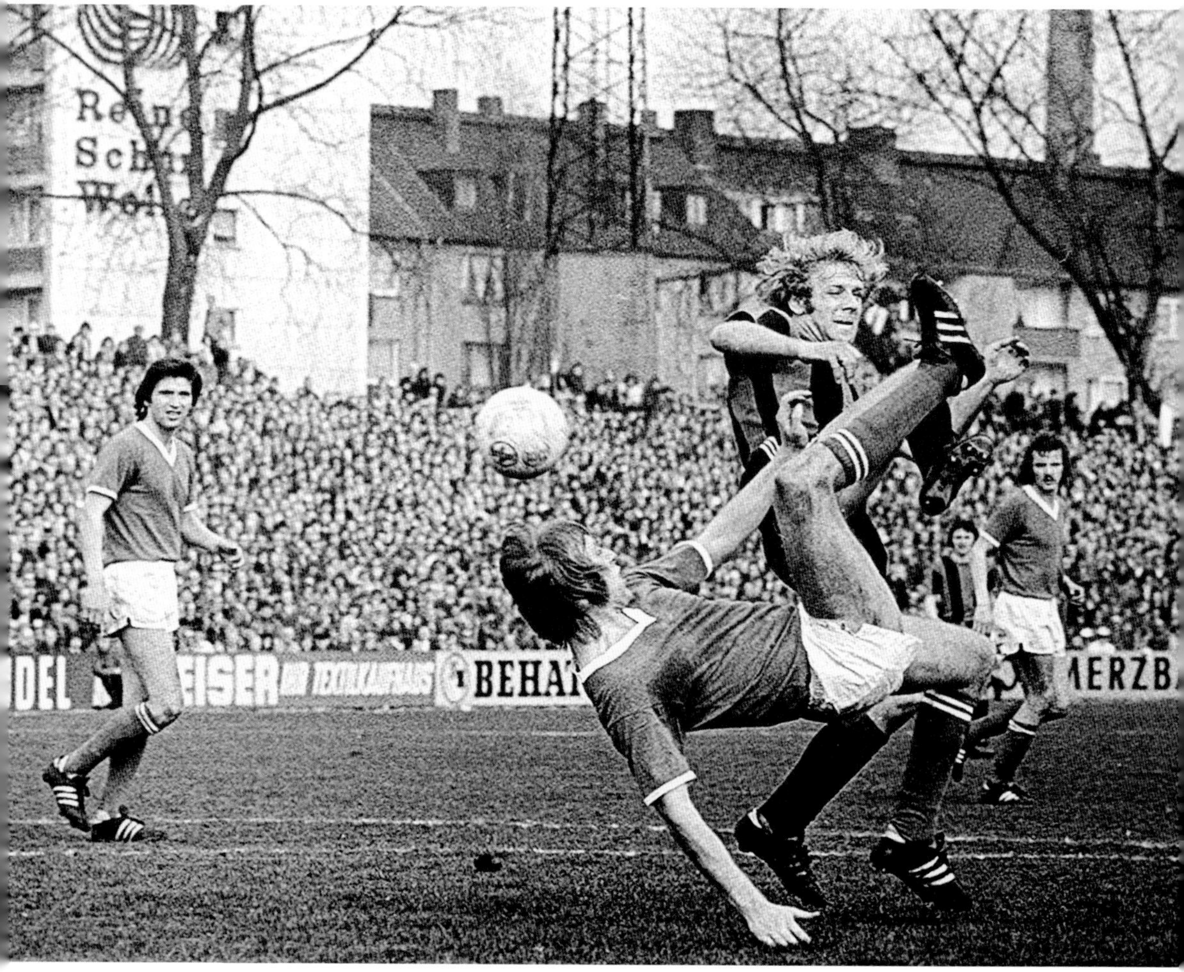

Klaus Scheer beim Fallrückzieher im Spiel gegen Hertha BSC. Klaus Beverungen (links) und Jürgen Klein verfolgen des Geschehen im Strafraum der Glückauf-Kampfbahn.

2

Mannschaftsfotos

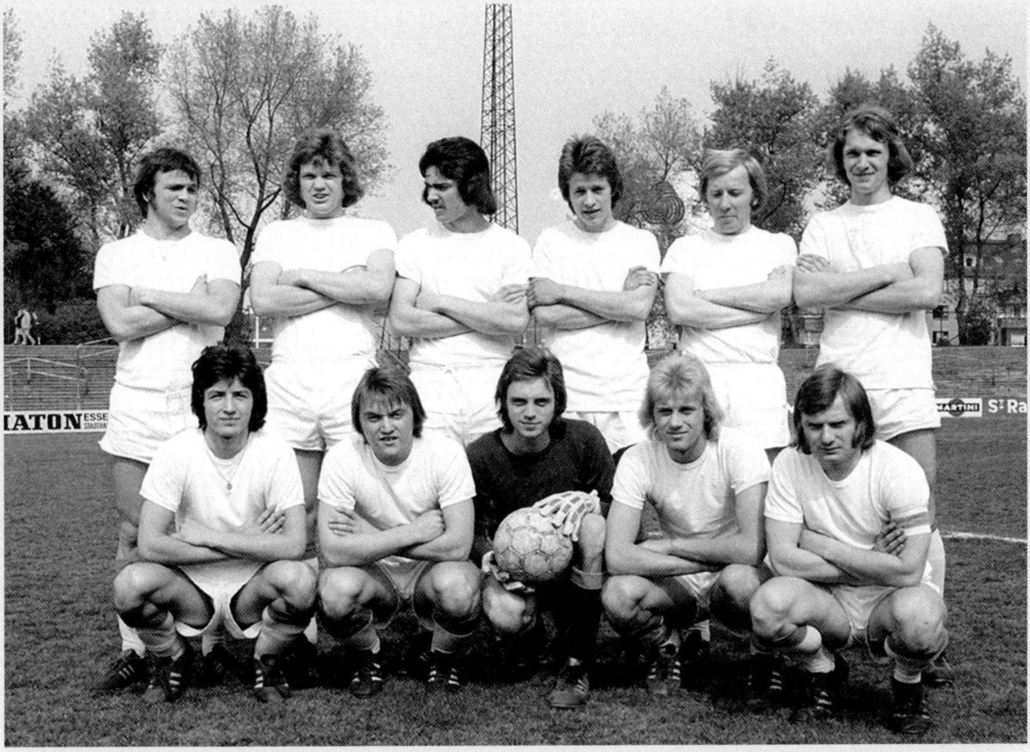

Die Amateure des Bundesligisten Schalke 04 in der Saison 1973/74 mit Josef Horn, Rudolf Schonhoff, Rainer Frank, Siegfried Böninghaus, Werner Möhle, Achim Wagner (obere Reihe von links), Marcos Cerrudo, Rudi Blank, Günther Schubert, Hans-Günter Bruns und Lothar Dembinski (untere Reihe von links).

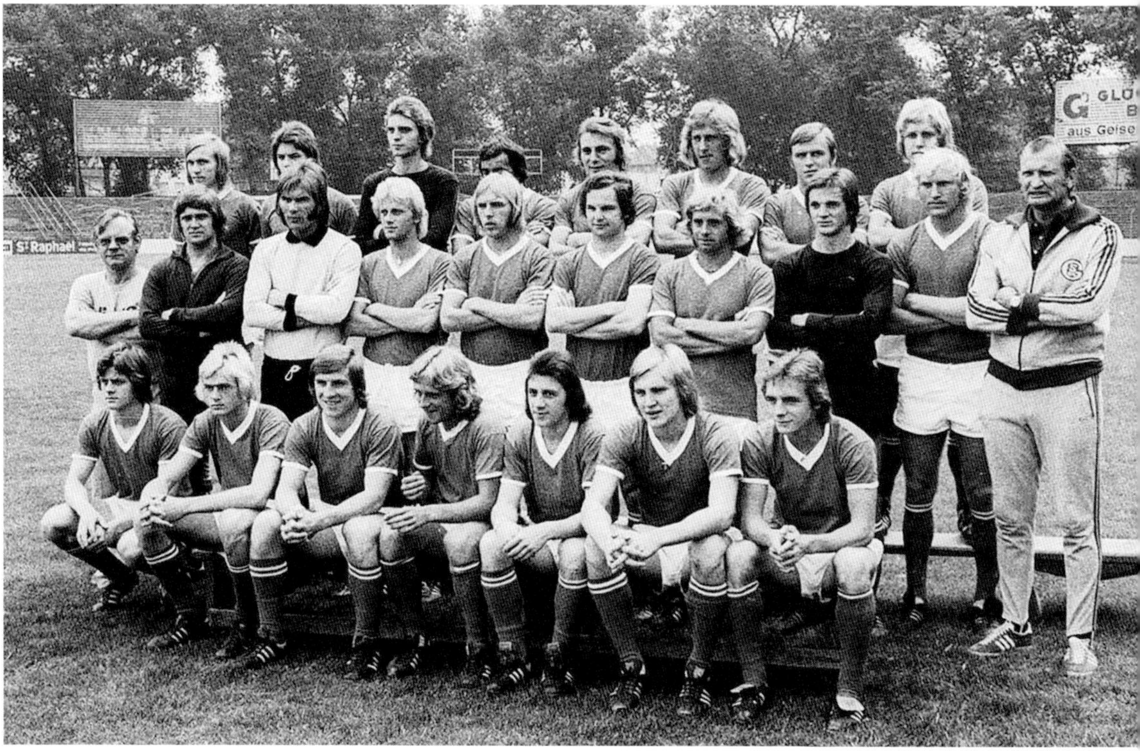

Trainer Horvat (rechts) stellt im Sommer 1973 in der Kampfbahn Glückauf Mannschaft und Betreuer vor.

Nigbur und Mutibarić haben das Team verlassen. Peter Sandhofe, Günther Schubert und Enver Marić sind inzwischen die S04-Keeper. Die Aufnahme stammt aus dem Jahr 1975.

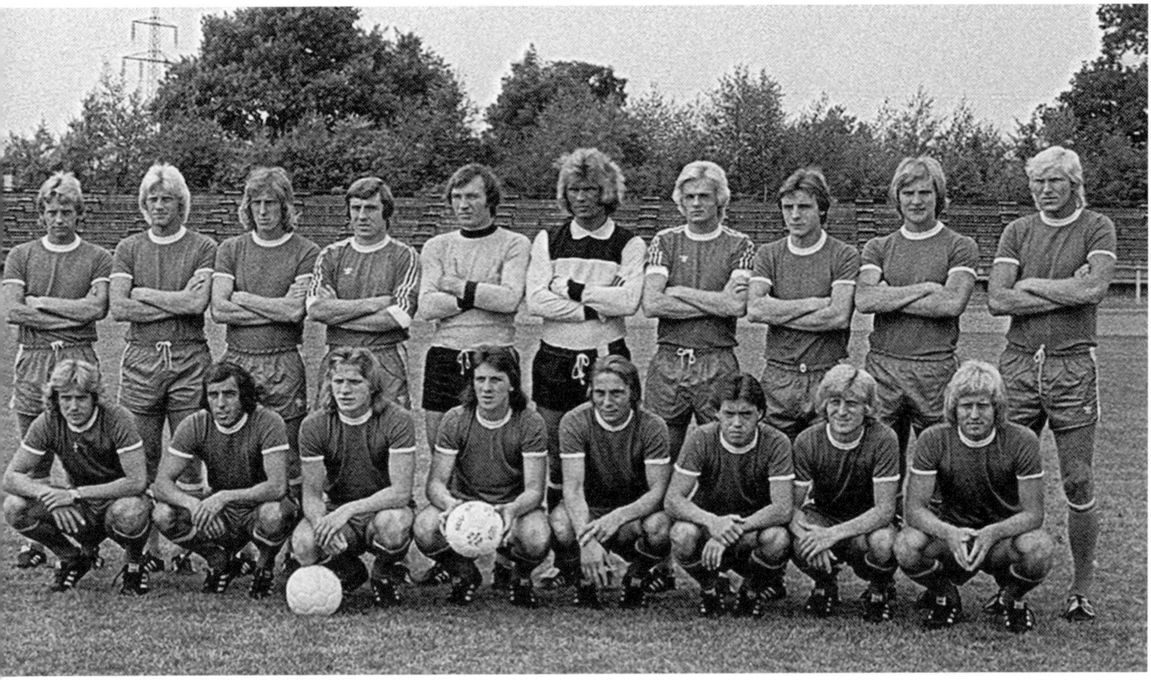

Die Schalker Knappen mit den Torhütern Dragan Mutibarić und Norbert Nigbur im Jahr 1974.

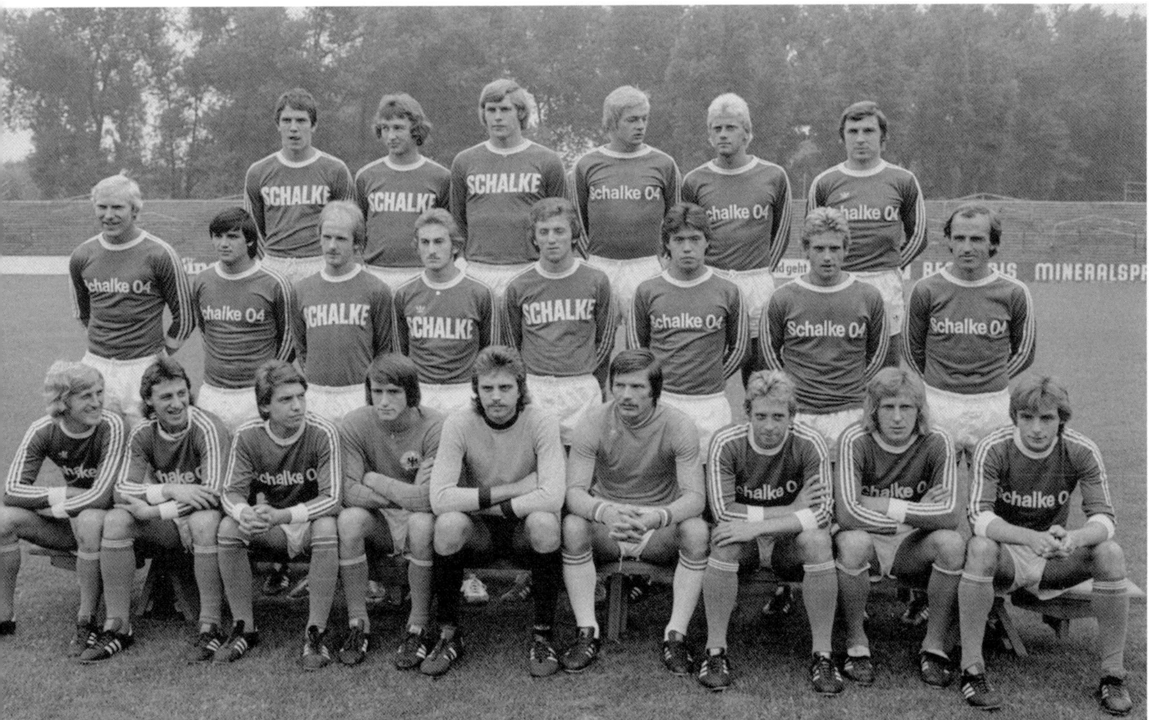

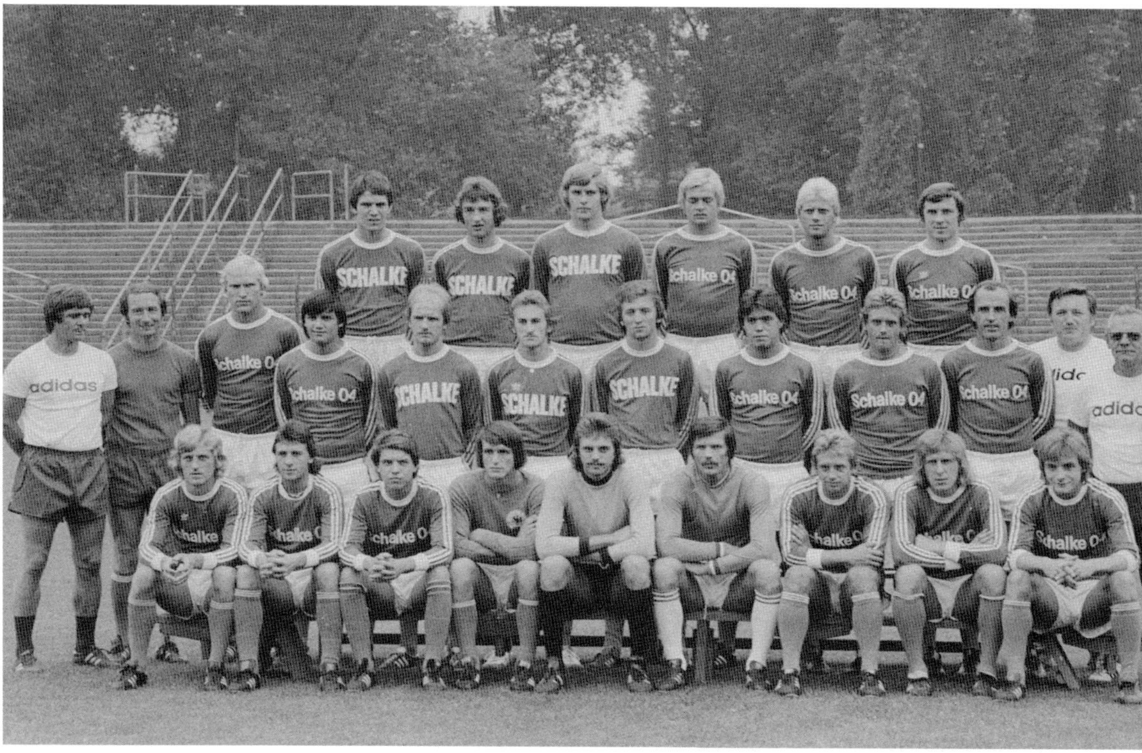

Friedel Rausch (2. Reihe links) und der bisherige erfolgreiche Jugendtrainer Uli Maslo (daneben) haben nach dem Ausscheiden von Max Merkel die Regie der Gelsenkirchener Knappen übernommen. Das Foto entstand 1976.

3

Im Parkstadion

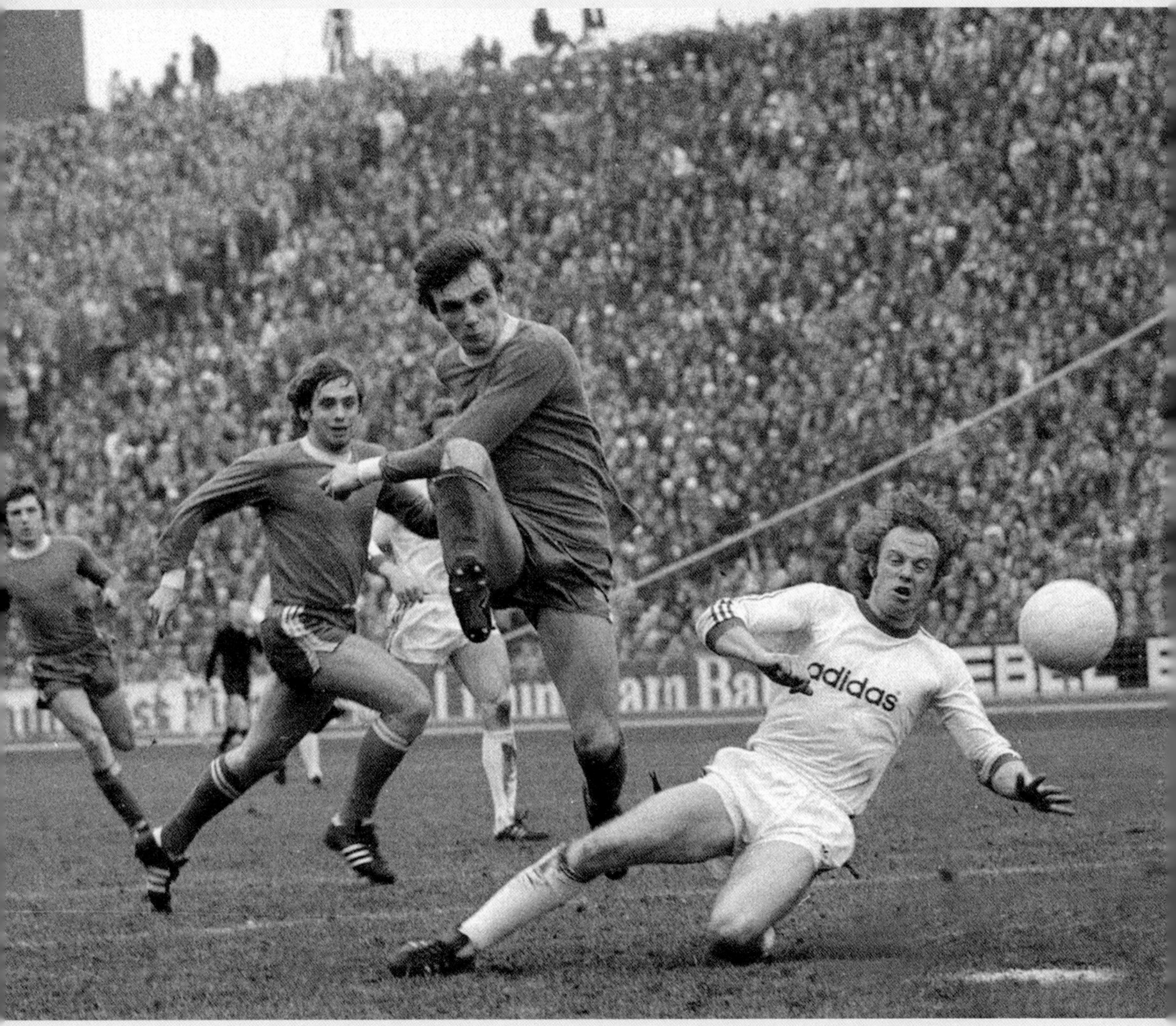

Im ausverkauften Parkstadion überzeugen Rüdiger „Abi" Abramczik (Mitte) und seine Mitspieler Fischer und Kremers gegen Bayern München.

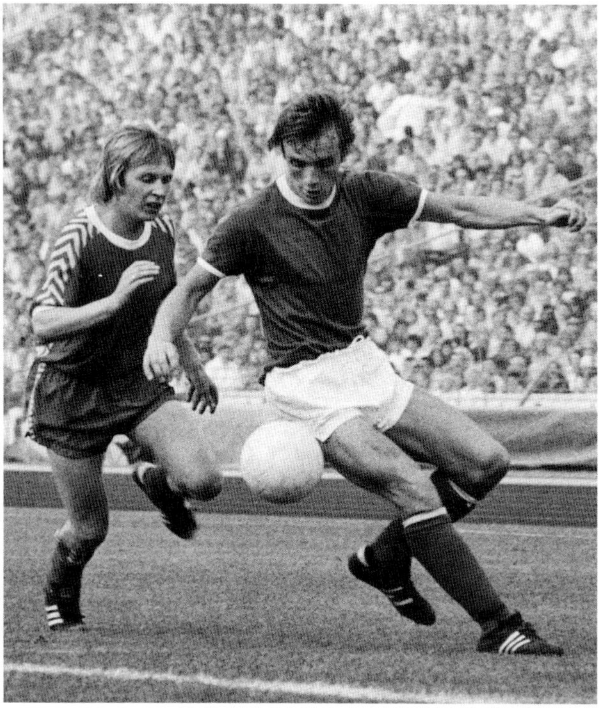

Abramczik – der „Flankengott“ der Schalker Knappen (rechts) – „vernascht“ hier einen Gegenspieler aus Essen.

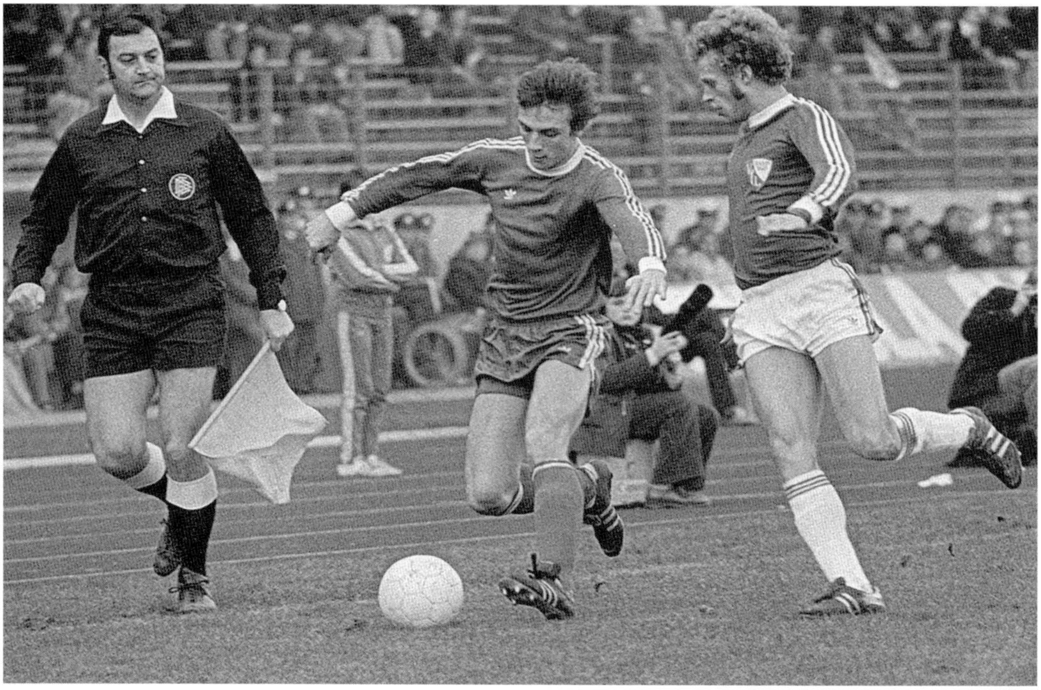

Auf der rechten Außenbahn – hier in einer Begegnung gegen den VfL Bochum – war Abramczik kaum zu stoppen.

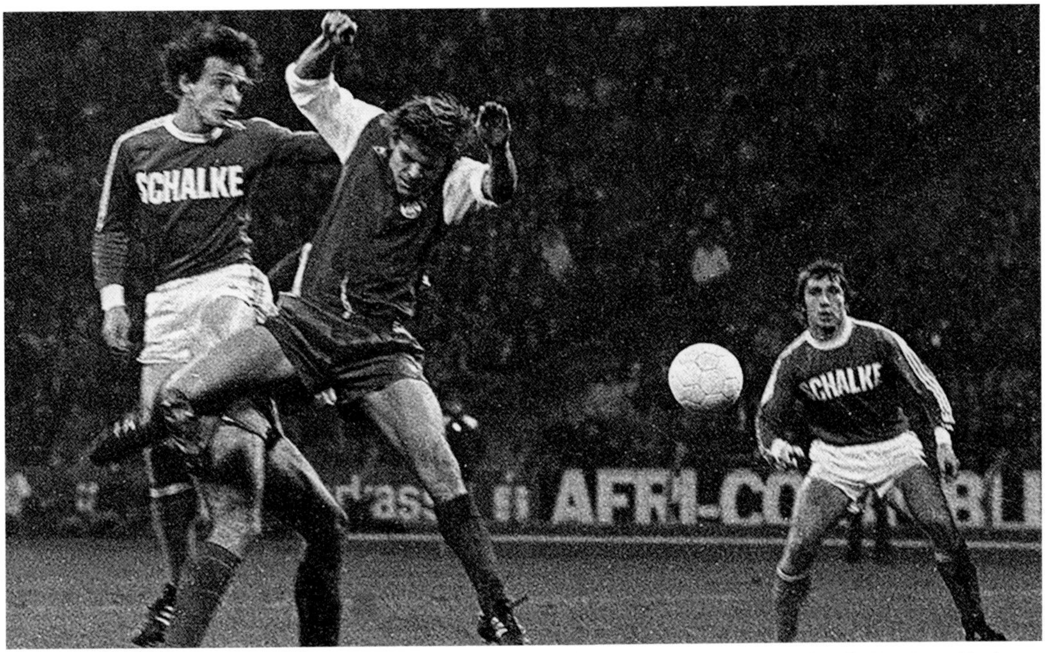

Spiel gegen den 1. FC Köln; Abramczik (links) setzt sich gegen Wolfgang Weber durch, Torjäger Fischer (rechts) schaut zu.

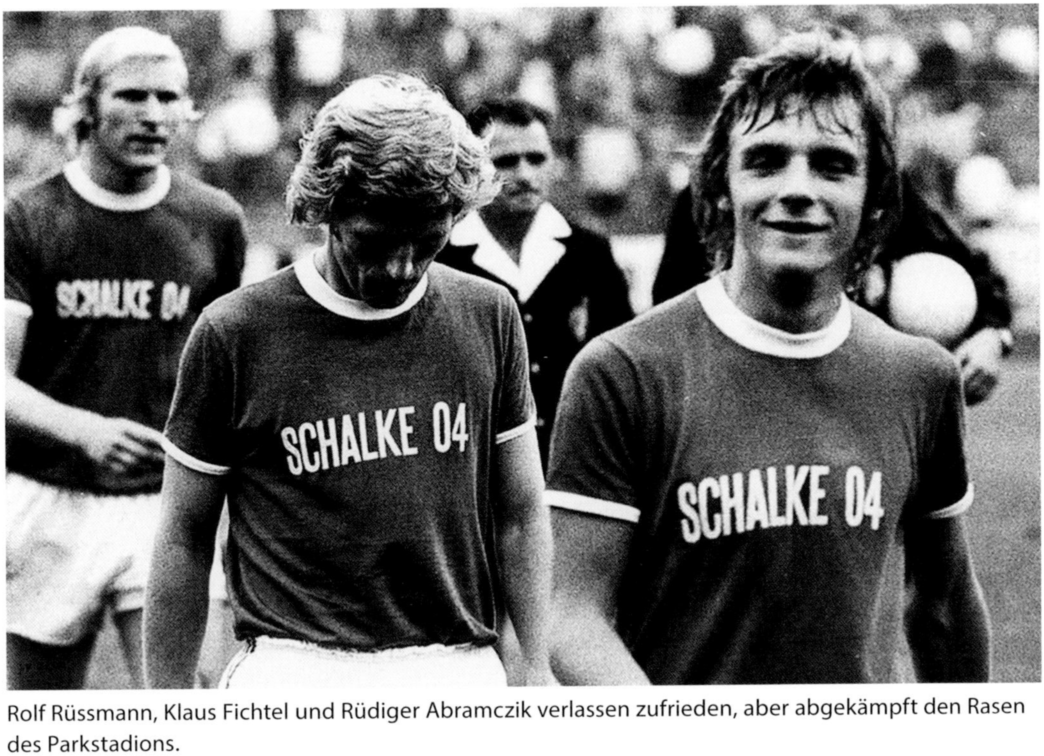

Rolf Rüssmann, Klaus Fichtel und Rüdiger Abramczik verlassen zufrieden, aber abgekämpft den Rasen des Parkstadions.

Als Nigbur unfreiwillig beim VfL einsaß

Es gibt Spiele, an die sich Fußballer und Fans besonders gerne erinnern. Dazu gehören die kleinen und großen Revierderbys. Ein solches Nachbarschaftsduell hat der Ex-VfL-Keeper Jürgen Bradler noch besonders gut im Gedächtnis. Im WM-Jahr 1974 mussten die Königsblauen an der Castroper Straße antreten – in Bestbesetzung. Doch das kleine Revierduell „Schalke gegen die Unabsteigbaren" ging in die Hose. Es war ein Spiel in der erst seit elf Jahren bestehenden 1. Bundesliga mit einem außergewöhnlichen Zwischenfall: S04-Torhüter Norbert „NN" Nigbur war beim Wiederanpfiff von Volker Roth nicht in seinem Tor. Sein Fehlen bemerkte zunächst niemand. Viel wurde in den vergangenen Jahrzehnten über das Zuspätkommen der Schalker Torwart-Legende spekuliert. Doch Jürgen Bradler, der in den 1970er-Jahren 44-mal den Kasten des VfL in der Bundesliga hütete, weiß es ganz genau und lacht: „Ich habe den Norbert damals eingeschlossen. Aber unabsichtlich!"

Die Schalker waren am 14. September 1974 zwar in der achten Minute durch ein Tor von Rüdiger Abramczik in Führung gegangen, doch Werner Balte glich in der 28. Minute bereits aus. Dann der Halbzeitpfiff. Nigbur, so machte später die Runde, habe sich nach einem Zusammenprall mit Hans Walitza am Knöchel verletzt. Das stimmt aber nicht, denn Walitza kickte zu dieser Zeit längst nicht mehr für die Bochumer, sondern stand bereits in Nürnberg unter Vertrag. Nigbur habe auf der Toilette gesessen oder sich in einem Nebenraum der Kabine behandeln lassen, sind weitere Versionen des eigenartigen Zwischenfalls.

„Warum der Schalker Torwart damals als Letzter die Kabine verließ, weiß ich nicht. Ich habe an diesem Tag die Gästekabinentür abgeschlossen, weil ich als Letzter aufs Spielfeld ging", erzählt Jürgen Bradler, der damals hinter Werner Scholz die Nummer 2 im Bochumer Tor war. „Dass Norbert fehlte, habe ich gar nicht bemerkt. Erst später haben wir davon erfahren. Erzählt habe ich diese Geschichte bisher noch nie", berichtet der Ex-VfLer, der seit etlichen Jahren in Herne lebt.

Das kleine Derby an diesem Septembertag gewannen die Bochumer mit 2:1. Jupp Kaczor erzielte nach Vorlage des Ex-Schalkers Paul Holz in der 58. Minute den Siegtreffer, da stand „NN" aber schon lange wieder im Tor.

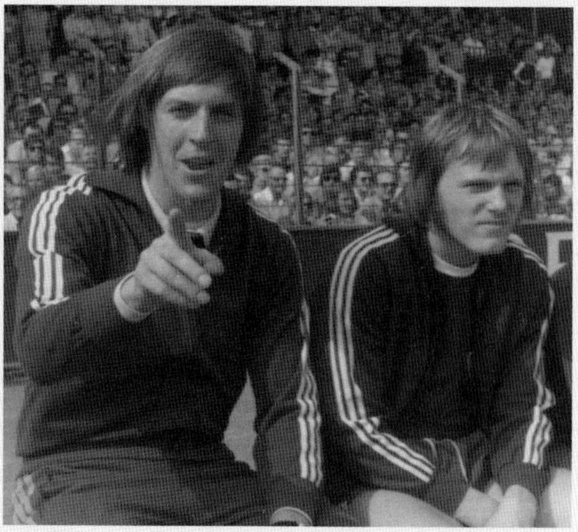

„Obwohl ich Norbert Nigbur in den 1970er-Jahren mehrfach nach Bundesligaspielen in einem Bochumer Pub getroffen habe, wechselten wir nie ein Wort. Torhüter sind manchmal seltsame Zeitgenossen", unterstreicht Jürgen Bradler mit einem verschmitzten Lächeln.

Die damaligen Mannschaften: S04: Nigbur, Huhse, H. Kremers, Rüssmann, Bongartz, Fichtel, Lütkebohmert, Abramczik, Fischer, E. Kremers, Libuda; VfL: Scholz, Franke, Fromm, Tenhagen, Versen, Balte, Eggert, Holz, Lameck, Eggeling, Kaczor.

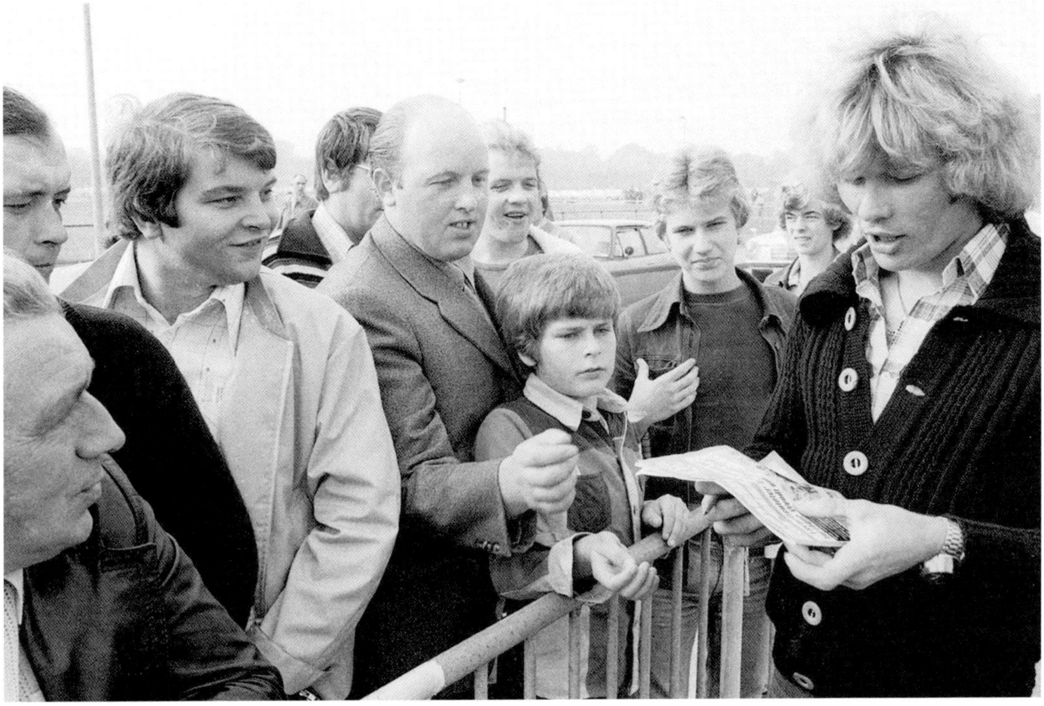

Seine Autogramme waren heiß begehrt: Norbert „NN“ Nigbur.

S04-Keeper Norbert Nigbur und Verteidiger Bernd Thiele. ►

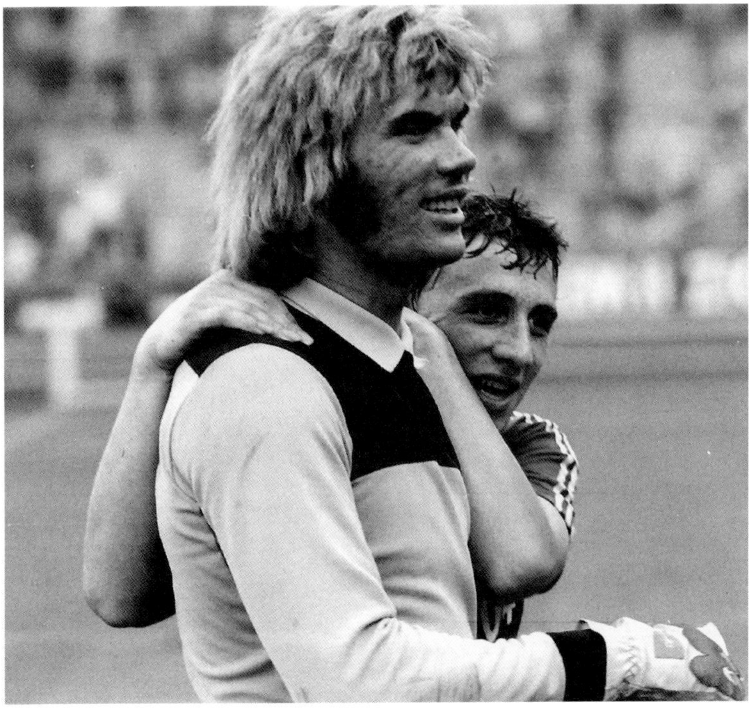

◄ VfL-Torhüter Jürgen Bradler, der seinen S04-Kollegen einst in Bochum „einschloss“, und Hermann „Tiger“ Gerland auf der Bank.

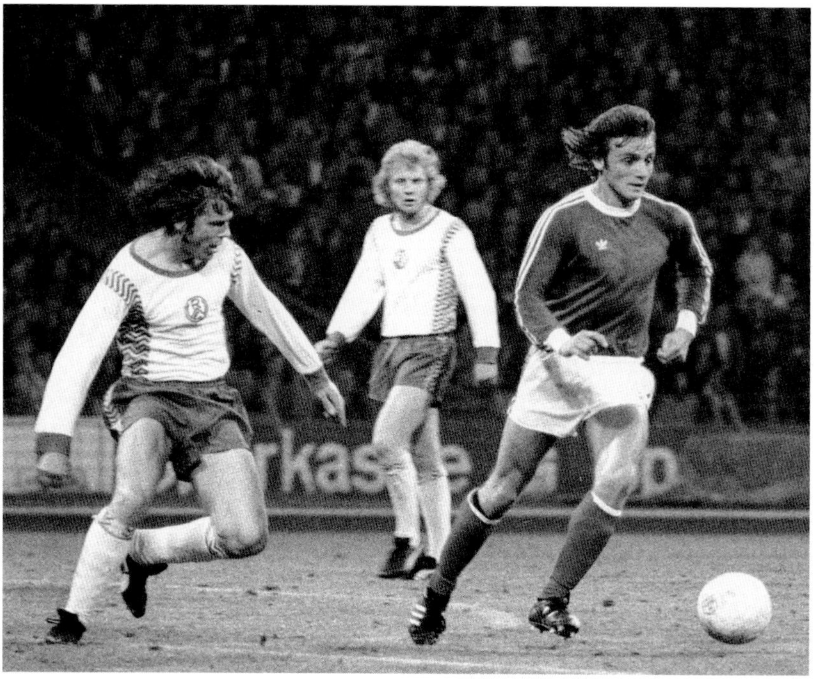

„Abi“ Abramczik im Spiel gegen Rot-Weiß Essen. Im Hintergrund begutachtet RWE-Fußballikone „Manni“ Burgsmüller die Szene.

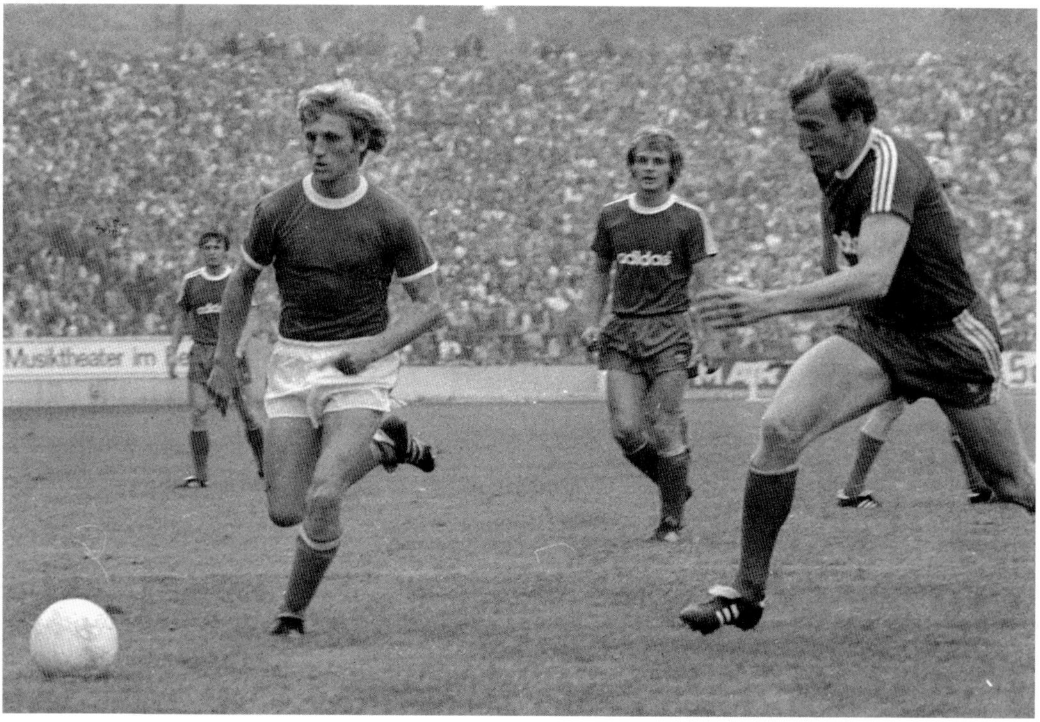

Klaus Fichtel (links) im Zweikampf mit „Katsche“ Schwarzenbeck (Bayern München).

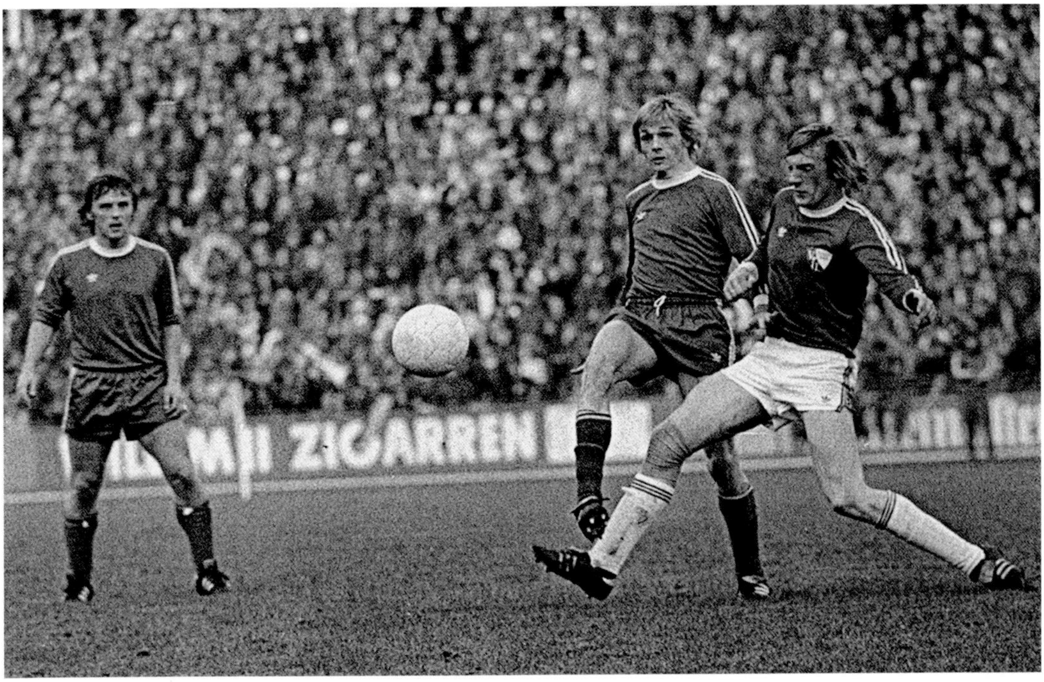

Schalke gegen den VfL Bochum. Hannes Bongartz (Mitte) und Jupp Tenhagen kämpfen um den Ball.

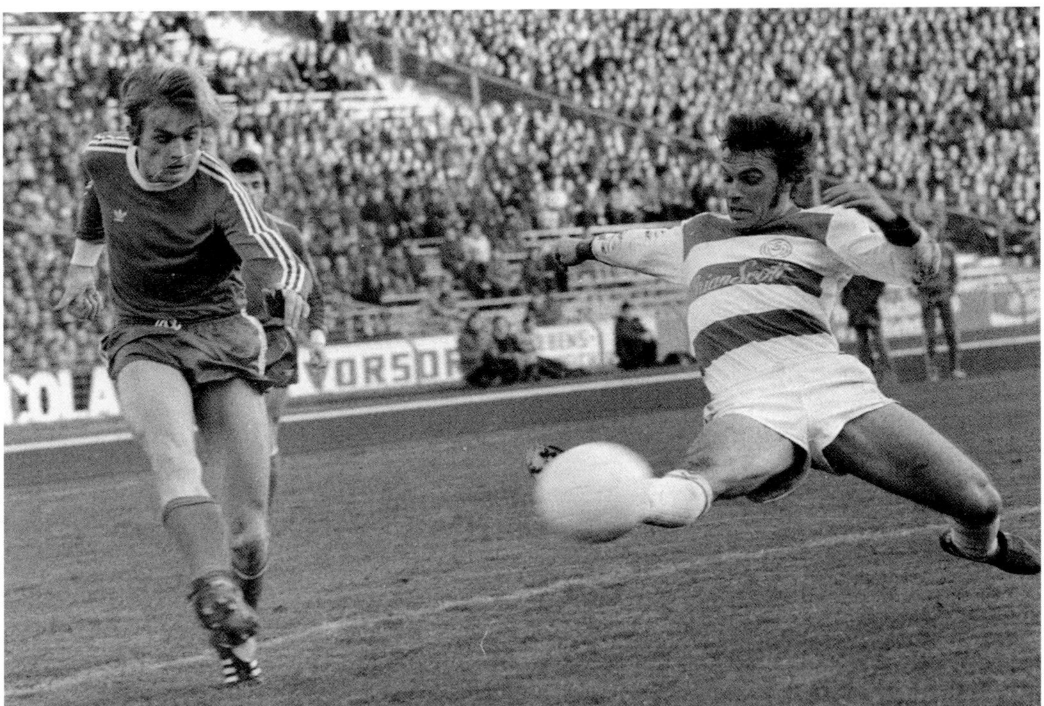

Bernhard Dietz (MSV Duisburg) kommt zu spät, Hannes Bongartz (links) donnert den Ball in Richtung Tor.

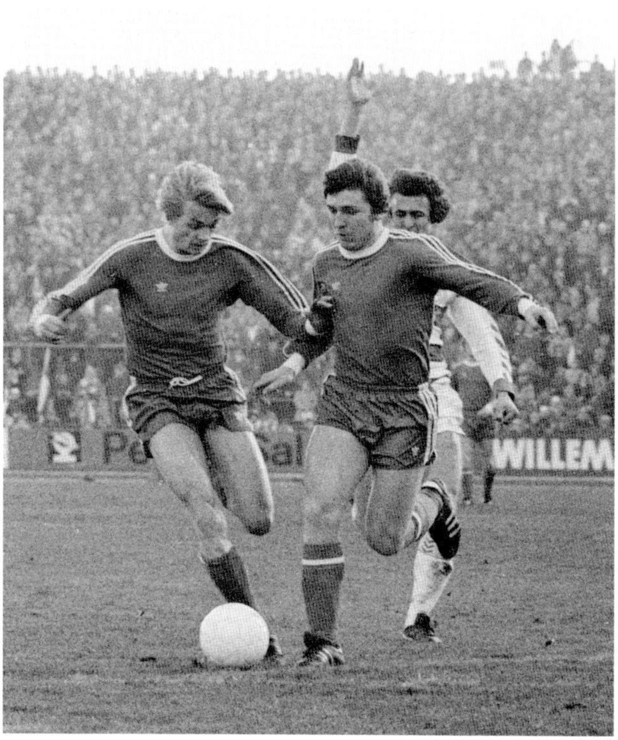

Hannes Bongartz und Klaus Fischer (rechts) stürmen gemeinsam in Richtung MSV-Tor.

„Volle Hütte“ im Parkstadion – zu Gast ist das Team von Bayern München. Diesmal hat Hannes Bongartz (Mitte) aber das Nachsehen. ▼

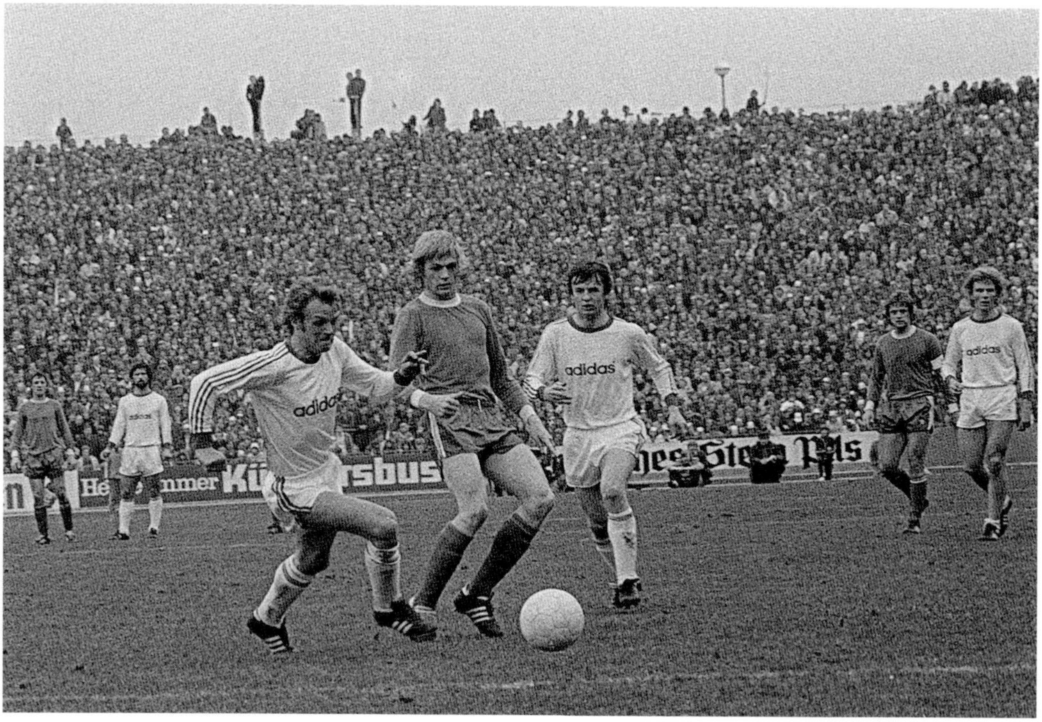

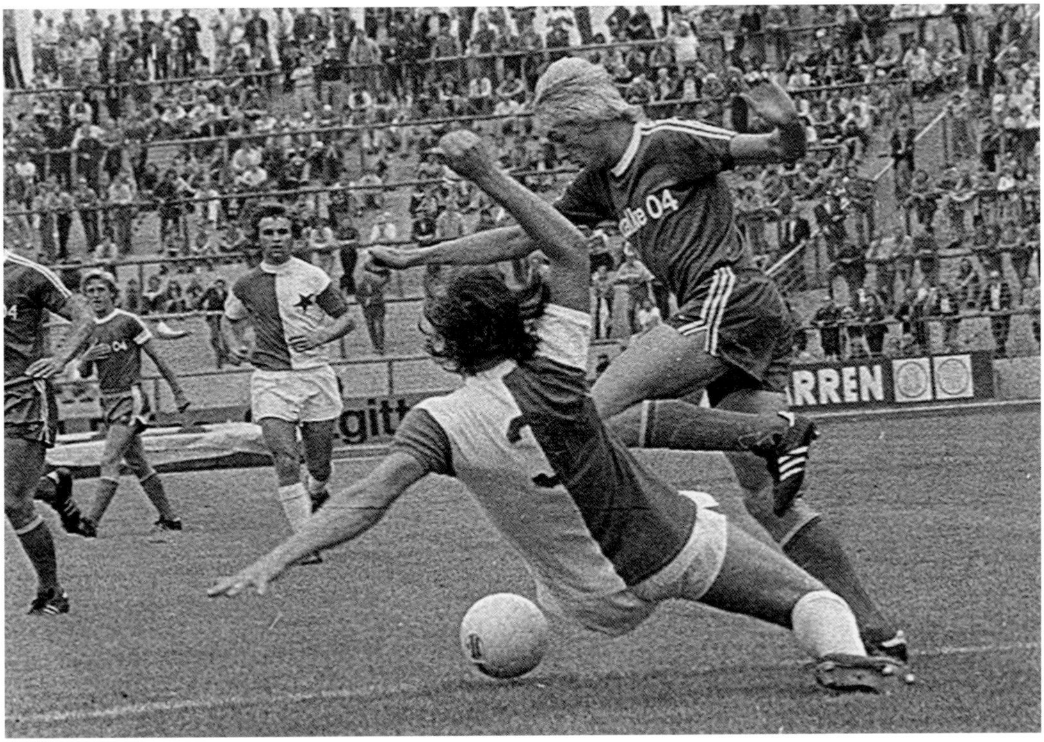

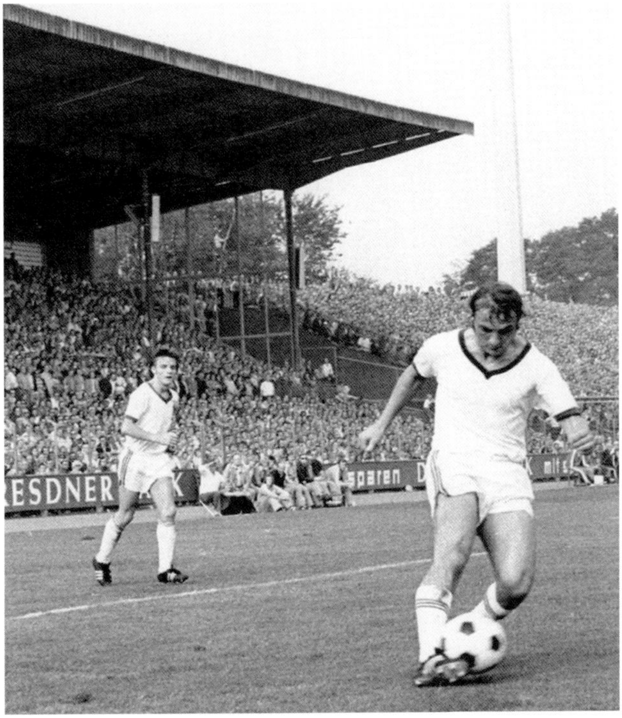

Spiel gegen Slavia Prag: Hannes Bongartz (rechts) in Aktion. ▲

BL-Spiel in Bochum: Rüdiger Abramczik (links) und Reinhard „Stan" Libuda zeigen ihr Können.

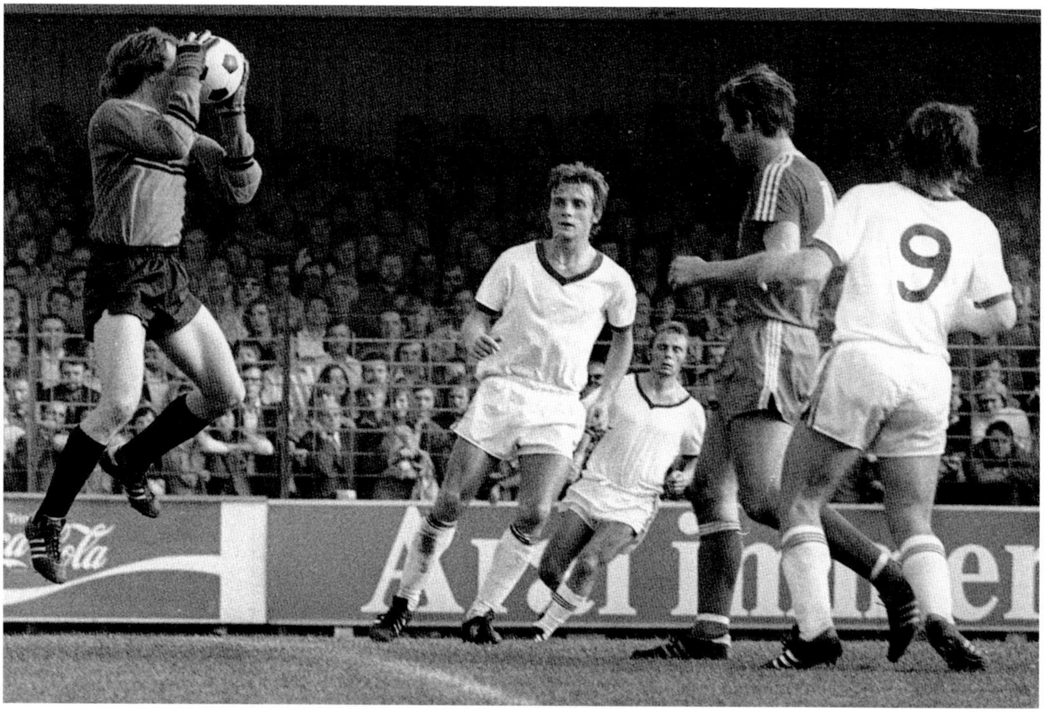

VfL-Keeper Werner Scholz (links) sichert den Ball. Rüdiger Abramczik, Reinhard Libuda und Klaus Fischer (weiße Trikots) kommen zu spät.

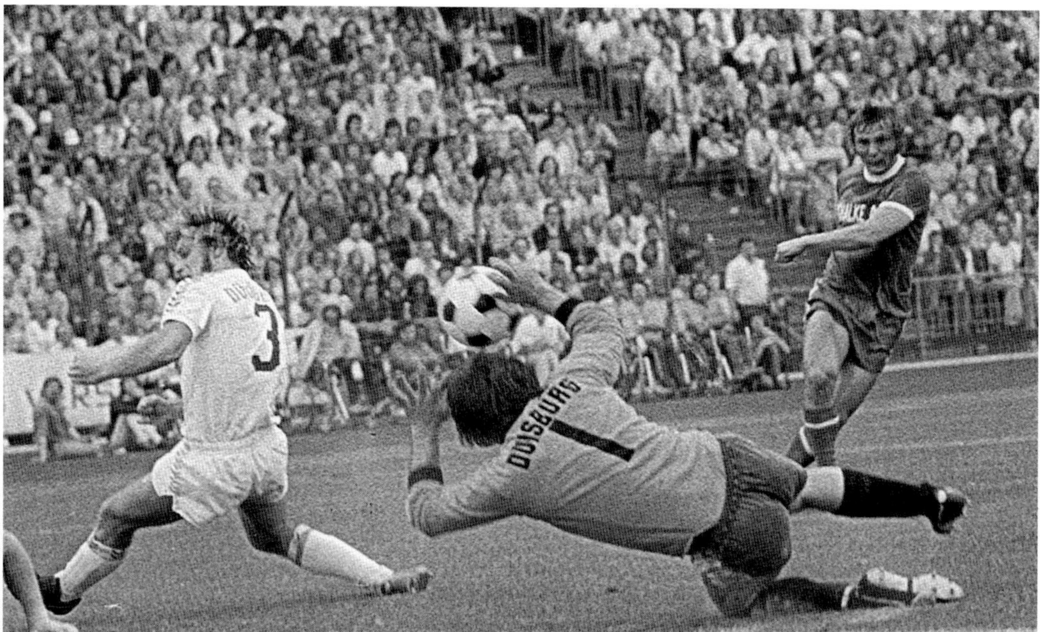

Reinhard „Stan“ Libuda (rechts) zieht ab, doch der MSV-Keeper kann diesen Schuss abwehren.

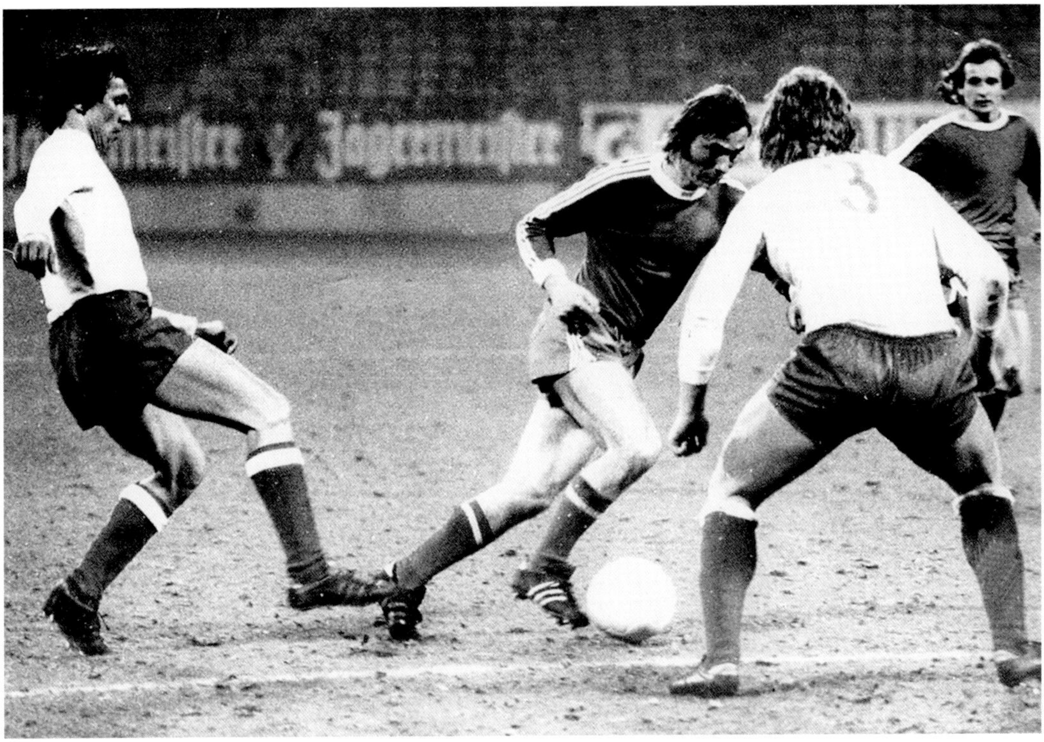

Freundschaftsspiel Schalke gegen die polnische Nationalmannschaft im Vorfeld der Fußballweltmeisterschaft 1974 im Parkstadion. Auch hier zeigt Reinhard Libuda noch einmal seine gefährlichen Dribblings. ▲

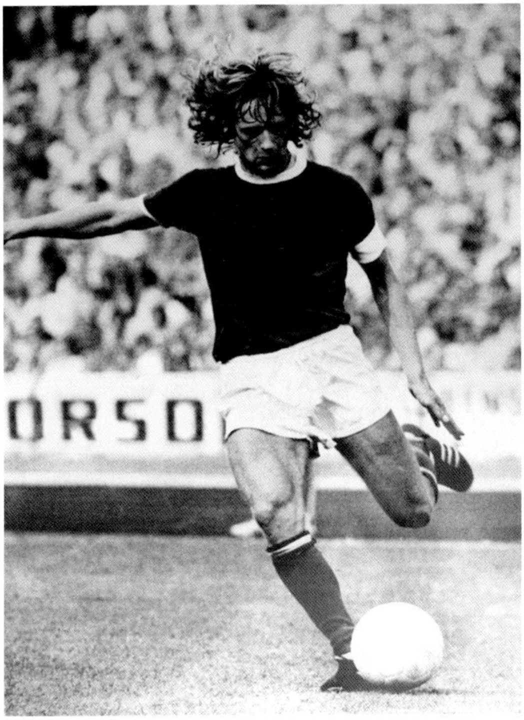

In vorbildlicher Schusshaltung: S04-Mannschaftskapitän Helmut Kremers.

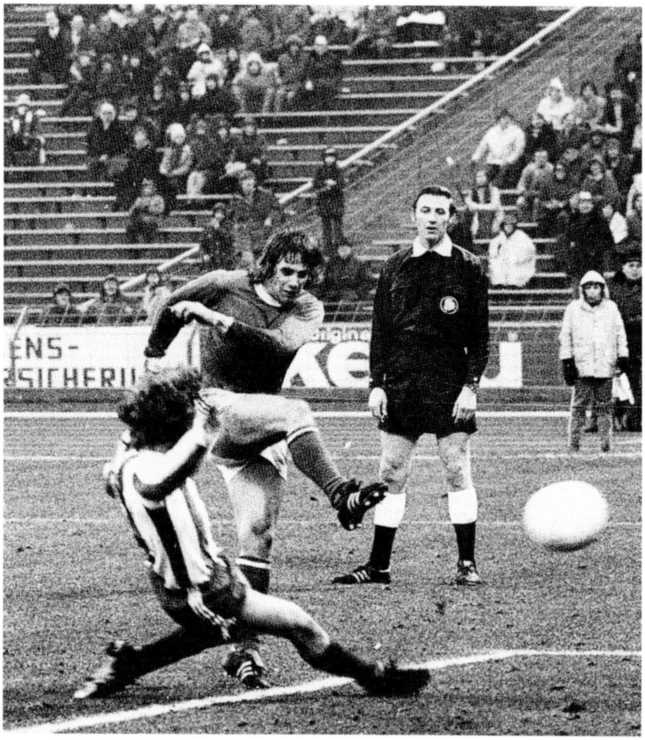

Erwin Kremers im Spiel gegen Hertha BSC …

… und im Spiel gegen den VfL Bochum. ▼

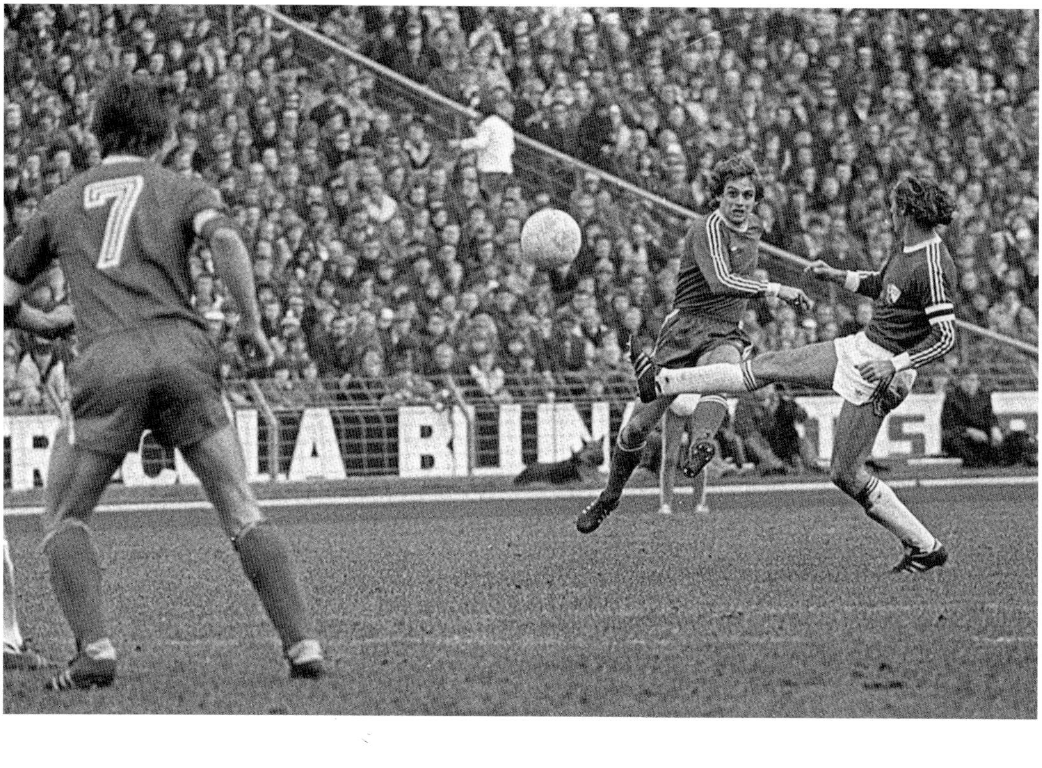

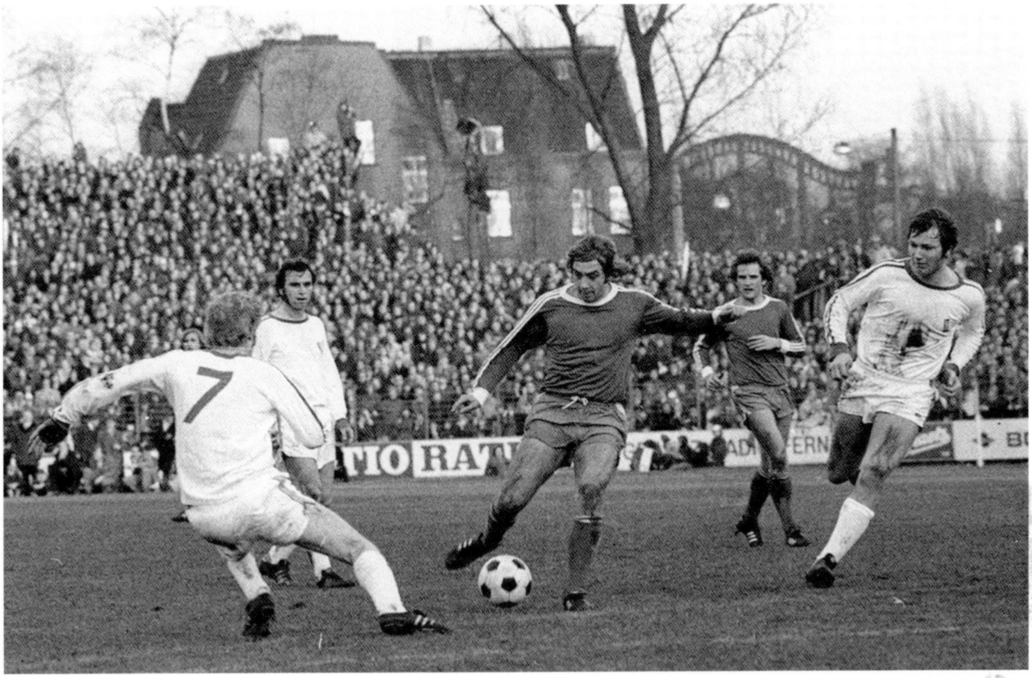

S04 wieder zu Gast an der Castroper Straße. Erwin Kremers beim Torschuss. Im Hintergrund schaut Paul Holz zu.

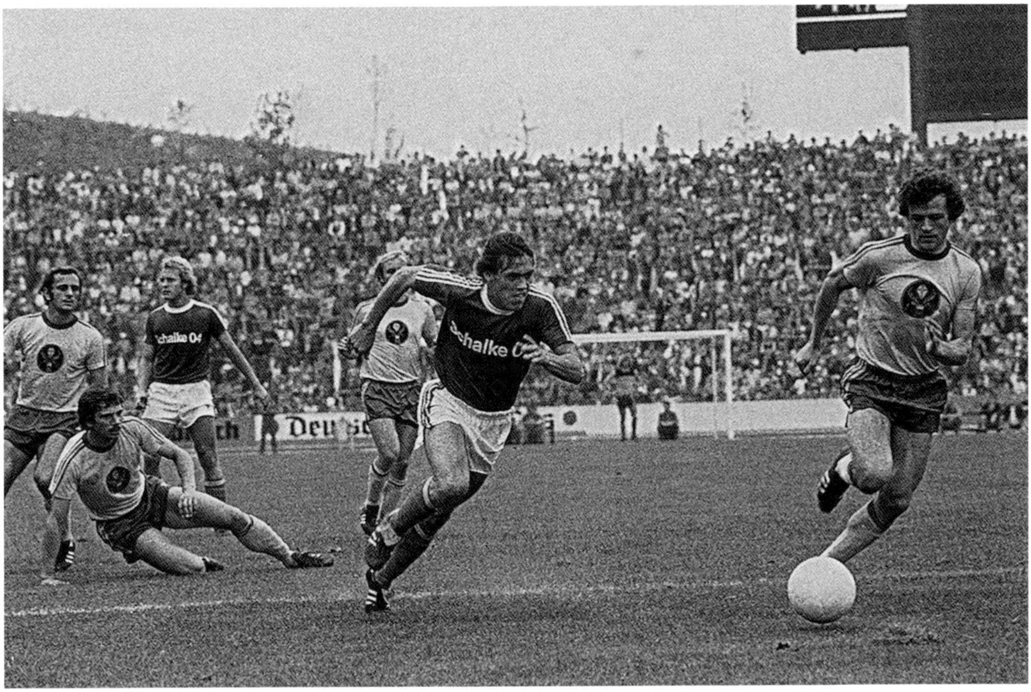

Schalke empfängt Eintracht Braunschweig. Manfred Dubski (Mitte) mit viel Tordrang.

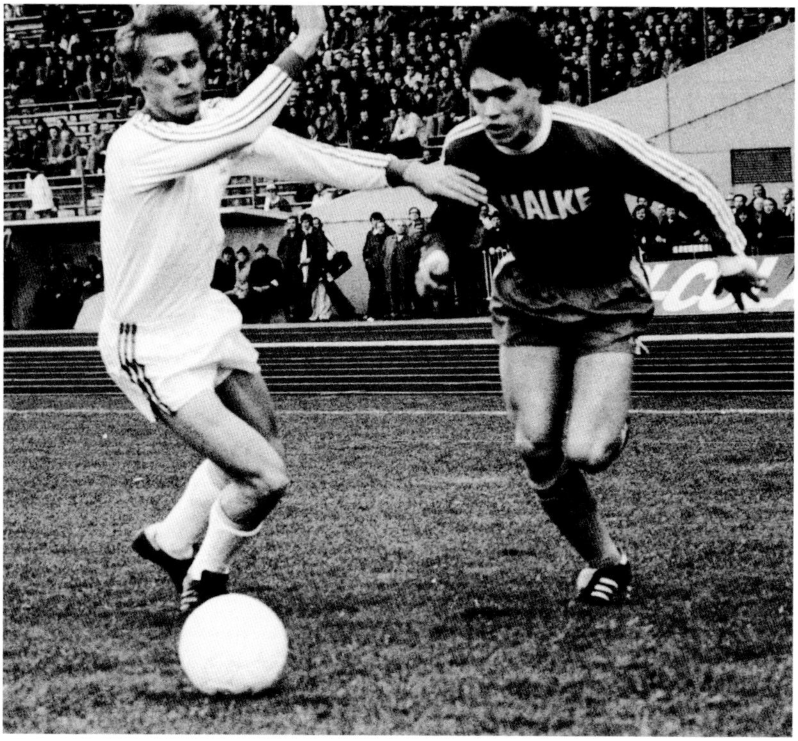

Im Zweikampf vor der Parkstadion-Tribüne: Manni Dubski (rechts).

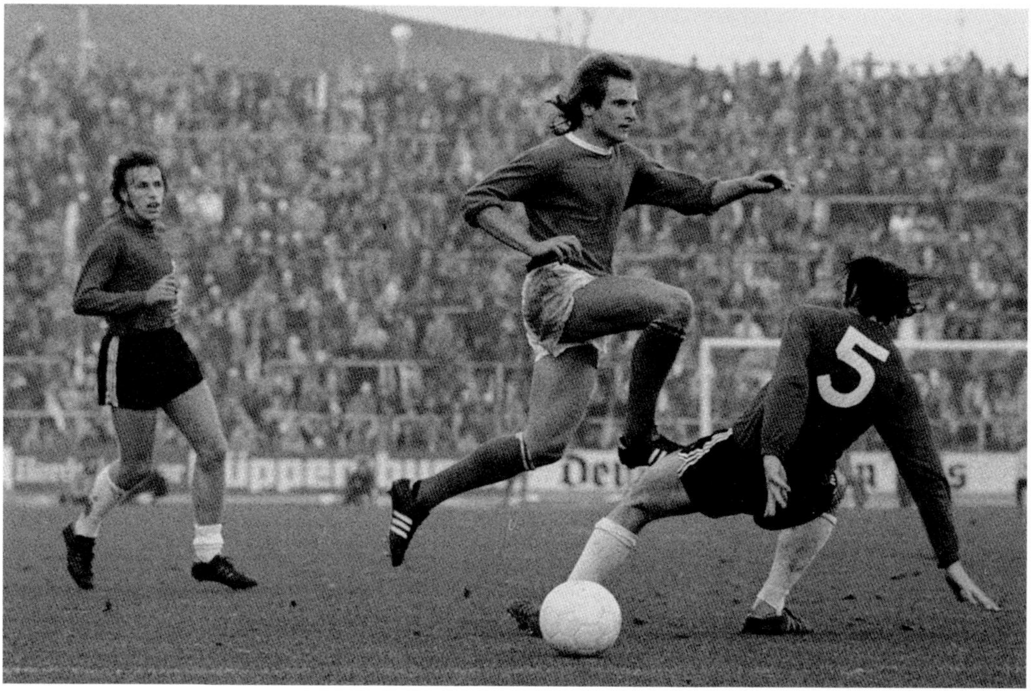

Paul Holz (Mitte) setzt sich hier gegen den gegnerischen Libero durch.

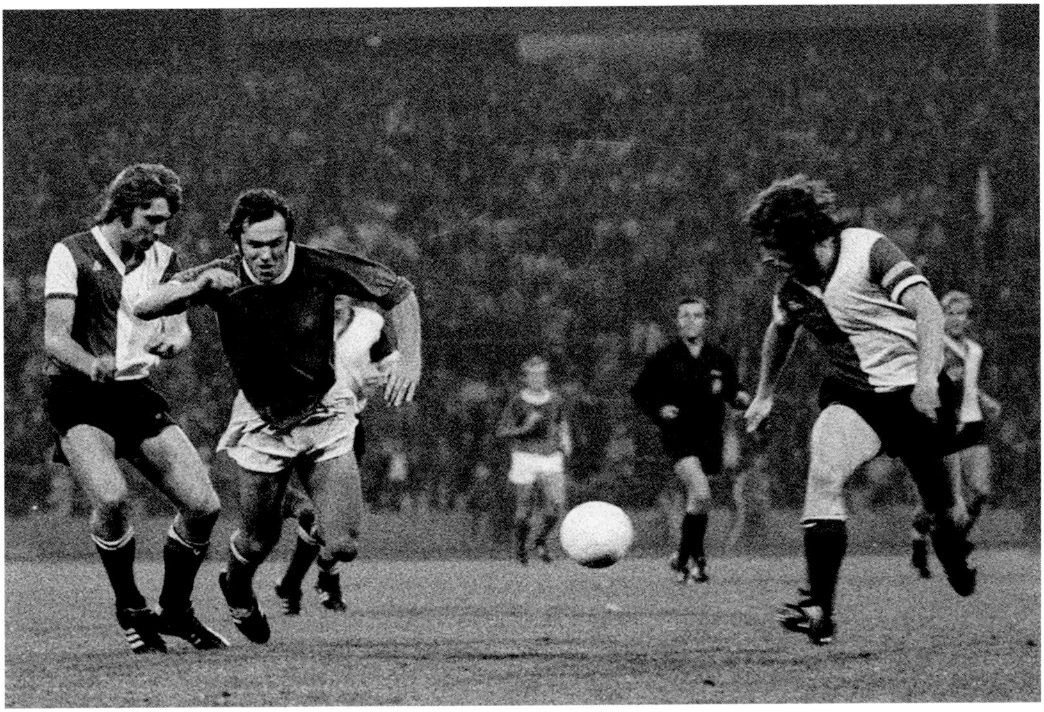

Peter Ehmke (Mitte) wird von zwei Gegenspielern in die Zange genommen.

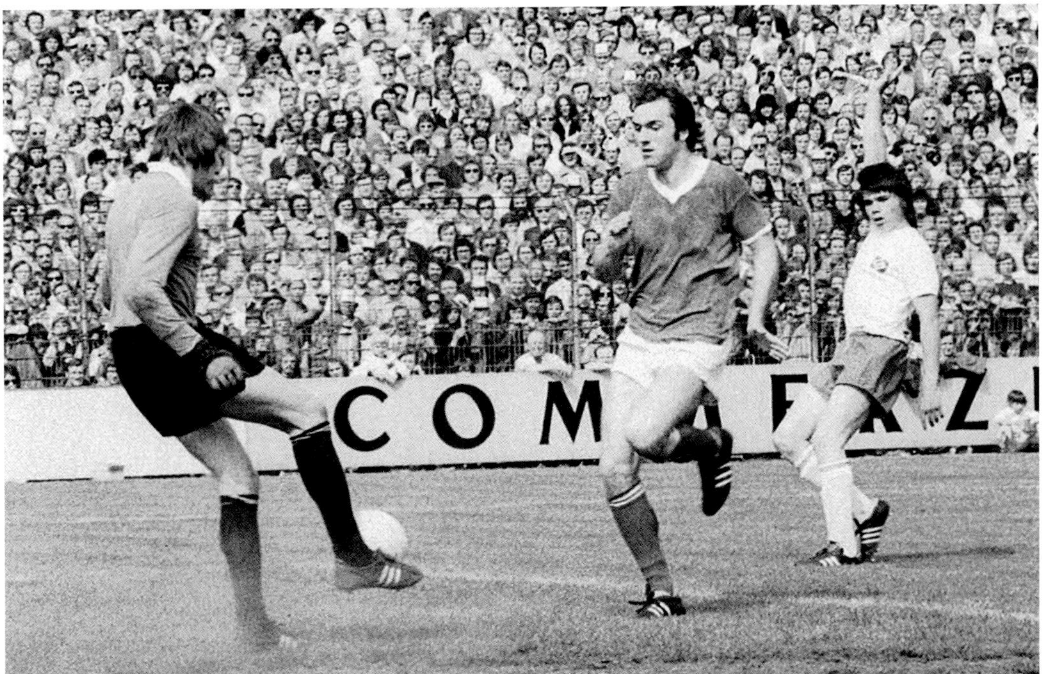

Der Vorstoß von Peter Ehmke (Mitte) im Spiel gegen den HSV wird hier von Keeper Kargus abgewehrt.

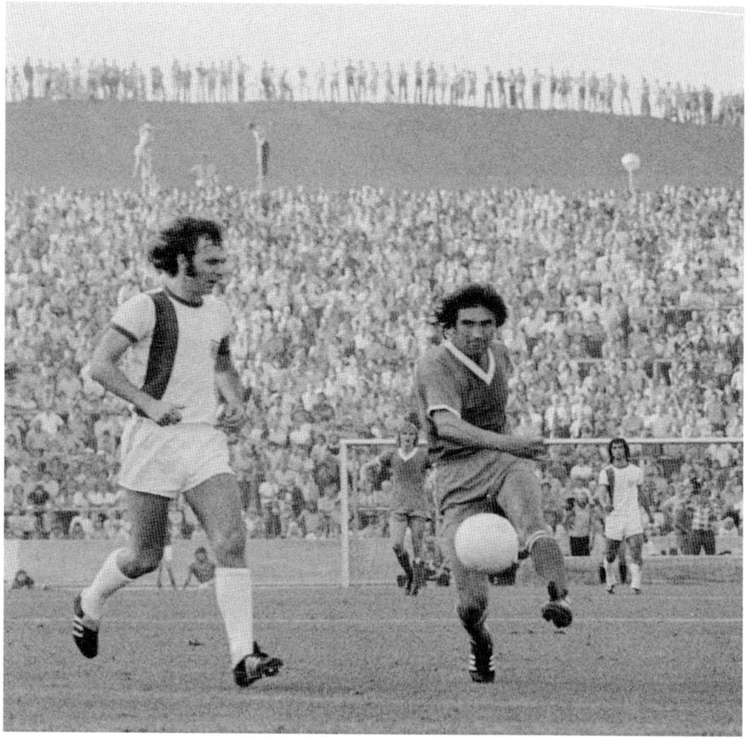

Klaus Beverungen (rechts) muss sich in diesem Match im vollbesetzten Parkstadion mit Fußball-Ikone Franz Beckenbauer (Bayern München) auseinandersetzen. Im Hintergrund wartet Torjäger Gerd Müller auf seine Chance.

Kampf um den Ball im Spiel gegen den MSV Duisburg. Herbert Lütkebohmert (links), Bernhard Dietz (MSV) und S04-Kapitän Helmut Kremers (rechts). ▼

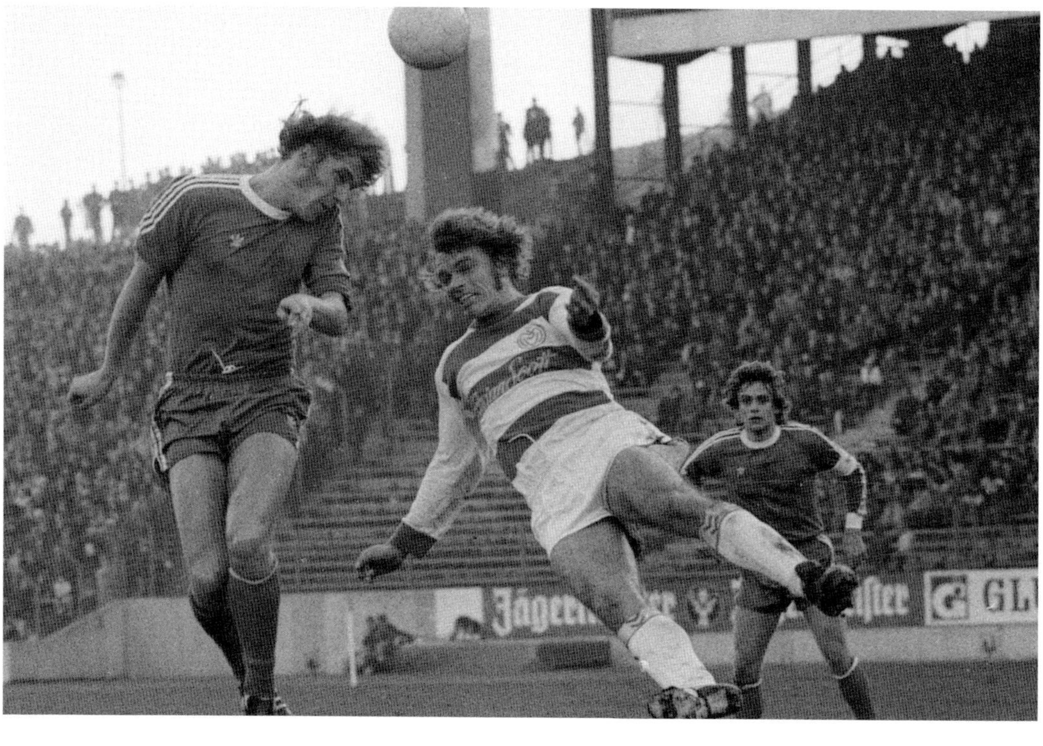

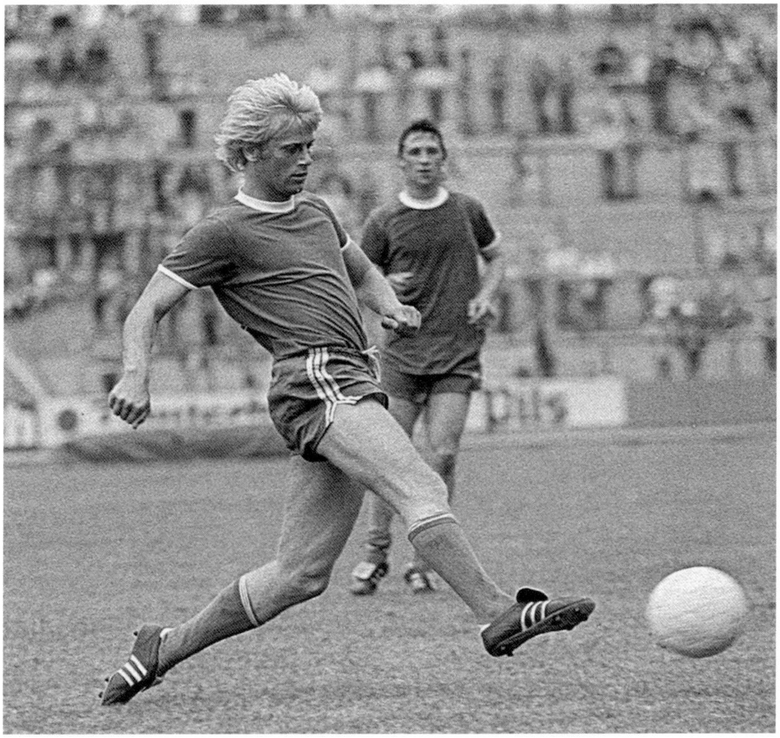

Zwei Schalker im Einsatz: Hans-Günter Bruns und Bernd Thiele (hinten).

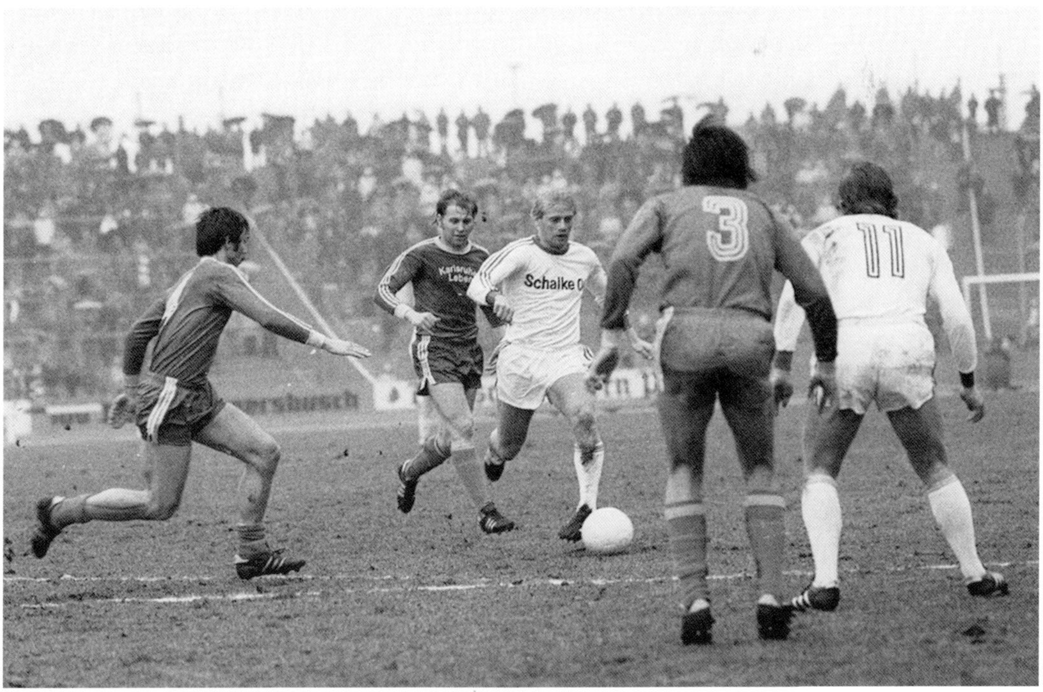

Hans-Günter Bruns und Erwin Kremers (rechts) spielen die gegnerische Abwehr aus.

Verzichtete auf eine königsblaue Profikarriere: Rudi Schonhoff

Welcher Junge träumt nicht davon, einmal Fußballprofi zu werden. Und wenn der „Herzensverein" mit einem Vertrag lockt, kann wohl kaum jemand widerstehen. Rudolf Schonhoff lehnte es jedoch 1975 ab, einen Profivertrag bei S04 zu unterschreiben. „Eine Entscheidung, die mir damals nicht leicht gefallen ist", gesteht der ehemalige Kicker, der bereits seit 1962 Mitglied des Gelsenkirchener Großvereins ist und sich schon als Zehnjähriger erstmals ein königsblaues Trikot überstreifte.

Geboren wurde der Gladbecker mit Gelsenkirchener Wurzeln 1952 in Nordhorn. 1954 siedelte seine Familie aus beruflichen und familiären Gründen wieder ins Revier um, wo Klein-Rudi schnell heimisch wurde, Schulen besuchte und die ersten fußballerischen Gehversuche auf der Straße unternahm. Ohne Einwilligung seiner Eltern meldete sich Rudolf, den alle nur „Rudi" nannten und nennen, beim glorreichen FC Schalke an. „Mein erstes Sichtungstraining, damals noch ohne jeglichen Schnickschnack, absolvierte ich in Straßenschuhen unter Schalke-Legende Berni Klodt", erinnert sich Schonhoff.

In den folgenden Jahren durchlief er alle damaligen fußballerischen Klassen – Knaben, Schüler, Jugend bis hin zu den königsblauen Amateuren. Einer seiner fußballerischen Wegbegleiter war Bodo Menzel, den Rudi Schonhoff als den „Urvater der Knappenschmiede" bezeichnet. „Schon in der Jugend und später bei den Amateuren, die von der S04-Legende Manfred ‚Manni' Kreuz trainiert wurden, kickte ich mit etlichen Spielern zusammen, die später sogar den Sprung in die Nationalmannschaft schafften." Dazu gehörten unter anderem Günther Schubert, Joachim und Friedrich Wagner, Manfred Dubski, Hans-Günter Bruns, Siegfried Bönighausen, Jürgen Gede, Thomas Kruse, Thomas Lander, Bernd Thiele, Bernd Tönjes, Ulrich Bittcher und Rüdiger Abramczik.

In der Landesligamannschaft der Knappen machte Abwehrspieler Rudi Schonhoff bald mit guten Leistung auf sich aufmerksam, was auch der Vereinsführung und dem Trainerstab des Bundesligisten nicht verborgen blieb. So kam es, dass der Landesligakicker im August 1975 die Schalker Knappen während eines Freundschaftsspiels in Osnabrück unterstützen durfte. „Ich musste hier den etatmäßigen Vorstopper Rolf Rüssmann ersetzen", erzählt Schonhoff, der später noch weitere Spiele im Trikot des Erstligisten absolvierte.

Zunächst standen zwei Spiele gegen Slavia Prag an. „Erst wurde ich für Hans Salewski eingewechselt, am anderen Tag gehörte ich in Herford, wo Schalke ebenfalls gegen Slavia spielte, zur Startelf", betont der Gladbecker, der in beiden Begegnungen gegen den Prager Sturmtank Robert Segmüller überzeugte.

Einige Zeit später, die Königsblauen mussten ein Pokalspiel in Oldenburg bestreiten, vertrat Rudi Schonhoff erneut Rolf Rüssmann. Danach ging es Schlag auf Schlag: Anruf von der Schalker Vereinsführung mit der Bitte um Unterstützung im Spiel gegen Rapid Wien. „Ich setzte natürlich alle Hebel in Bewegung, denn ich wollte mir dieses Match in Wien nicht entgehen lassen. Mein damaliger Arbeitgeber legte mir jedenfalls keine Steine in den Weg", lacht

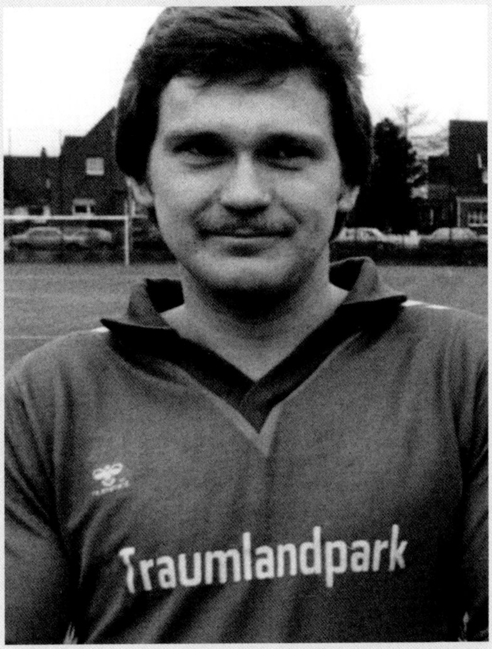

Rudolf „Rudi" Schonhoff trug von 1962 bis 1979 das Trikot der Königsblauen. Danach kickte der Ex-Bundesligaspieler noch einige Zeit für einen Kreisligisten aus der Nachbarkommune Bottrop.

Schonhoff, der in Wien wieder als Vorstopper überzeugte. „Erst später erfuhr ich, dass ich gegen Hans Krankl gespielt hatte", so Schonhoff weiter.

Auf dem Rückflug nach Düsseldorf kam es dann zu einem richtungsweisenden Gespräch zwischen dem damaligen Mannschaftsbetreuer Ede Lichterfeld und dem 23-jährigen Vorstopper. „Ede bot mir damals einen Vertrag an, ich bat aber um Bedenkzeit und lehnte später dankend ab. Zunächst hatte ich eine Arbeit, die mir viel Spaß machte und auch Aufstiegschancen bot. Außerdem war ich zu der Erkenntnis gekommen, dass ich zwar ein guter Fußballer war, aber Gesundheit und Familie waren mir damals ebenfalls sehr wichtig. Dem Erstlingskader blieb ich dennoch weiterhin verbunden", betont Schonhoff.

Kurz darauf, es war der 16. August 1975, waren seine Abwehrkünste im neuen Parkstadion gefragt. Unter Trainer Max Merkel bestritt Rudi Schonhoff sein erstes Bundesligaspiel. In der 60. Spielminute schickte ihn Assistent Friedel Rausch im Spiel gegen den MSV Duisburg auf das Feld. Sein Gegenüber: Rudi Seliger, der nicht glauben wollte, das sein Antipode ansonsten in der Landesliga kickte. Die Knappen gewannen mit 5:1-Toren. Die Mannschaft: Nigbur, Fichtel, Schonhoff, Helmut Kremers, Thiele, Lütkebohmert, Bongartz, Elgert, Sobiray, Fischer, Erwin Kremers.

In der Rückrunde der Saison 1975/76 wurde Schonhoff nochmals in das königsblaue BL-Team berufen. Diesmal hieß der Gegner Eintracht Braunschweig. Inzwischen hatte Friedel Rausch die Nachfolge von Max Merkel in Gelsenkirchen angetreten. Die Knappen gingen am 20. März 1976 zunächst durch ein Tor von Rüdiger Abramczik in Führung, danach schlug

Eintracht-Torjäger Wolfgang Frank zu. Er markierte drei Treffer, und S04er-Sobiray überwand Knappen-Keeper Nigbur, der aber noch einen Elfer parieren konnte. Die Schalker traten hier wie folgt an: Nigbur, Fichtel, van den Berg, Bruns, Gede, Dubski, Bittcher, Sobiray, Abramczik, Fischer und Erwin Kremers. In der 46. Minute schickte Rausch Rudi Schonhoff für Ulrich van den Berg auf das Spielfeld und Friedhelm Schütte übernahm den Part von Uli Bittcher.

Danach kehrte für Vorstopper Rudi Schonhoff der fußballerische Alltag ein: Er kickte weiterhin mit großem Enthusiasmus und Engagement für die Schalker Amateure in der Landesliga. Diese „Ruhephase“ endete aber abrupt im Mai 1978, als Rudi Schonhoff wieder einen Anruf aus dem S04-Leiterteam erhielt. Diesmal war der ehemalige Jugendtrainer Erwin „Camillo“ Forstkamp am Telefon. „Es ging um eine Teilnahme an einem Turnier in Spanien“, erinnert sich der gelernte Grundstücks- und Wohnungswirtschafts-Kaufmann, „Schalke hatte wohl einige Zeit zuvor einen entsprechenden Vertrag unterzeichnet.“ Doch laut Vertrag mussten und sollten die Schalker mit der „besten Garnitur“ anreisen. Weil sich aber Klaus Fischer, Rüdiger Abramczik und Rolf Rüssmann im Nationalkader auf die anstehende WM in Argentinien vorbereiteten und viele königsblaue Stammspieler verletzt passen mussten, wurde Rudi Schonhoff erneut um Hilfe gebeten. „Schalke wollte damals wohl einer Vertragsstrafe entgehen, daher sagte man zu. Und ich war dabei“, erzählt der langjährige Kicker nicht ohne Stolz.

Um diese mehrtägige Turnierreise mitzumachen, war der heutige Gladbecker wieder auf das Wohlwollen seiner Vorgesetzten und Kollegen angewiesen. „In Badajoz stellte sich bald heraus, dass es bei der Nennung der Spieler wohl einen Fehler gegeben hatte, denn ich war in Spanien plötzlich Mathias Schipper“, lacht Schonhoff. „Als ich dann während eines Spiels Probleme mit einem Schuh bekam, reichte man mir schnell Ersatz, der gehörte, so stellte ich später fest, doch tatsächlich meinem nicht mitgereisten Kollegen Mathias. Die heimische Presse würdigte nach dem Turnier die Leistungen des königsblauen Knappen Mathias als recht solide.“

Ein Jahr später beendete Schonhoff aus privaten und beruflichen Gründen sein fußballerisches Engagement in Schalke, wechselte für einige Zeit zum Bottroper Kreisligisten TSV Feldhausen, schaffte hier sogar den Aufstieg in die Bezirksliga, um sich danach nur noch seinem Beruf in der Wohnungswirtschaft und den sporadischen Einsätzen in der Betriebself zu widmen. Doch ein Königsblauer ist er immer geblieben – alles, was rund um Glückauf-Kampfbahn, Parkstadion und Arena passiert, interessiert den ehemaligen Vorstopper, der herrliche Geschichten von „Rolli“, „Fichte“, „Ede“ und „Charly“ erzählen kann, wohl zeitlebens.

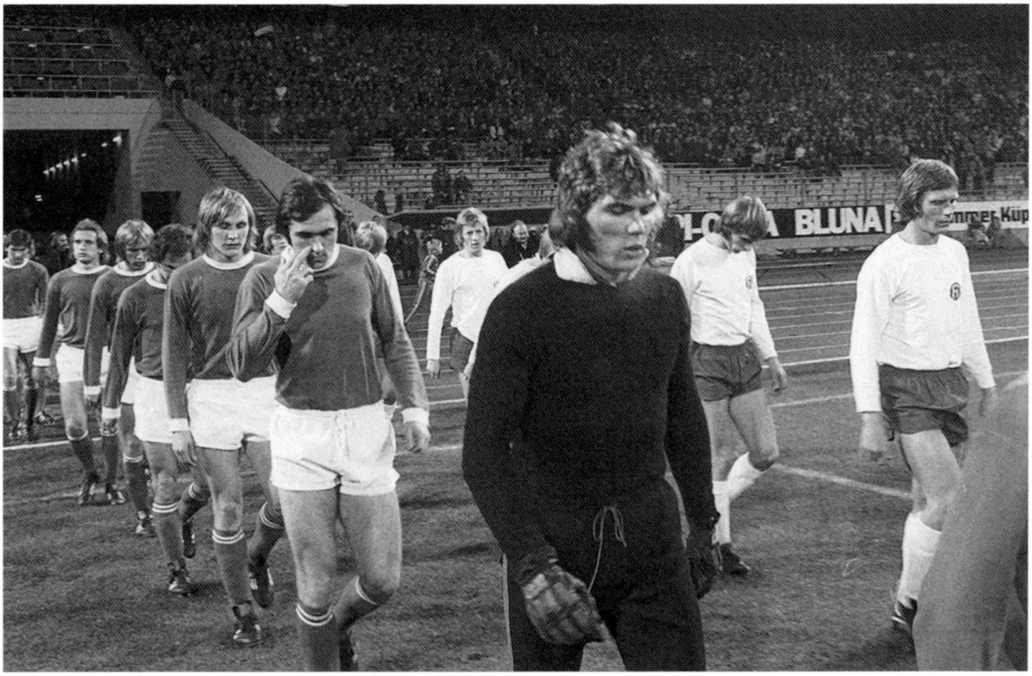

Spiel gegen Fortuna Düsseldorf. Voll konzentriert betreten Norbert Nigbur, Peter Ehmke, Ulrich van den Berg, Hartmut Huhse, Klaus Scheer, Paul Holz und Klaus Beverungen das Spielfeld.

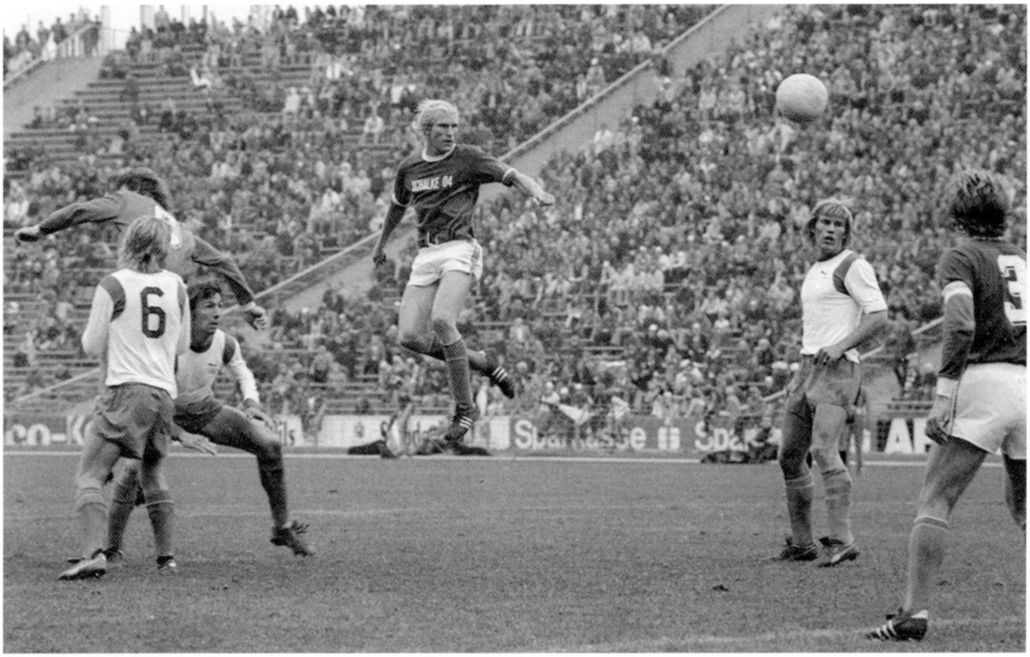

Abwehrrecke Rolf „Rolli" Rüssmann leistet ganze Arbeit, da können die gegnerischen Werderaner nur staunen.

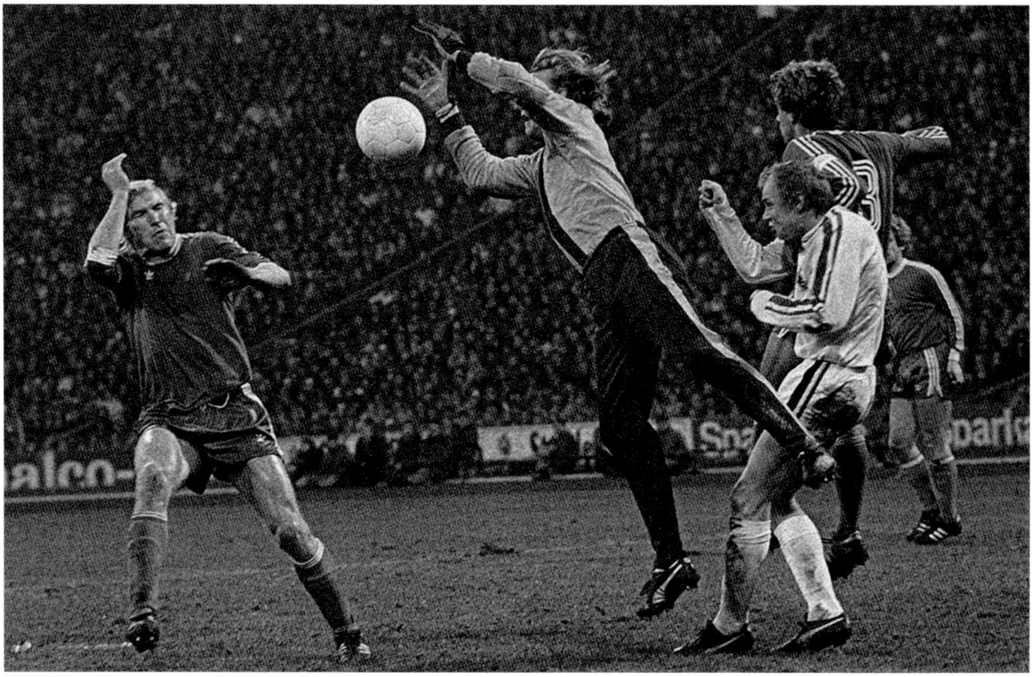

Packende Szene vor dem Tor von Borussia Mönchengladbach mit Rolf Rüssmann, Torhüter Wolfgang Kleff, Hans-Jürgen Wittkamp (MG) sowie Erwin und Helmut Kremers (v. l.).

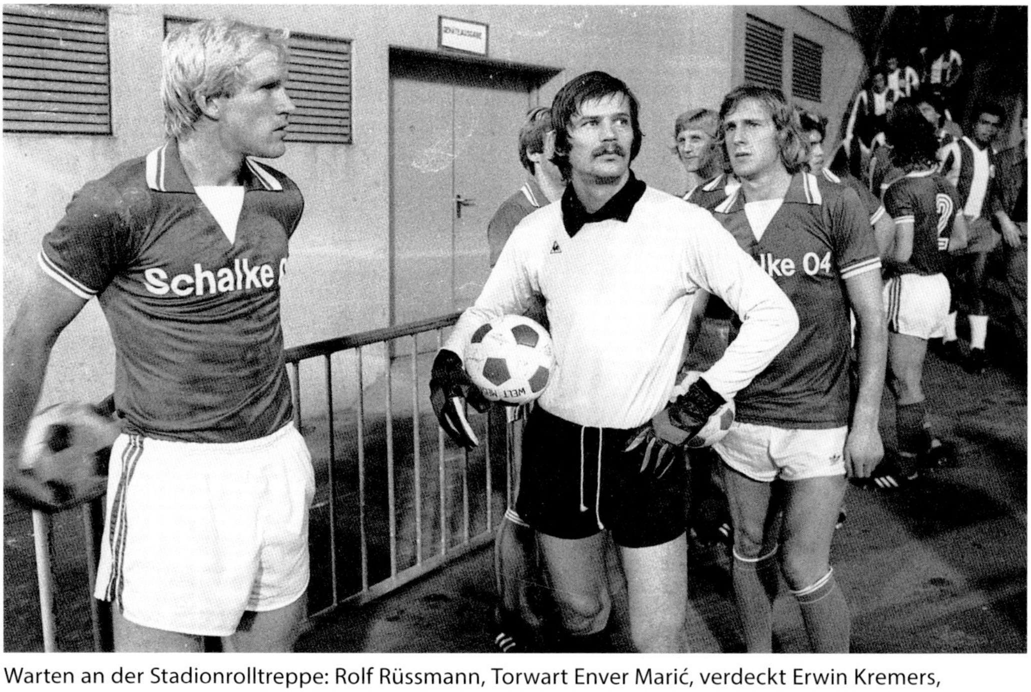

Warten an der Stadionrolltreppe: Rolf Rüssmann, Torwart Enver Marić, verdeckt Erwin Kremers, Klaus Fichtel, Herbert Lütkebohmert, Manfred Dubski und Bernd Thiele.

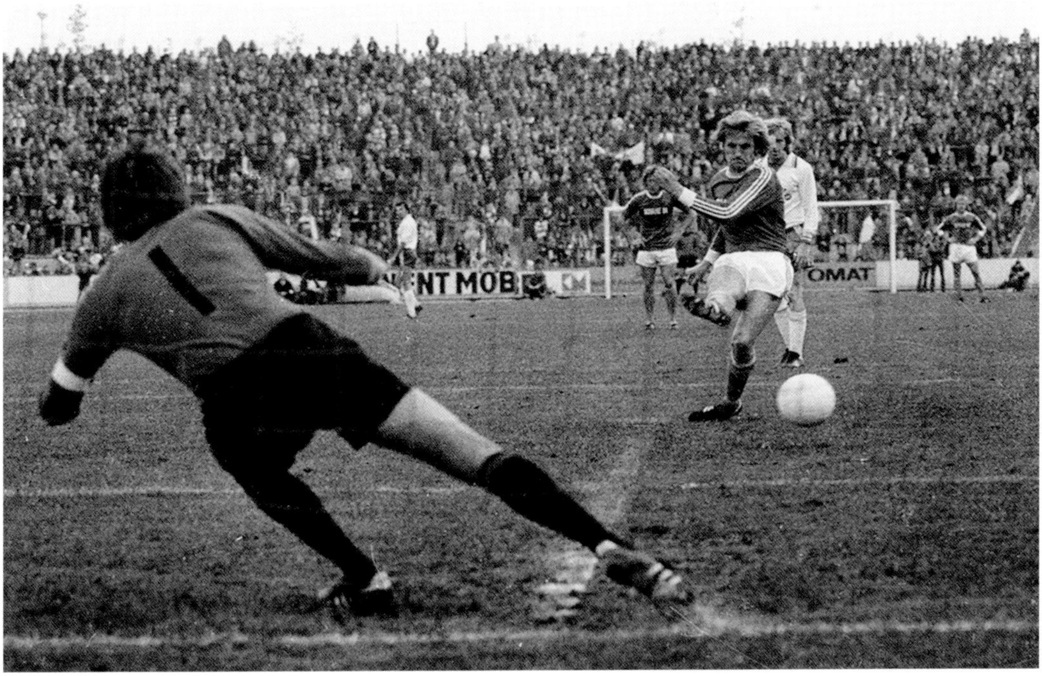

Klaus „Tanne“ Fichtel verwandelt einen Elfmeter.

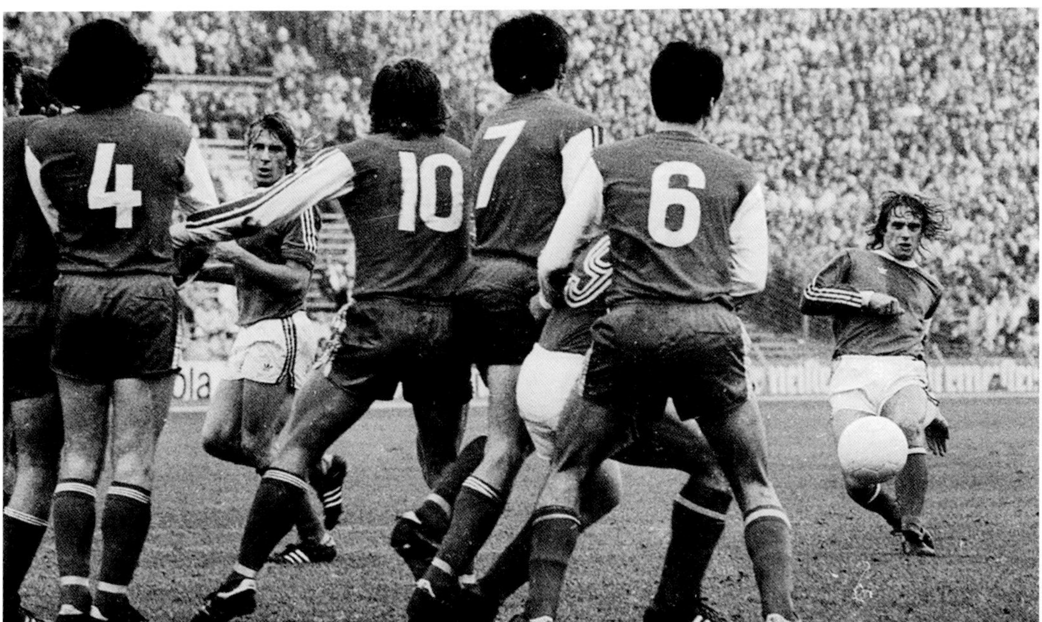

Freistoß durch Erwin Kremers und Mittelfeldmotor „Aki“ Lütkebohmert lauert auf den zweiten Ball.

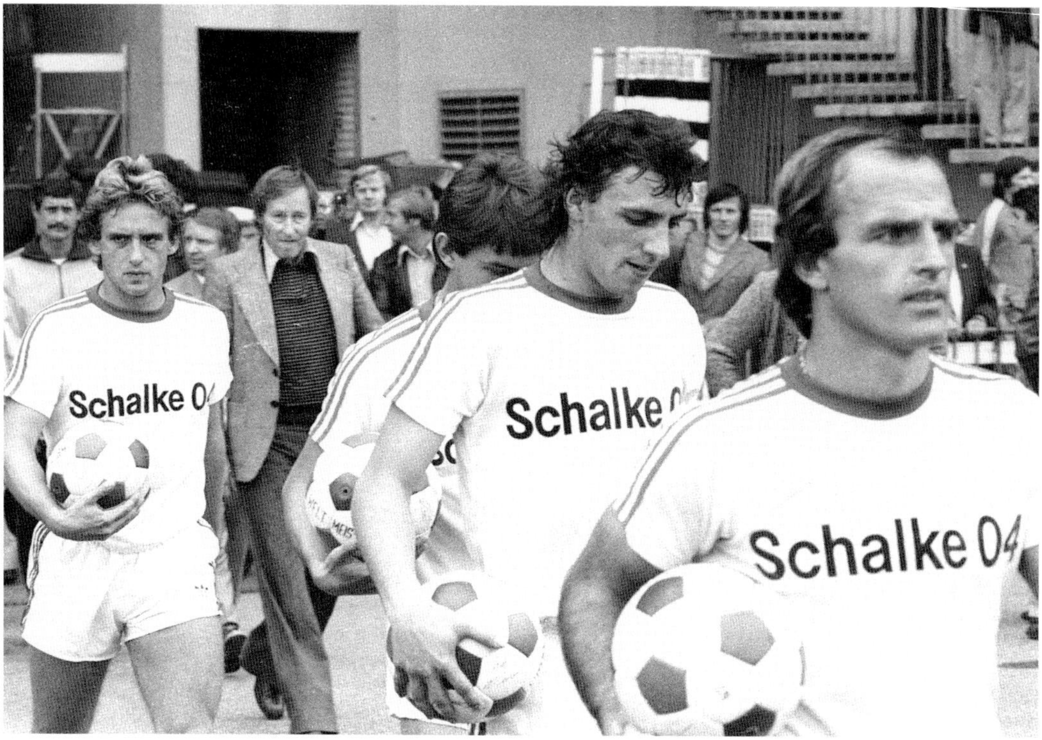

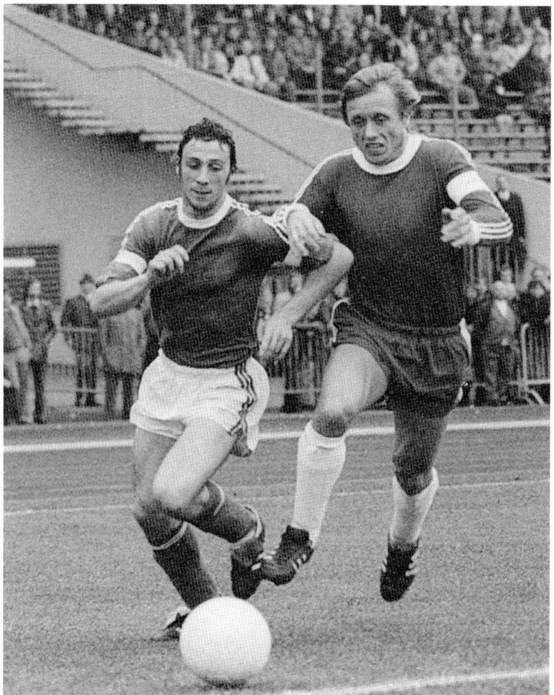

Neu-Schalker Branko Oblak (vorn) läuft zusammen mit Bernd Thiele und Erwin Kremers ins Parkstadion ein. Gäste-Coach Rudi Gutendorf (2. v. l.) verfolgt das Spektakel. ▲

Der junge „Schalke-Terrier" Bernd Thiele „bearbeitet" hier den bekannten Alt-Internationalen Siggi Held.

Erinnert sich gerne an Schalke: Branko Oblak

„In Schalke hatte ich tolle Mitspieler: Hannes Bongartz, Klaus Fichtel, Erwin und Helmut Kremers, und jeder hatte seine Qualitäten", erinnert sich Branko Oblak, der Mitte der 1970er-Jahre auch mal Königsblau trug.

Bereits in den Vorrundenspielen der Fußballweltmeisterschaft 1974 war der Slowene, der für die jugoslawische Nationalmannschaft auch im neu erbauten Gelsenkirchener Parkstadion auf Torjagd ging, dem S04-Vorstand aufgefallen. Es sollte aber noch ein Jahr dauern, bis er den Weg nach Gelsenkirchen fand. Eigentlich war der Vertrag zwischen Oblak und Schalke schon lange perfekt, doch der gelernte Grafiker aus Ljubljana traf erst im Herbst 1975 in Gelsenkirchen ein und bezog mit seiner Familie eine Wohnung in Rotthausen. In Jugoslawien musste der Spieler von Hajduk Split nämlich erst seinen Militärdienst ableisten.

Am 25. Oktober 1975 stand der damals 28-jährige Oblak erstmals mit dem S04-Team auf dem Platz. Doch sein Debüt im Schalker Dress hatte sich der ehrgeizige Slowene anders vorgestellt, denn an diesem Tag verloren die Knappen das Auswärtsspiel gegen Bayer Uerdingen mit 2:3.

In seiner langen fußballerischen Laufbahn wurde Oblak, der heute in Koper an der Adria (Istrien) lebt, 50-mal in die Nationalmannschaft seines Landes berufen und schoss bei diesen Einsätzen von 1970 bis 1977 acht Tore.

In Schalke bildete der Linksfuß zusammen mit Hannes Bongartz ein überragendes Mittelfeld. Die erste gemeinsame Saison brachte die Schalker auf Platz sechs, in der folgenden Spielzeit rückten die Königsblauen sogar bis auf den zweiten Rang der Bundesligatabelle vor. Branko Oblak verließ Schalke im Sommer 1977 in Richtung Bayern. Der agile Spieler hatte in diesen zwei Jahren 49-mal das Schalke-Trikot getragen und fünf Tore geschossen. Für den FC Bayern absolvierte Oblak noch 71 Spiele (5 Tore), ehe er 1980 in seine Heimat zurückkehrte und dort noch zwei Jahre für Sibenik kickte. Später trainierte er vorübergehend die slowenische Nationalmannschaft.

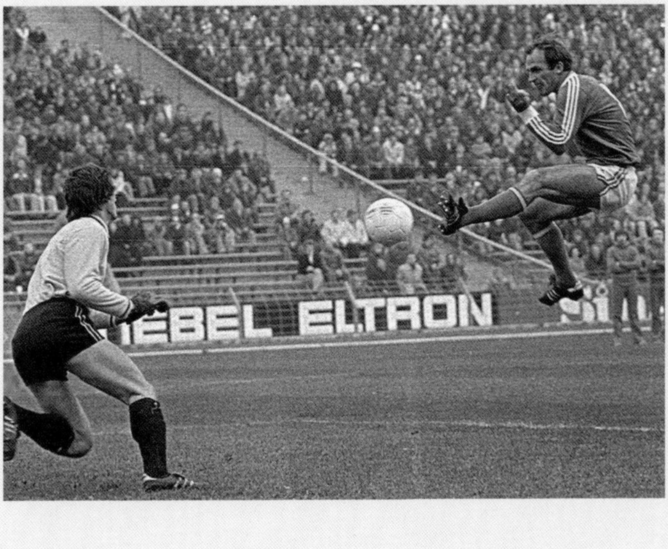

Wenn Branko Oblak vor dem gegnerischen Tor auftauchte, wurde es gefährlich für Abwehr und Torwart. Eine Szene aus einem Bundesligaspiel gegen Eintracht Frankfurt. Branko Oblak bei einer sehenswerten Kopfballeinlage.

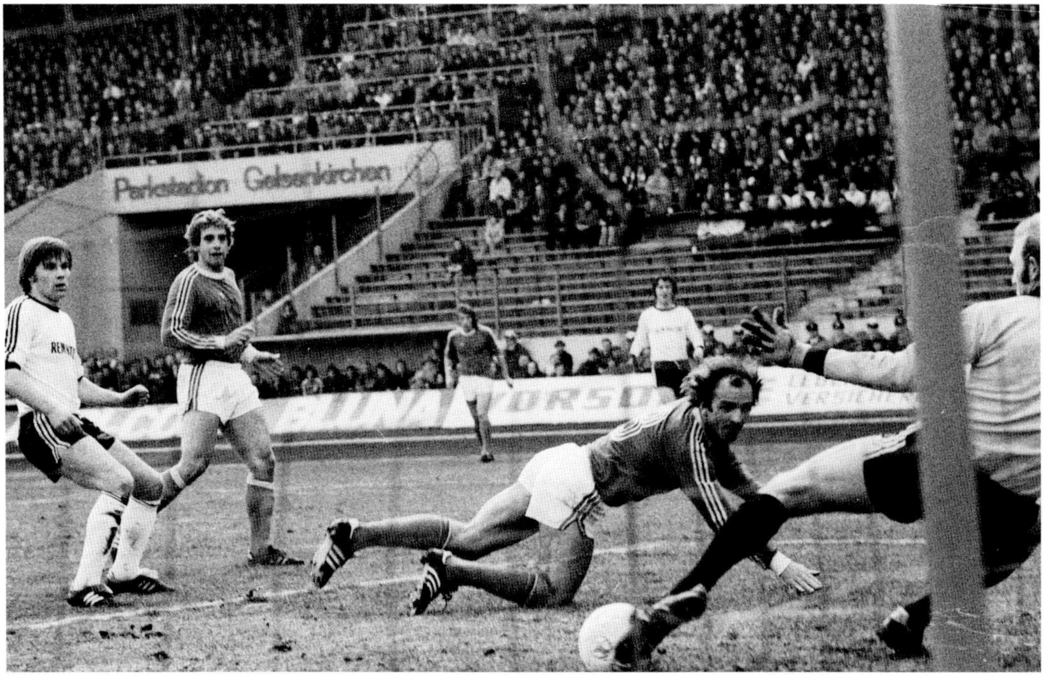

S04er Erwin Kremers (2. v. l.) lauert nach dieser Flugkopfballeinlage seines Kollegen auf die zweite Chance.

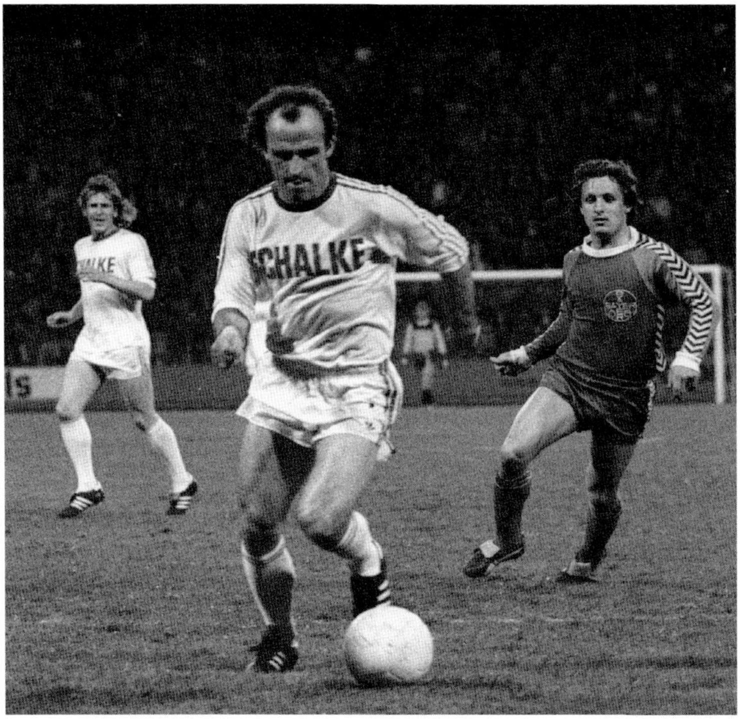

Lütkebohmert (links) und Oblak (Mitte) in einem Bundesligaspiel gegen die Elf aus Leverkusen.

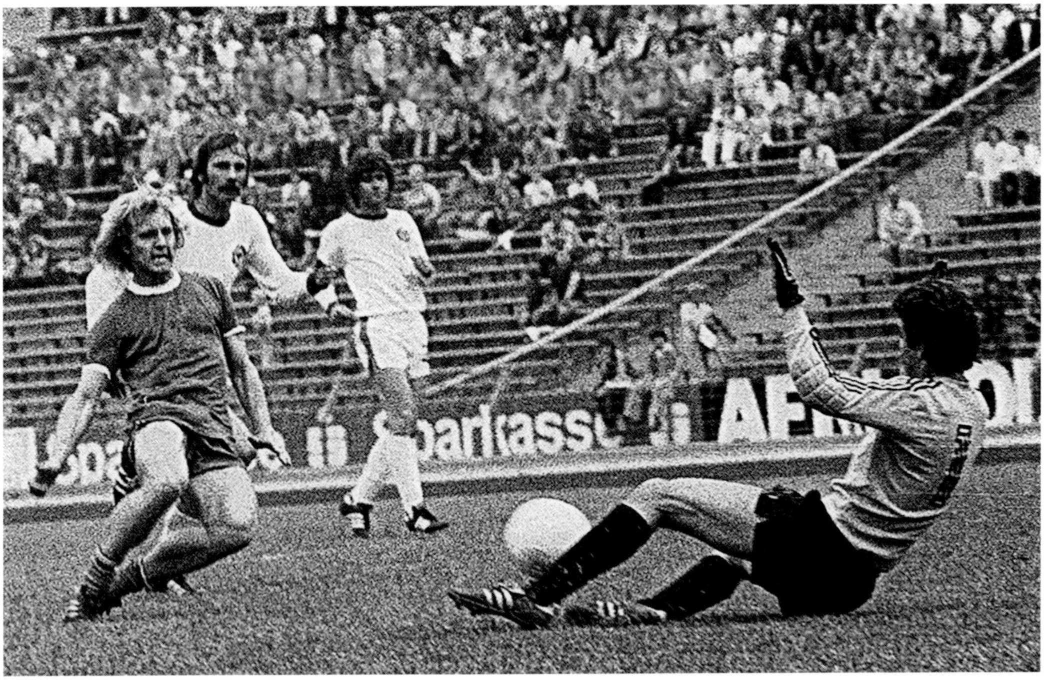

Jürgen Sobiray (links) zieht im Strafraum des MSV Duisburg ab – seine Verfolger haben das Nachsehen.

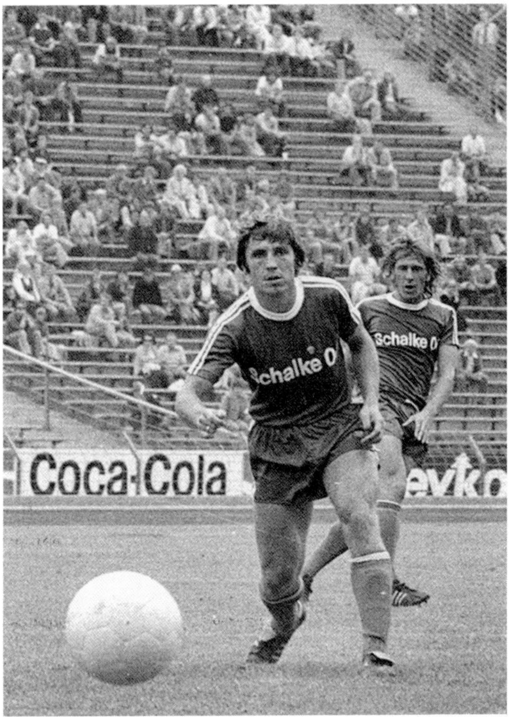

S04-Torjäger Klaus Fischer (links) und Mittelfeldakteur Herbert Lütkebohmert bereiten im Parkstadion einen Angriff vor.

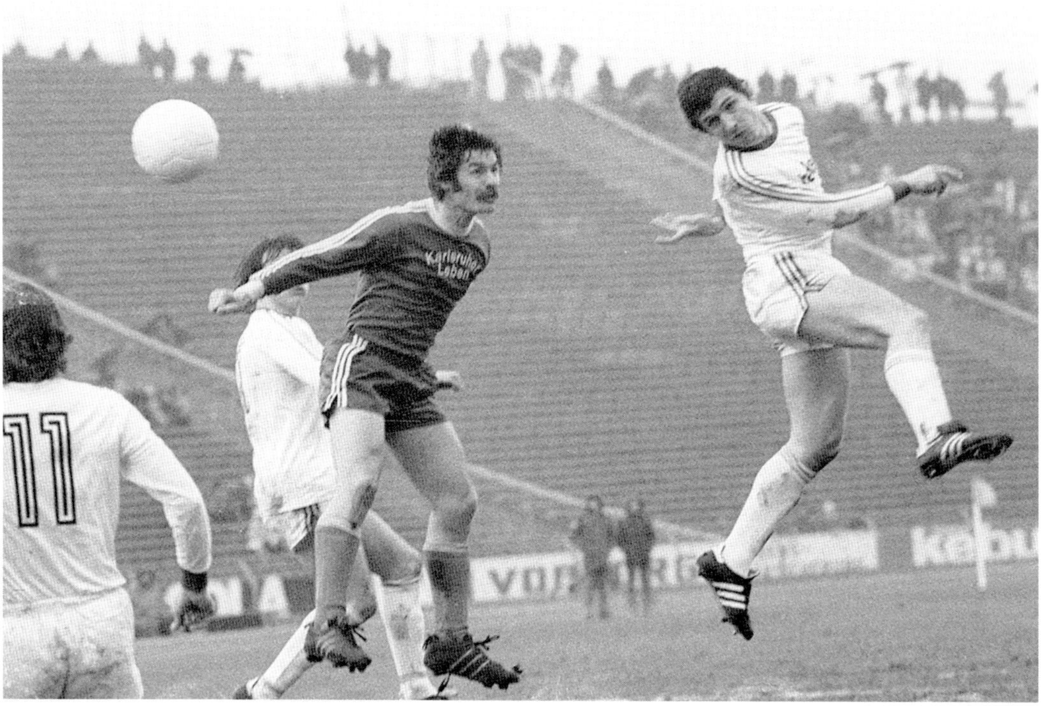

Klaus Fischer überwindet hier mit einem platzierten Kopfball die Abwehr des Karlsruher SC.

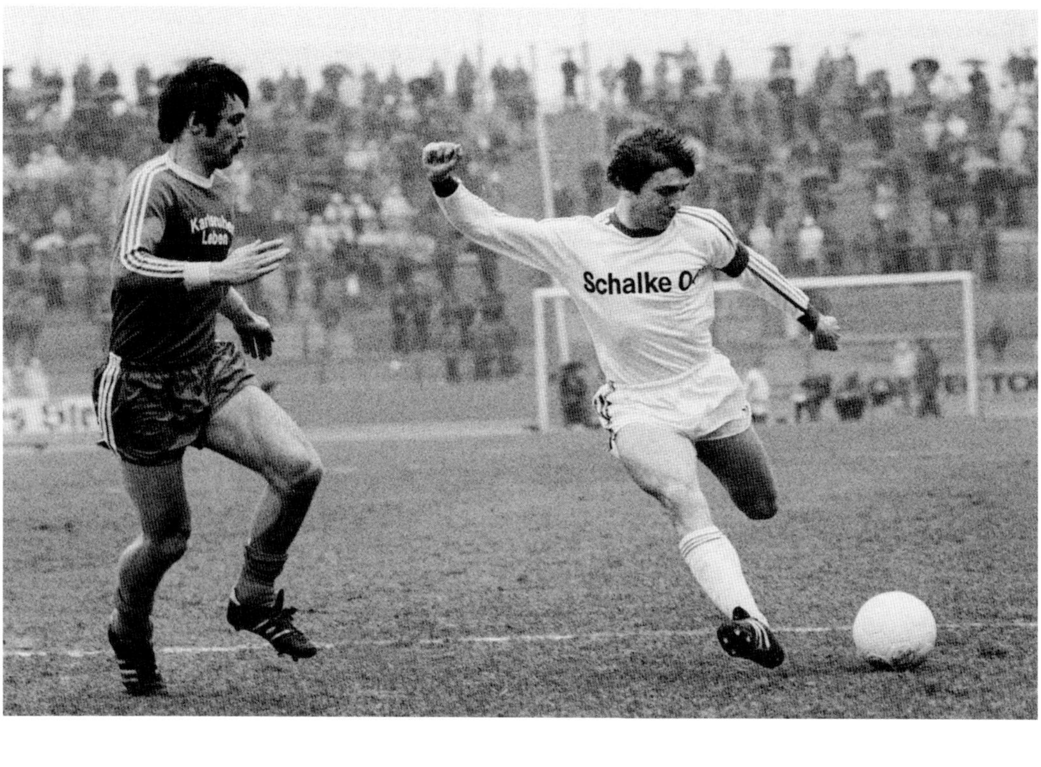

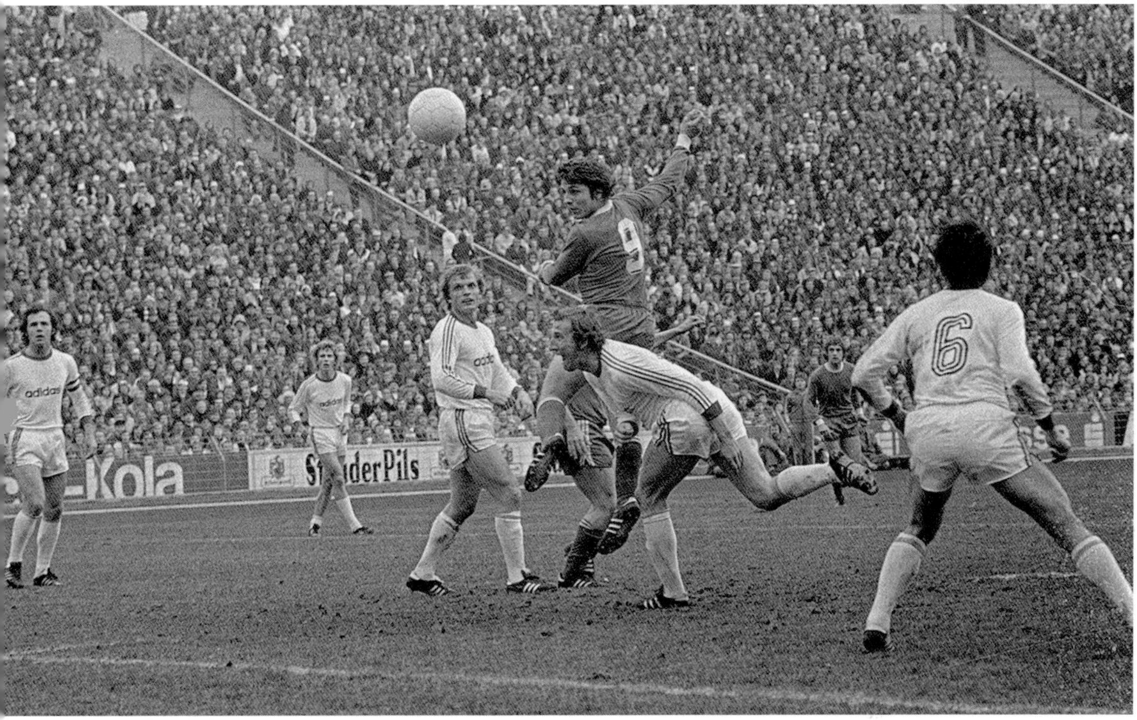

Umringt von fünf Münchner Spielern kommt hier Schalkes Torschütze Nr. 1 Klaus Fischer (Mitte) frei zum Kopfball. Da kann auch Franz Beckenbauer (links) nur irritiert zuschauen.

Ein torgefährlicher Stürmer: Klaus Fischer (rechts), hier als Mannschaftskapitän im BL-Spiel gegen den Karlsruher SC.

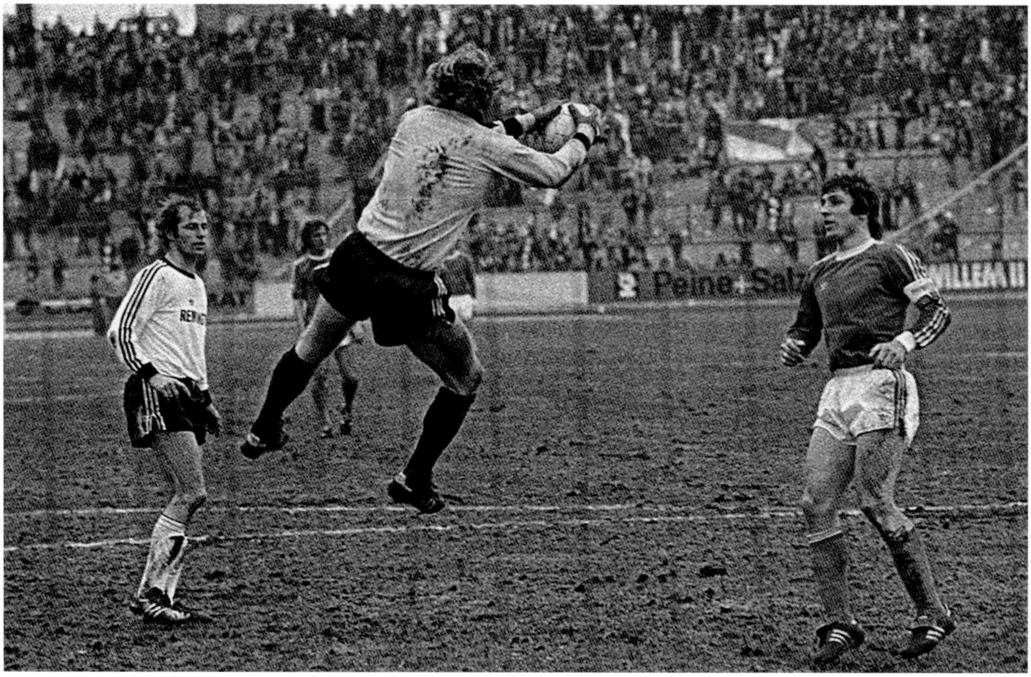

Zu spät kommt hier S04-Torgarant und Mannschaftskapitän Klaus Fischer (rechts) im Spiel gegen Eintracht Frankfurt.

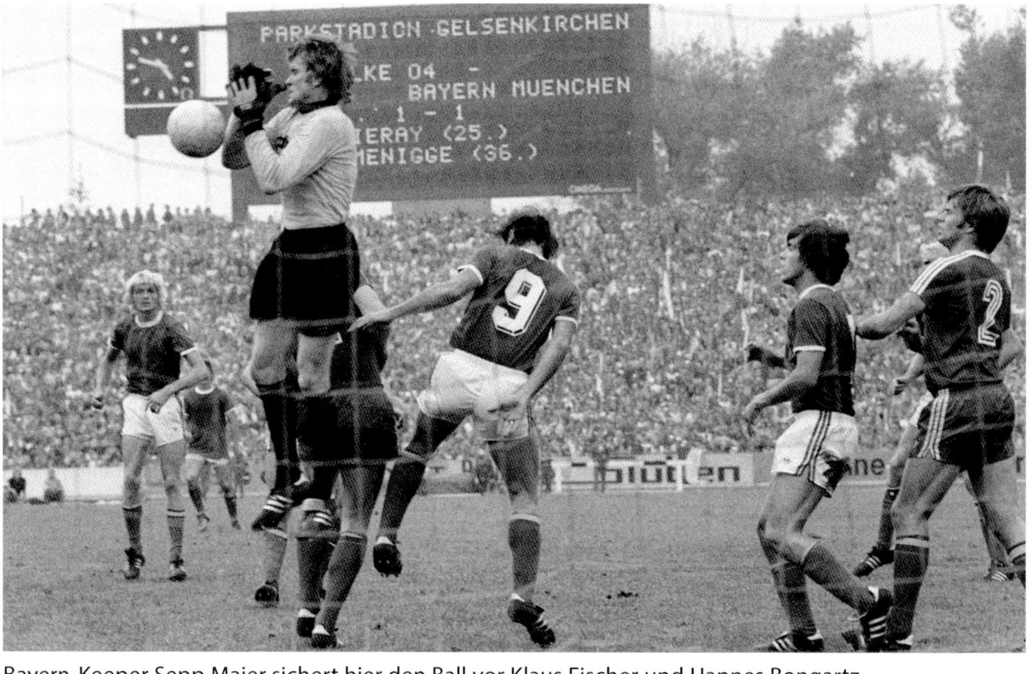

Bayern-Keeper Sepp Maier sichert hier den Ball vor Klaus Fischer und Hannes Bongartz (im Hintergrund).

4

Im Training

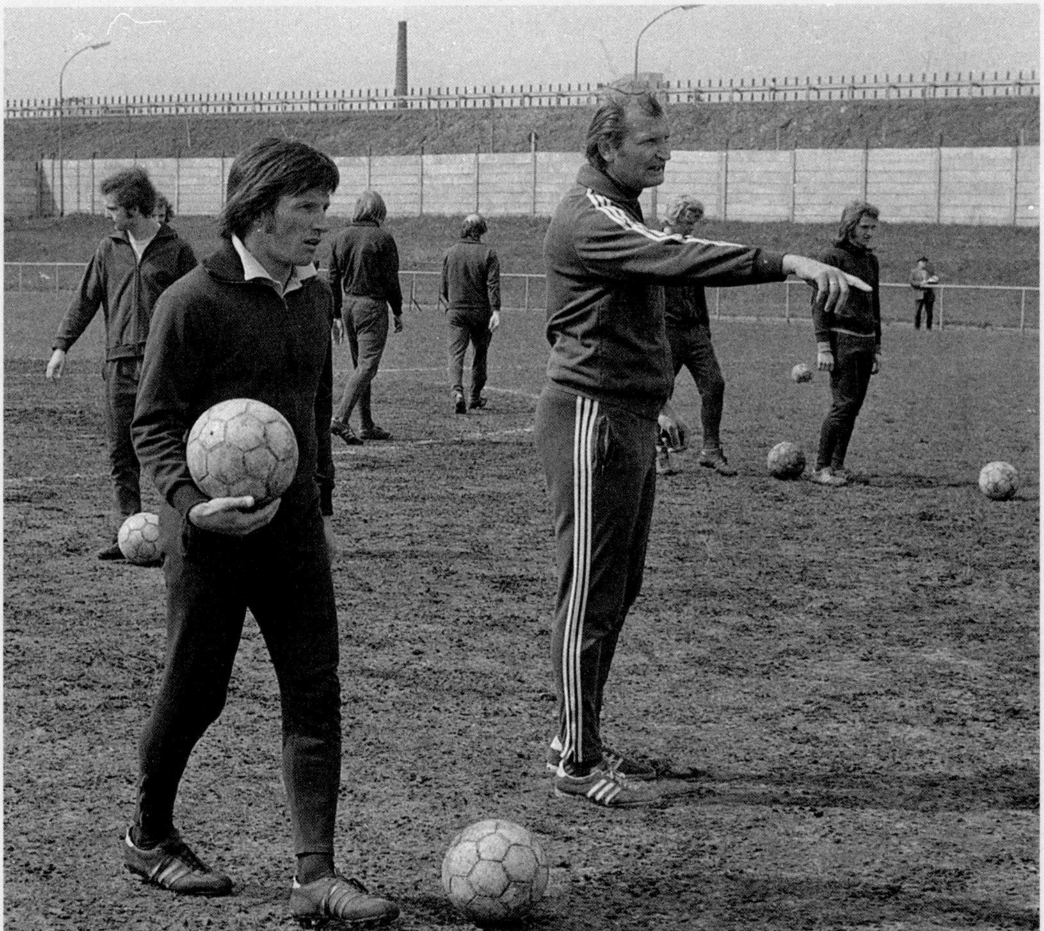

Trainer Horvat gibt Trainingsanweisungen, Heinz van Haaren (links) verfolgt interessiert die Einweisungen des langjährigen S04-Coaches.

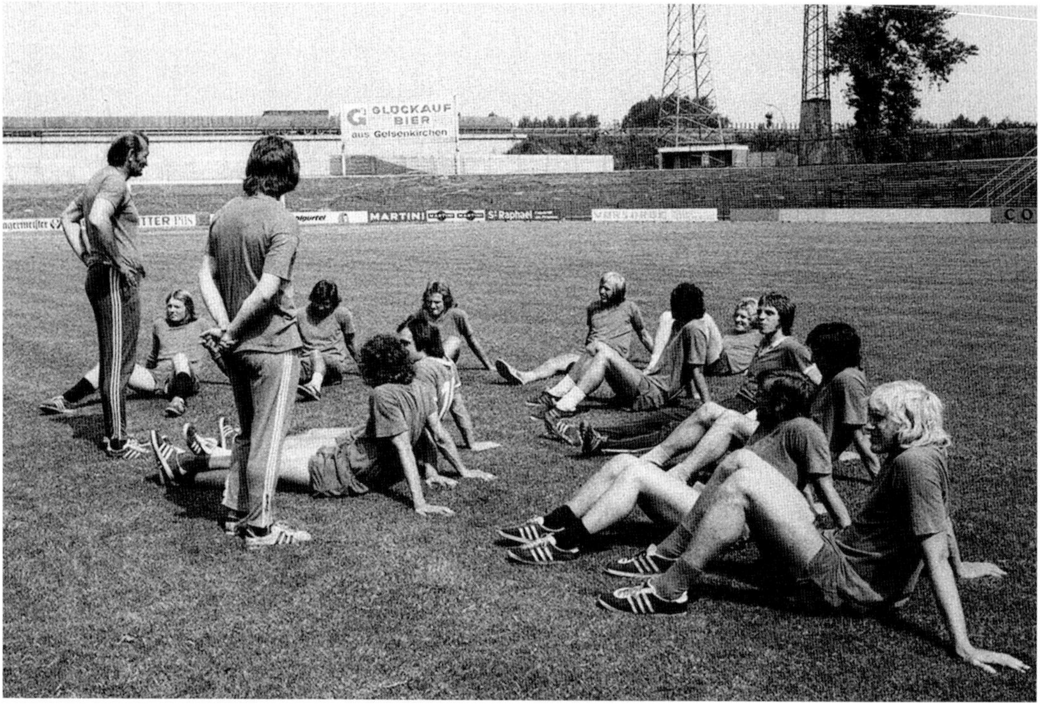

Trainingsbesprechung in der Glückauf-Kampfbahn mit Horvat und Rausch (stehend).

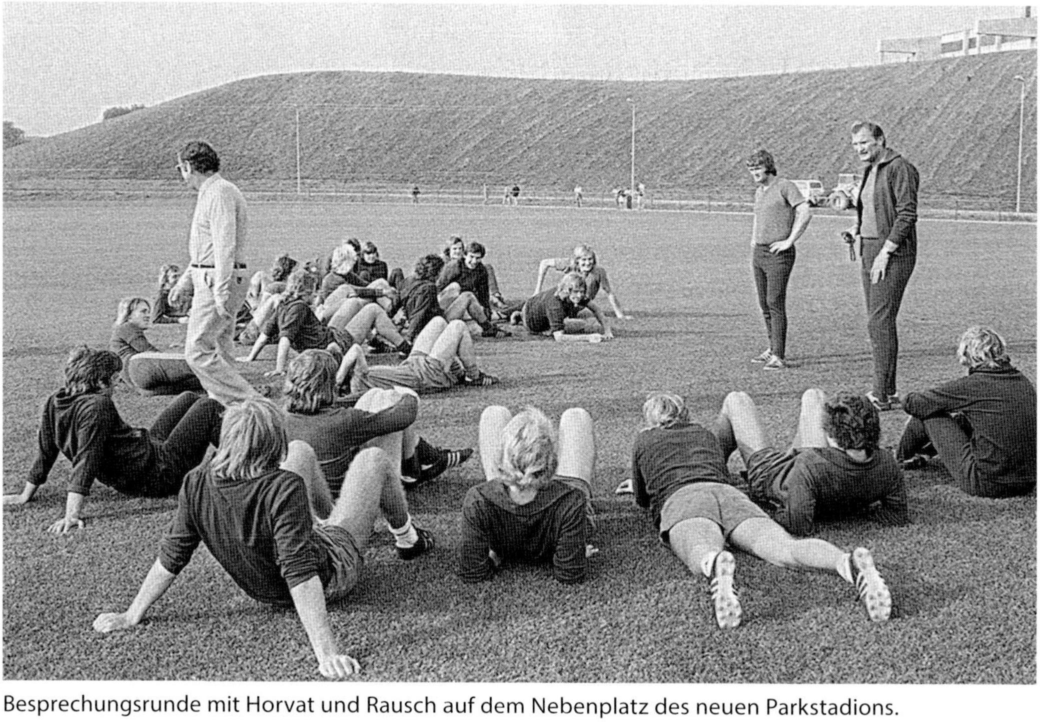

Besprechungsrunde mit Horvat und Rausch auf dem Nebenplatz des neuen Parkstadions.

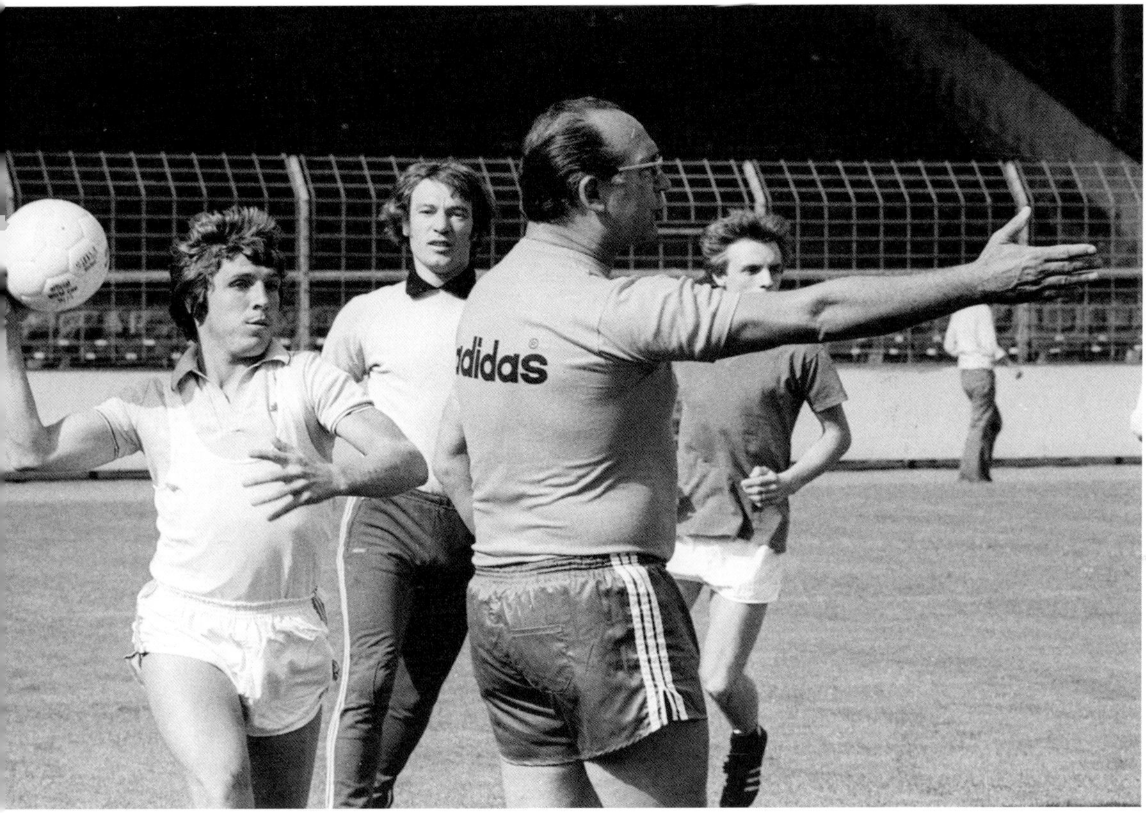

„Zampano" Max Merkel (Mitte) gibt, umringt von Klaus Fischer (links), Dragan Mutibarić (2. v. l.) und Rüdiger Abramczik (rechts), Trainingsanweisungen.

Einst von Friedel Rausch entdeckt: Roland Kosien

Als ich Roland Kosien endlich telefonisch erreiche, sitzt der Ex-Schalker in einem hannoverschen Gartenlokal und plaudert mit der aus Gelsenkirchen stammenden Torwart-Legende Jürgen Rynio. Roland Kosien, 1953 in Herne geboren, wechselte 1972 vom Sodinger Stadion Glückauf in die Schalker Kampfbahn Glückauf. „Friedel Rausch, damals Jugendtrainer der Königsblauen, war auf mich und den ebenfalls aus Sodingen stammenden Bernd Thiele, der zu jener Zeit aber für Westfalia Herne kickte, aufmerksam geworden. Wir Sodinger Jungs begannen so 1972 unsere Fußballkarrieren in Schalke", erzählt Roland Kosien. Während es „Terrier Thiele" bei S04 zum Stammspieler schaffte, absolvierte Kosien lediglich zwei Bundesligaspiele im Trikot der Knappen.

Nicht nur beim Nachwuchs des SV Sodingen überzeugte der blonde Kicker Anfang der 1970er-Jahre, sondern auch in der Westfalenauswahl. In einem Auswahlspiel glänzte der Sodinger, er schoss drei Tore und Spielbeobachter Friedel Rausch war begeistert.

Kurz darauf herrschte große Aufregung in der Saarstraße in Sodingen, denn S04-Präsident Günter Siebert war mit einem „dicken Mercedes" bei den Kosiens vorgefahren, um den talentierten Sodinger Kicker vertraglich an Schalke zu binden. „Auch der VfL wollte mich unbedingt unter Vertrag nehmen, doch mein Vater, der, weil ich noch nicht volljährig war, den vorgelegten Vertrag unterzeichnen musste, lehnte ab. Ottokar Wüst, langjähriger Präsident des VfL, war nicht damit einverstanden, dass ich meine Ausbildung bei der Knappschaft fortsetzte. Siebert war hier jedoch kompromissbereit – so wurde ich 1972 Schalker", erinnert sich Kosien.

Zunächst kickte Kosien in der A-Jugend der Knappen. Einige seiner damaligen Teamkollegen schrieben später Fußballgeschichte: Rüdiger Abramczik und Hans-Günter Bruns. Am 30. September 1972 bestritt S04 ein Auswärtsspiel in Bochum. Für den angeschlagenen Verteidiger Hartmut Huhse schickte Trainer Ivica Horvat den jungen Sodinger Roland Kosien aufs Feld. Die Begegnung verloren die Knappen jedoch mit 0:2-Toren. Auch bei einem folgenden Auswärtsspiel gegen den 1. FC Köln blieb Kosien glücklos. Hier sollte er den verletzten Helmut Kremers ersetzen. „Mein Gegenspieler an diesem Tag war Jupp Kapellmann. Ich konnte aber gegen diesen Weltklassespieler nicht überzeugen. Wir verloren erneut", betont Kosien, der danach zu Westfalia Herne, RW Lüdenscheid und zum DSC Wanne-Eickel wechselte. „Hier erlebte ich Höhen und Tiefen und wir stiegen damals in die 2. Bundesliga auf. War eine tolle Zeit", erzählt der Ex-Kicker, der sich gerne mit seinen Brüdern Manfred (geboren 1951), Norbert (geboren 1961) und seinem 1951 geborenen Schwager Ingo Peter, einem ebenfalls langjährigen Fußballprofi (Dortmund, Wanne-Eickel, Gütersloh und Chicago Sting), über die guten, alten Fußballzeiten unterhält.

Nach seiner Zeit bei den Revierclubs zog es den Sodinger nach Hannover, wo er von 1980 bis 1982 noch 33 Spiele für die „Roten" absolvierte. In Niedersachsen fühlte er sich recht wohl, denn hier traf er unter anderem auf Jürgen Bandura (1940–2018) und Jürgen Rynio, die ebenfalls ihre Karrieren bei Vereinen „über der Kohle" begonnen hatten. Später folgte noch ein weiterer Ex-Schalker: Bernd Thiele (1956–2017), der einst zusammen mit Kosien von Herne nach Schalke gewechselt war.

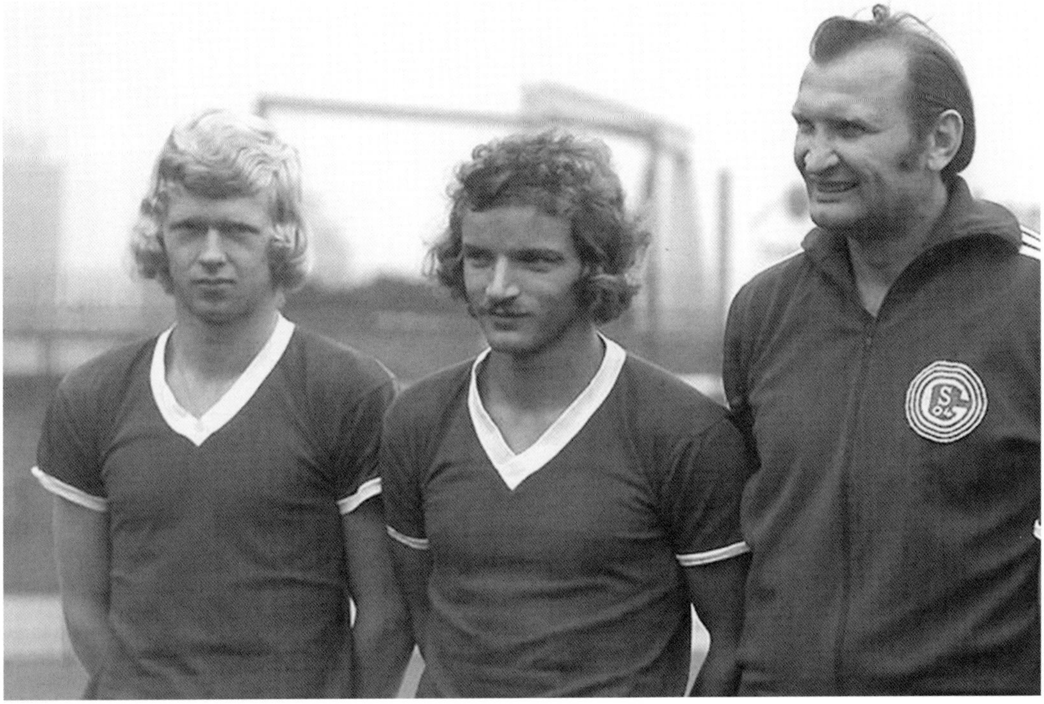

Roland Kosien, Jürgen Klein und Trainer Horvat (v. l.).

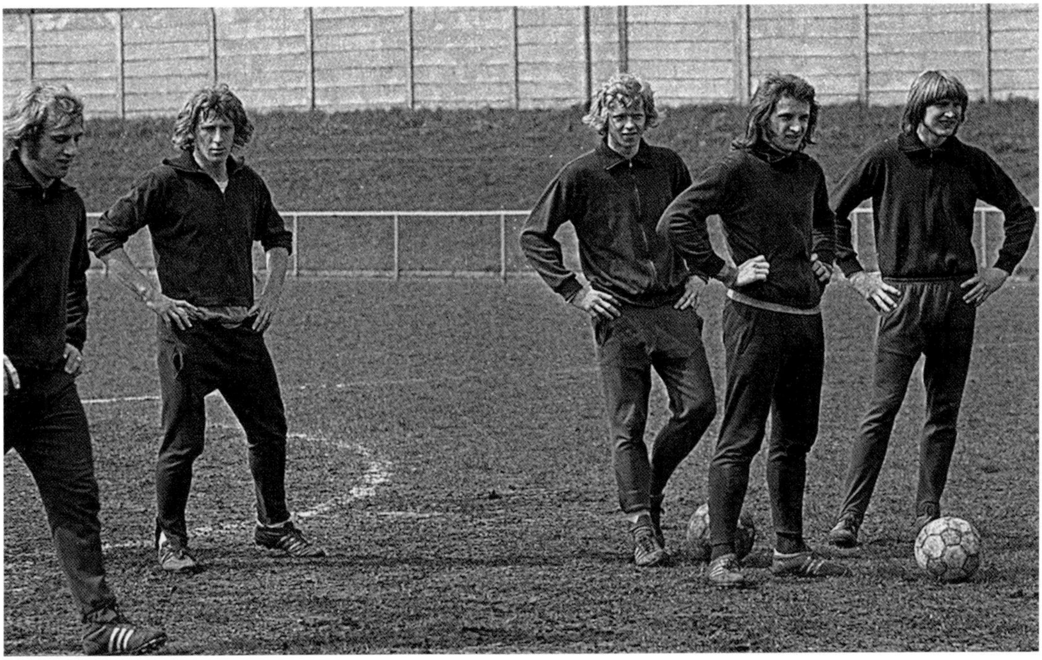

Trainingseinheit in der Glückauf-Kampfbahn: Nico Braun, Herbert „Aki" Lütkebohmert, Roland Kosien, Jürgen Klein und Ulrich van den Berg (v. l.).

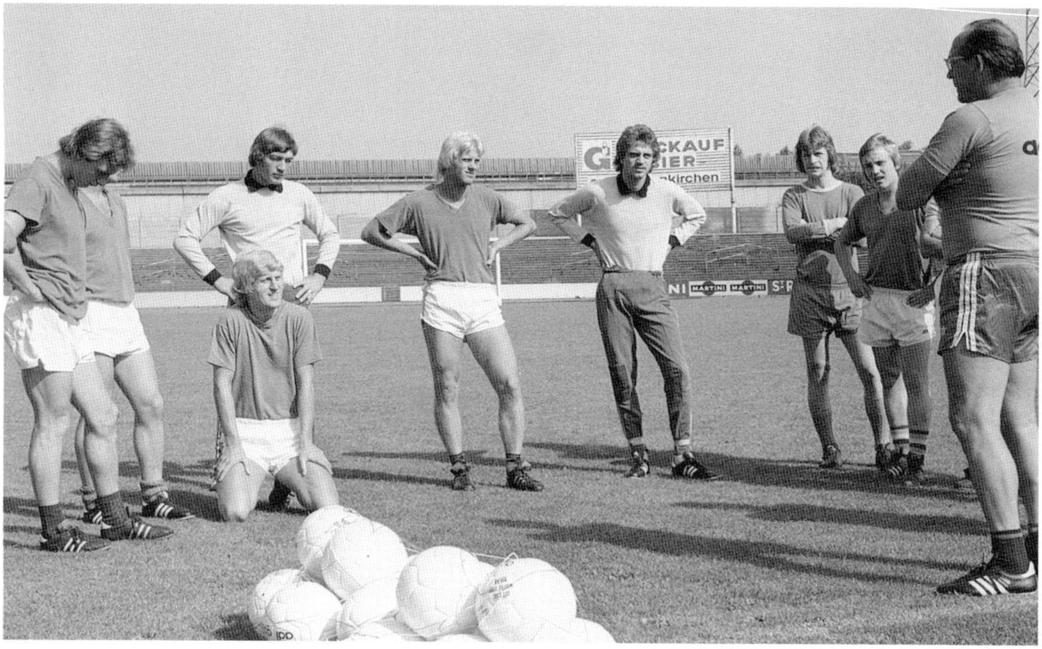

Rüdiger Abramczik, Dragan Mutibarić, Klaus Fichtel (kniend), Hans-Günter Bruns, Günther Schubert, Norbert Gosciniak und Peter Schellhase hören dem Trainer aus Wien aufmerksam zu.

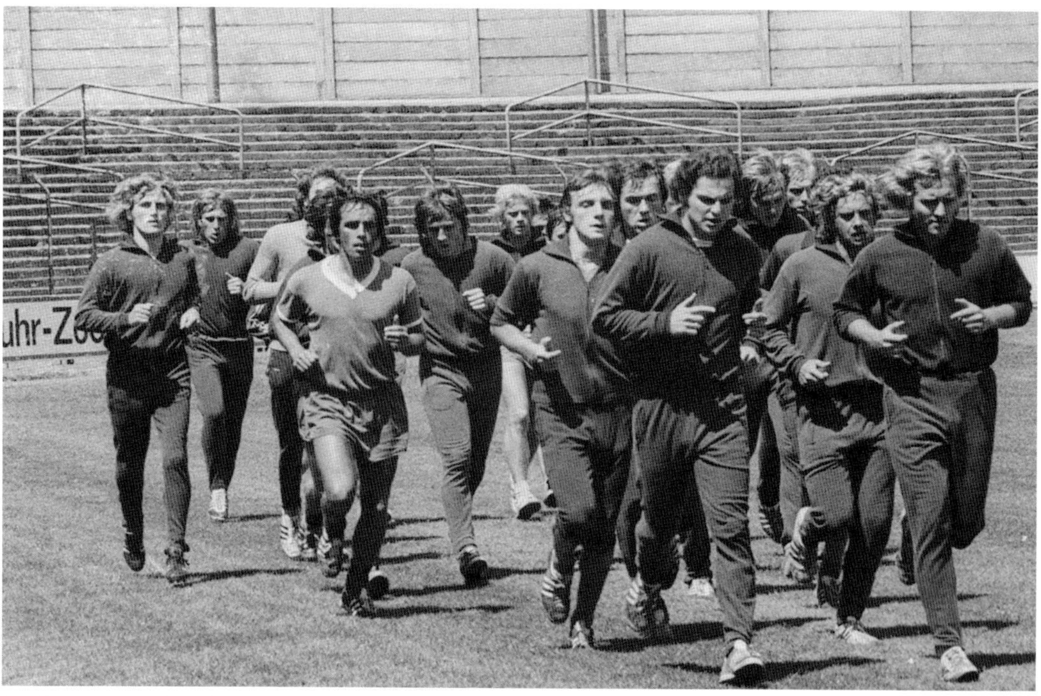

Lauftraining in der Glückauf-Kampfbahn: Jürgen Sobiray (rechts) führt die Truppe an.

5

Auf der Bank

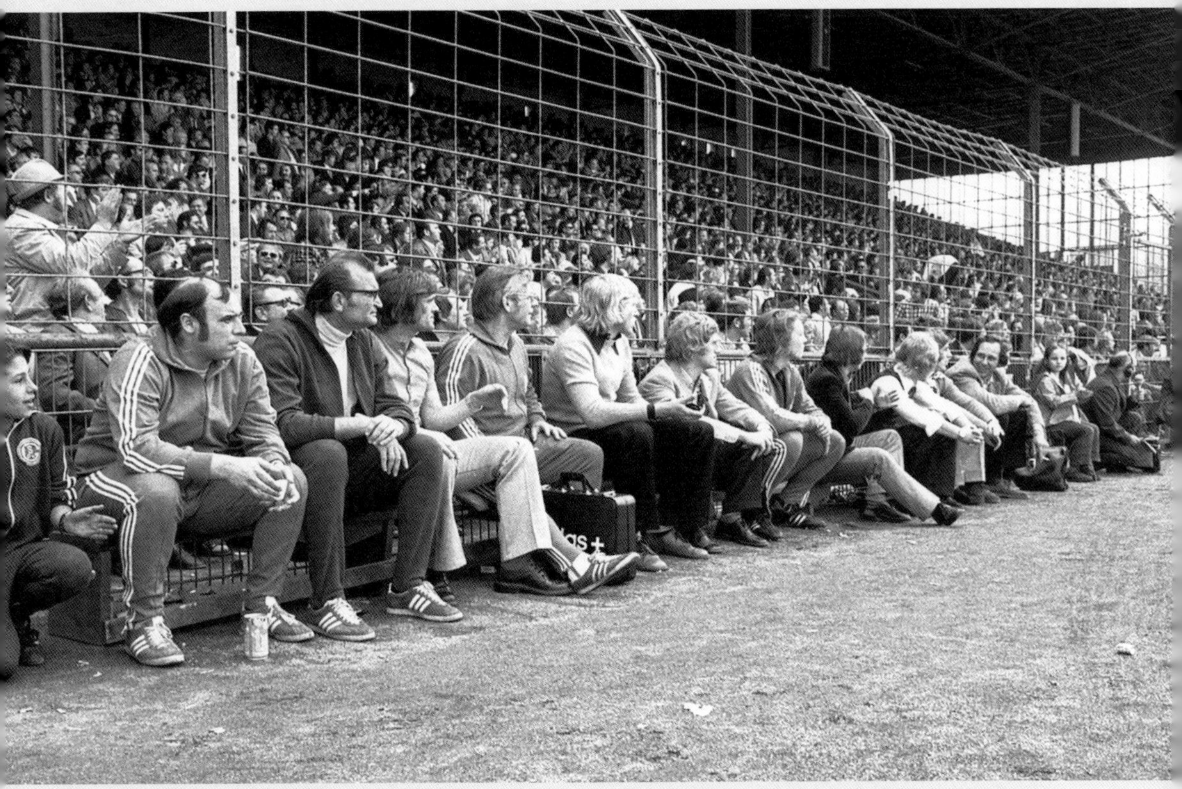

Trainer- und Spielerbank während einer Begegnung in der Kampfbahn Glückauf mit Ede Lichterfeld, Friedel Rausch, Trainer Horvat, Rolf Rüssmann, Klaus Fichtel und weiteren S04-Akteuren.

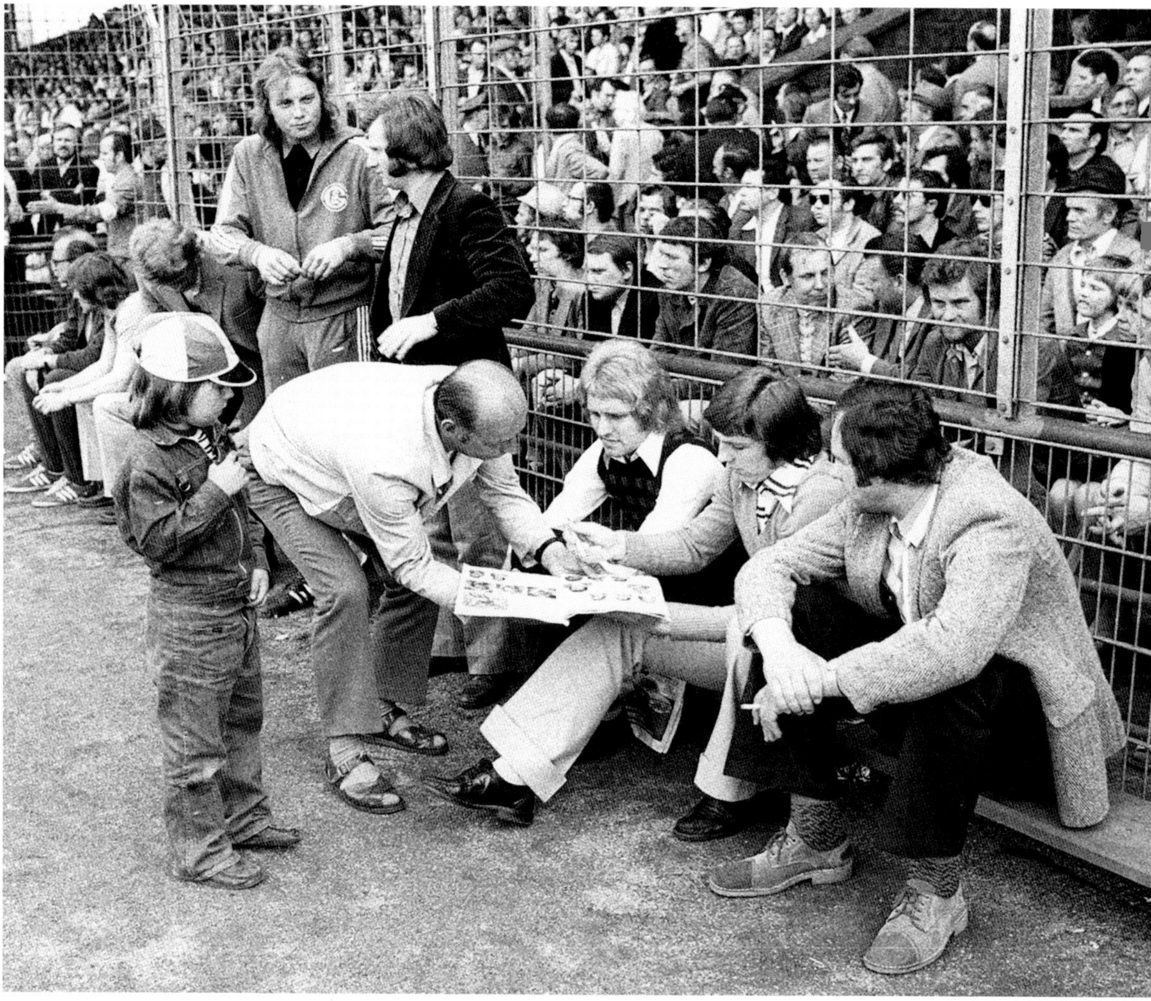

Die Autogramme von Jürgen Sobiray und Klaus Fischer, die zeitweise für Bundesligaspiele gesperrt waren, aber trotzdem das Spielgeschehen in der Kampfbahn Glückauf verfolgten, waren heiß begehrt. Im Hintergrund diskutieren Torwart Helmut Pabst und Lothar Dembski.

Klaus Fichtel (links) liest die Stadionzeitung, Rolf Rüssmann (Mitte) und Herbert Lütkebohmert (rechts) interessieren sich mehr für das Geschehen im Parkstadion. ►

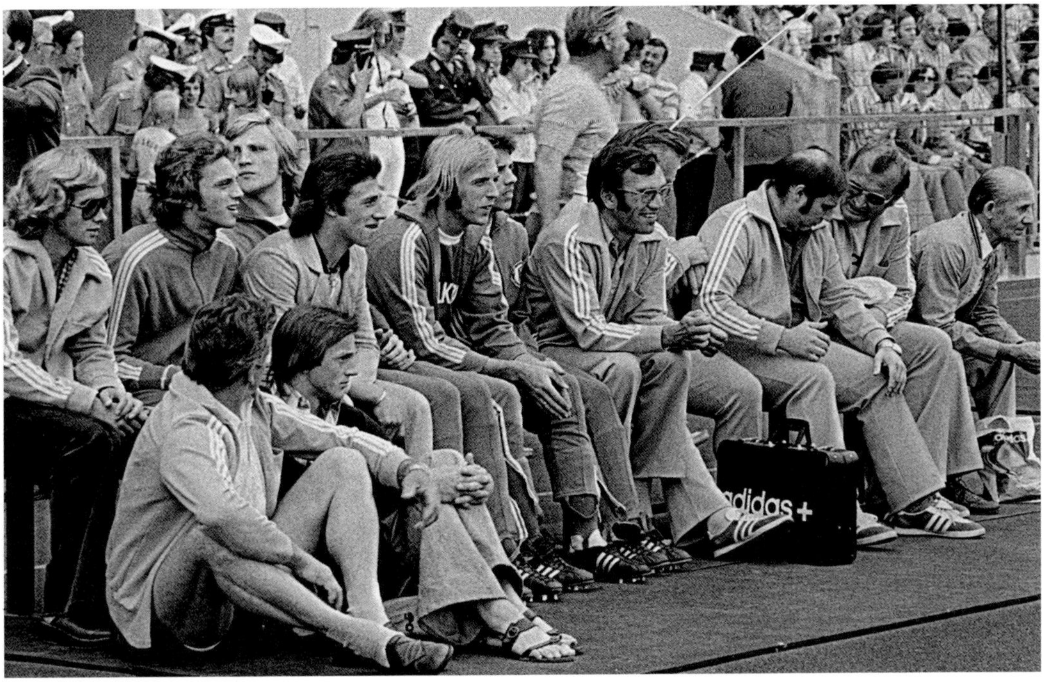

Ulrich van den Berg, Klaus Scheer und Jürgen Gede (mit Fußballschuhen) warten im Kreis ihrer Mannschaftskollegen und des Trainerstabes auf einen möglichen Einsatz.

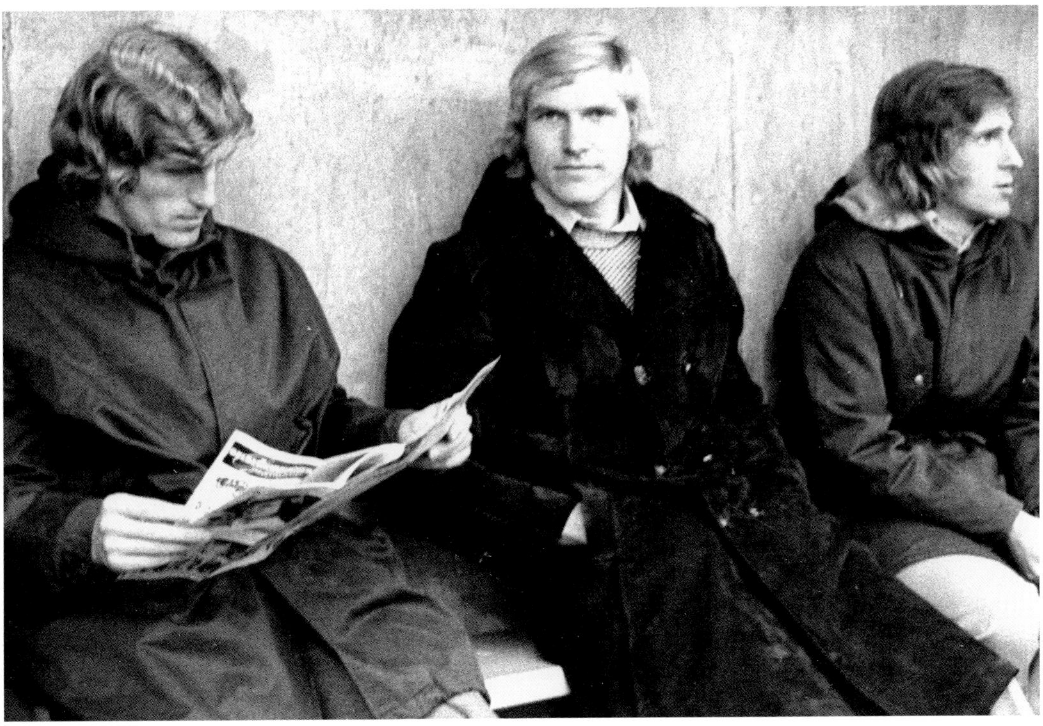

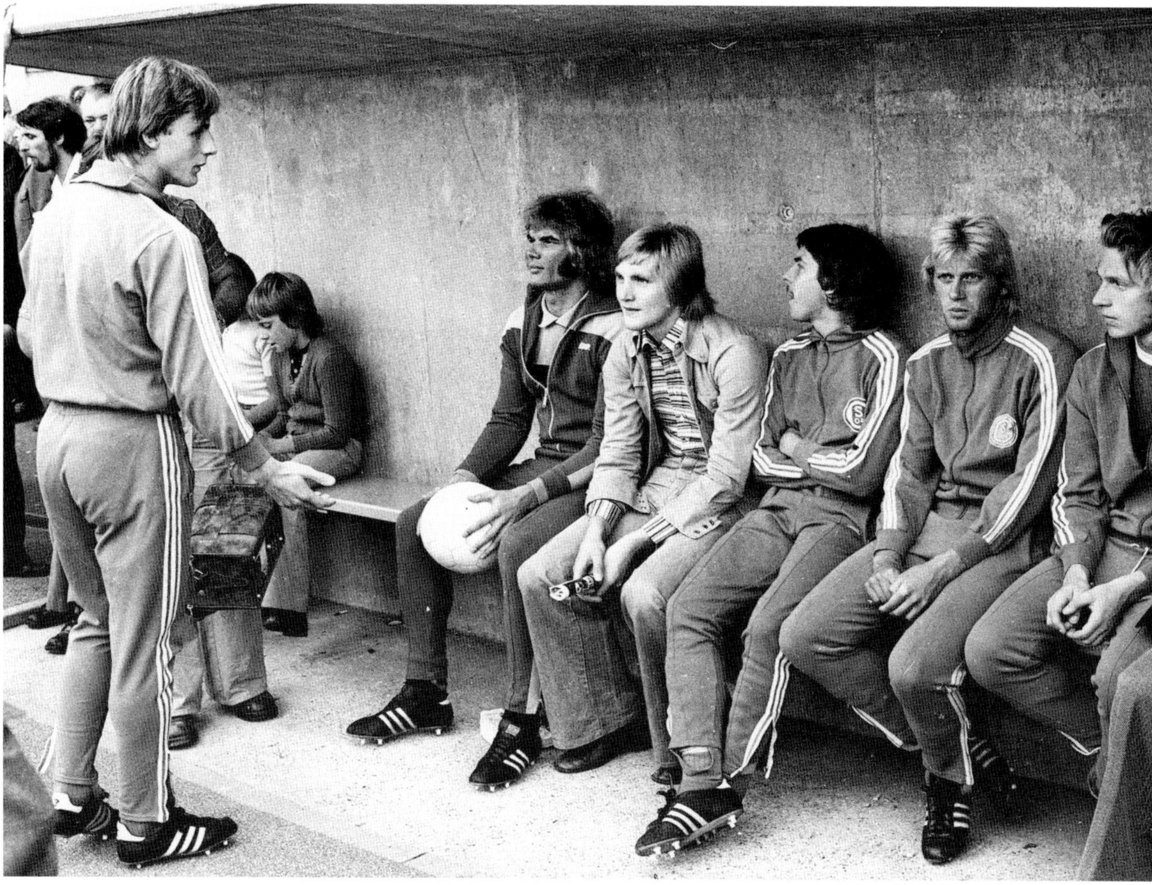

„Wer schießt heute die Tore?", scheint Rüdiger Abramczik (links) seine Kollegen Norbert Nigbur, Ulrich van den Berg, Jürgen Gede, Hans-Günter Bruns und Norbert Elgert (v. l.) zu fragen.

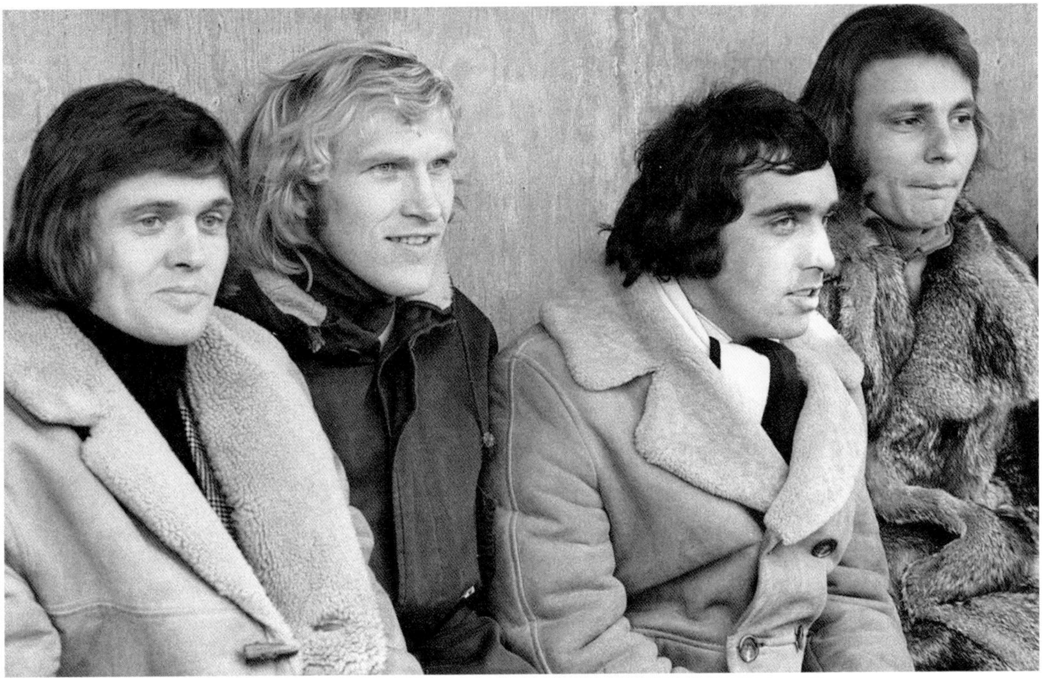

Schauen von der Reservebank zu: Friedel Rausch, Rolf Rüssmann, Franz Krauthausen und Reinhard „Stan" Libuda (v. l.).

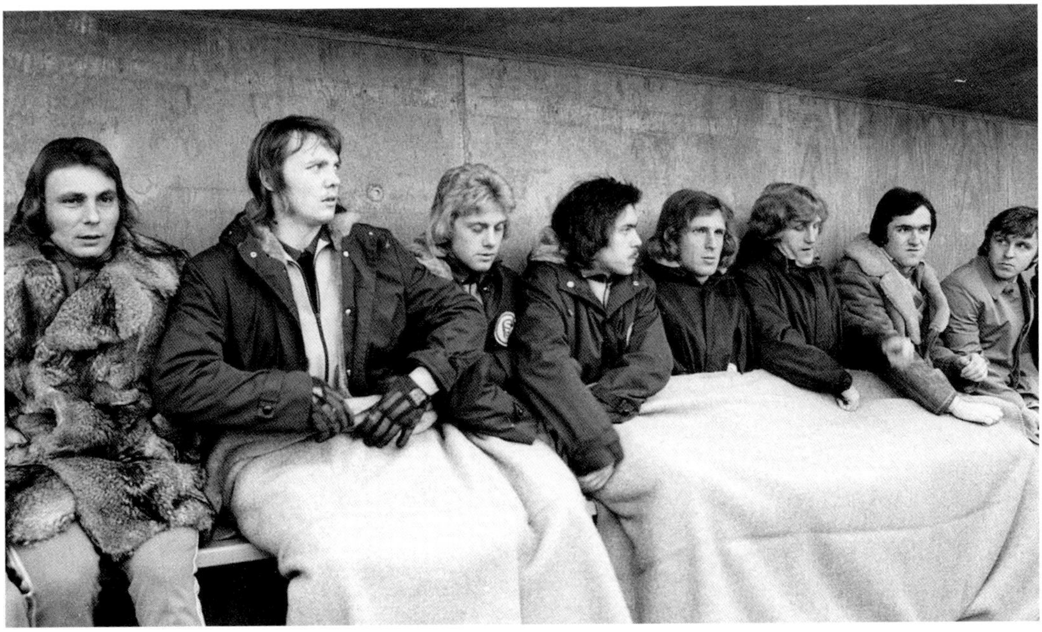

Pelzmantel und Decken schützen Reinhard Libuda, Helmut Pabst, Hans-Günter Bruns, Manfred Dubski, Herbert Lütkebohmert, Klaus Fichtel, Peter Ehmke und Rainer Budde während eines Spiels im Parkstadion vor der Kälte.

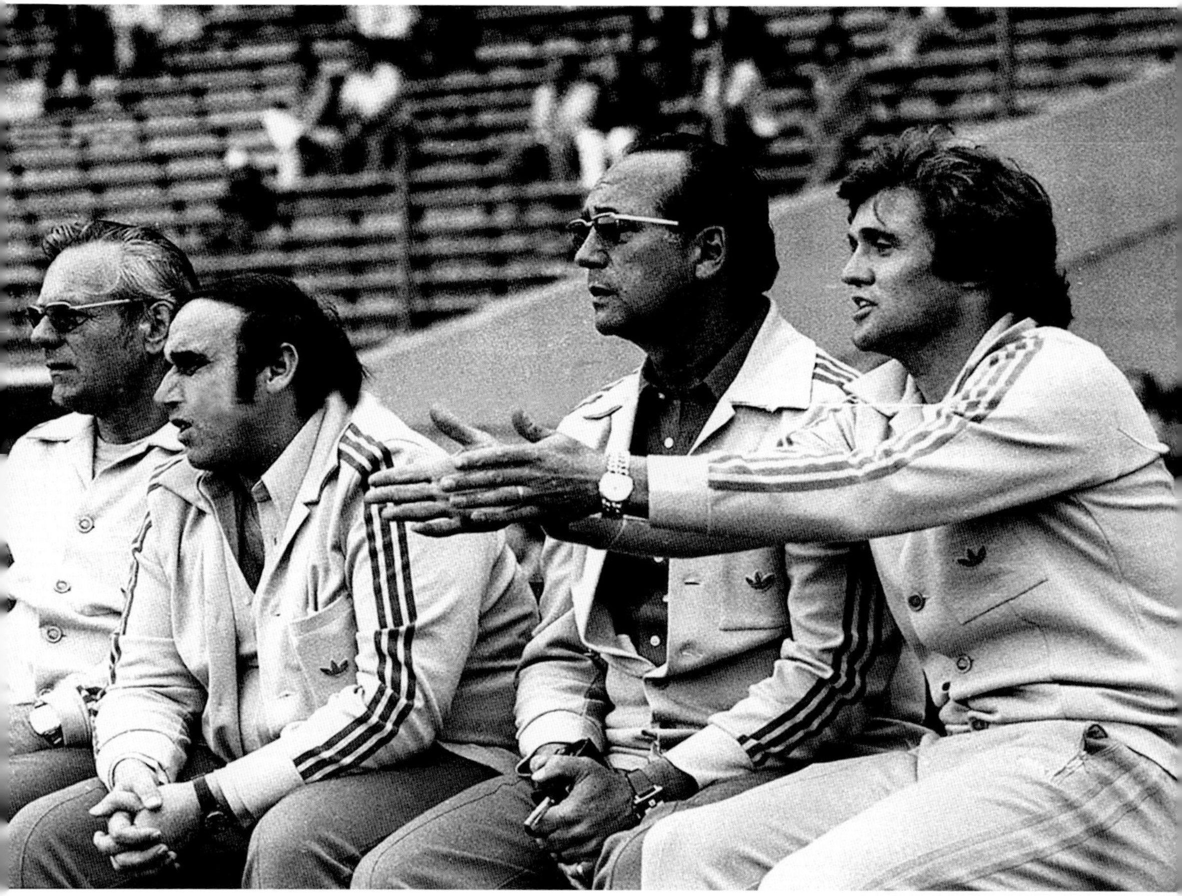

„Max, schau dir das mal an." Friedel Rausch, Co-Trainer unter Max Merkel (2. v. r.) auf der Trainerbank im Parkstadion.

6

Mit Blumen

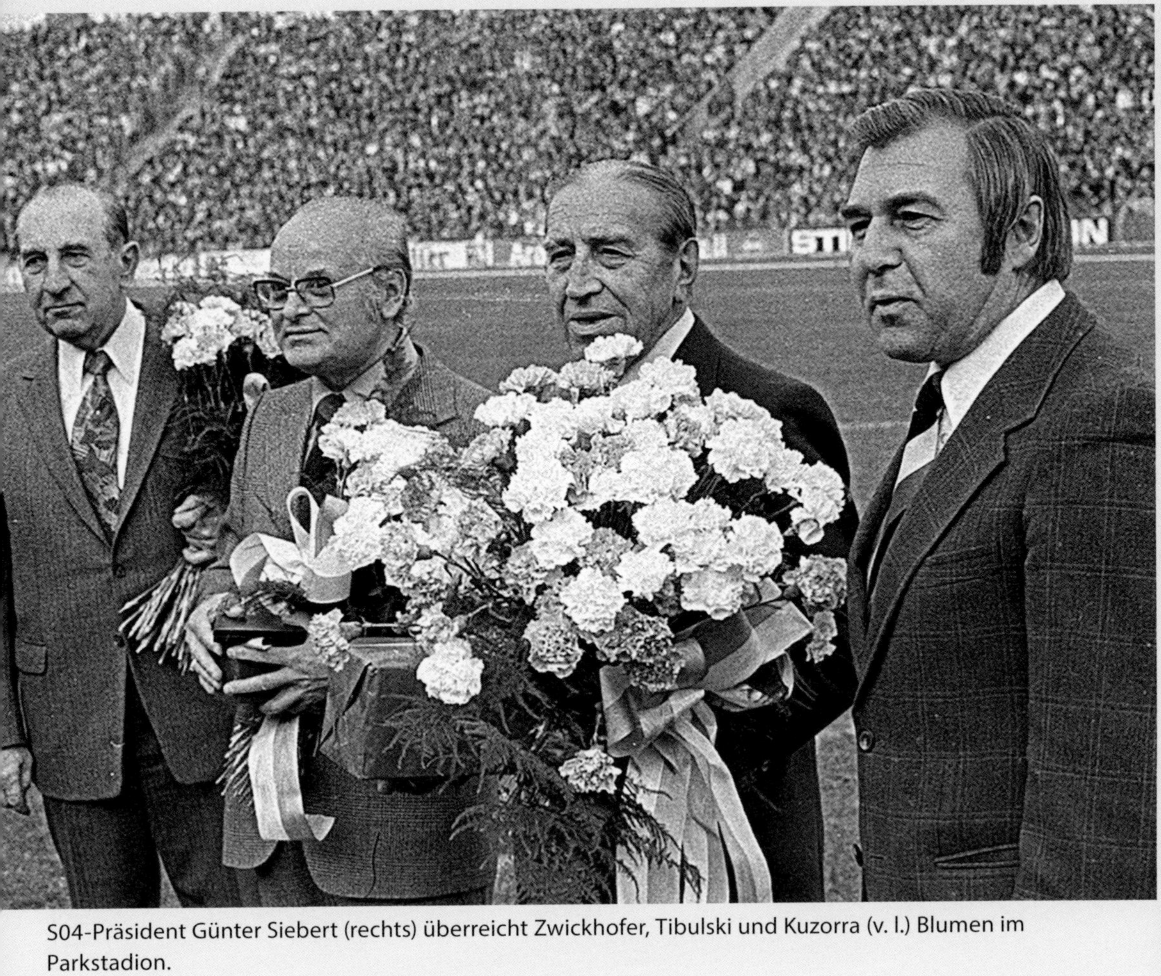

S04-Präsident Günter Siebert (rechts) überreicht Zwickhofer, Tibulski und Kuzorra (v. l.) Blumen im Parkstadion.

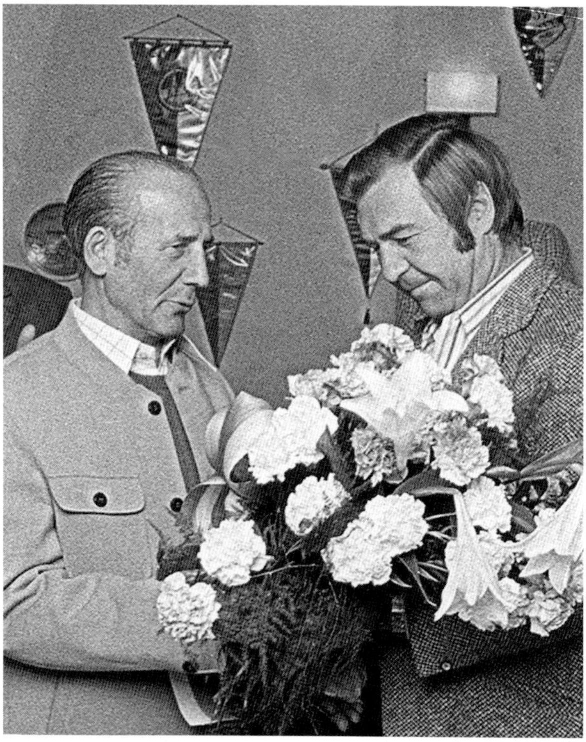

Präsident Günter Siebert ehrt den ehemaligen Meisterspieler und späteren Platzwart der Knappen, Ernst Kalwitzki (links).

Günter Siebert verabschiedet Trainer Horvat (rechts) im Parkstadion mit einem Strauß Blumen. ▼

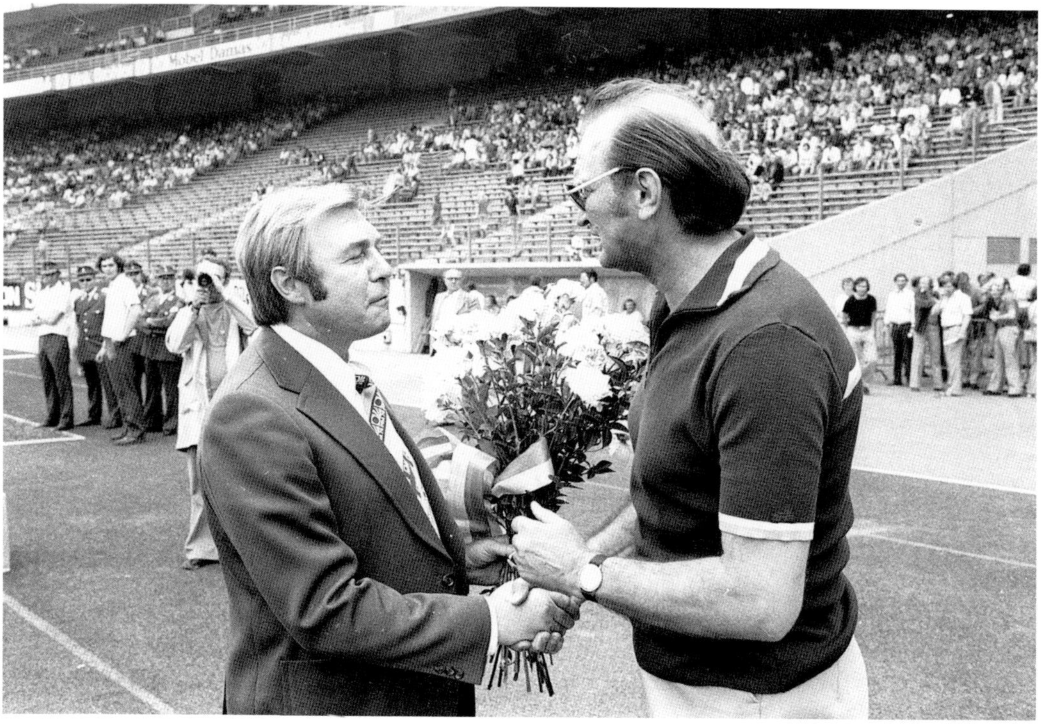

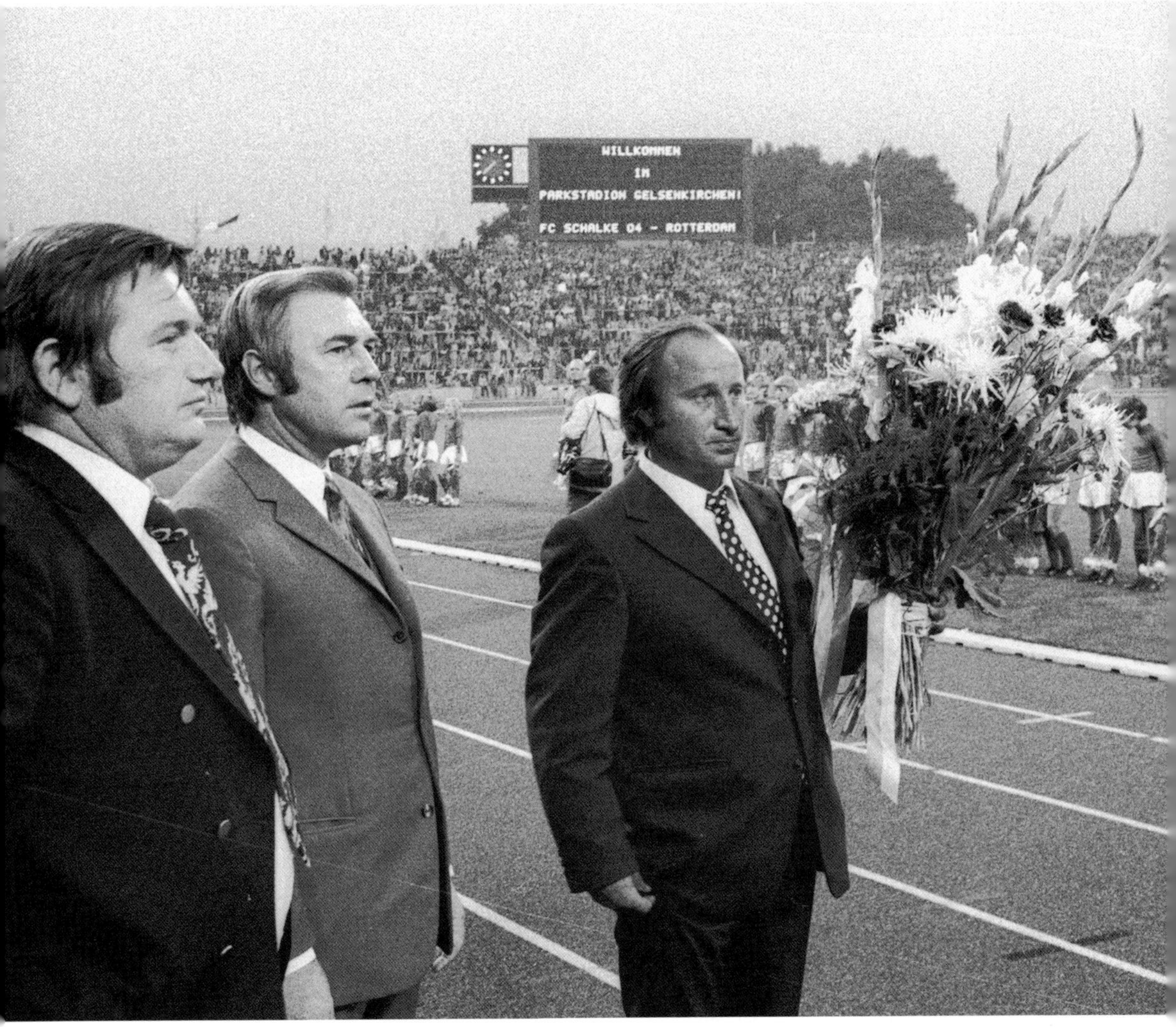

Vor dem Eröffnungsspiel im neuen Parkstadion gegen Feyenoord Rotterdam ehrten Mannschaftsbetreuer Charly Neumann und Präsident Günter Siebert den erfolgreichen Nachwuchstrainer und Ex-Oberligakicker Erwin „Camillo" Forstkamp (rechts).

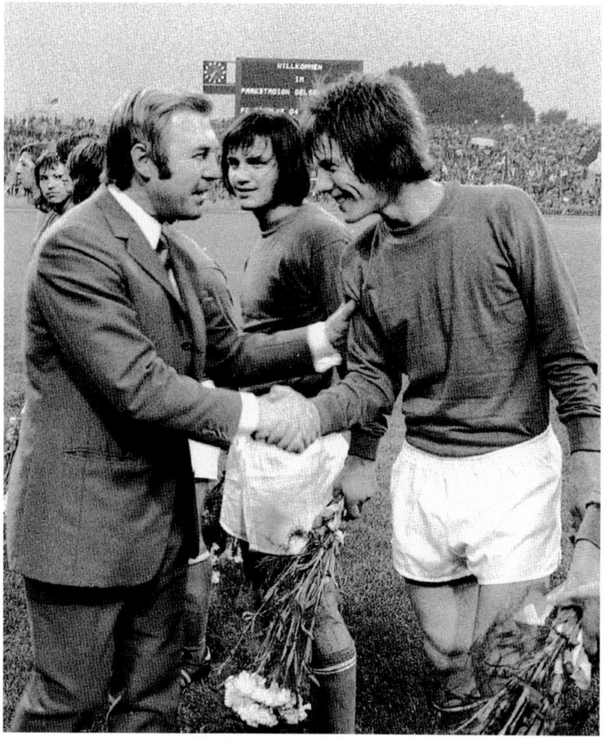

Blumen gab es vor dem Eröffnungsspiel des neuen Stadions auch für die erfolgreiche Knappen-Jugend. Hier nimmt Mathias Schipper die Glückwünsche entgegen, dahinter Detlef Rohn.

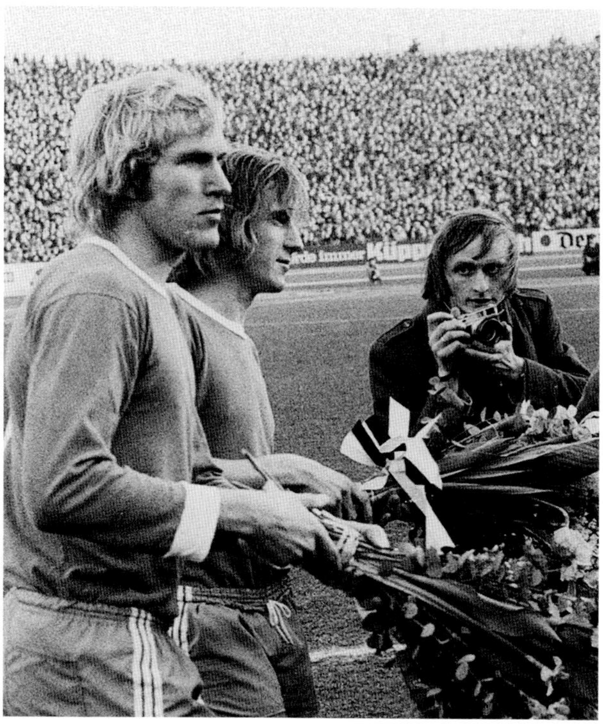

Auch Rolf „Rolli" Rüssmann und Herbert „Aki" Lütkebohmert nahmen Blumensträuße in Empfang.

7
Am Rande

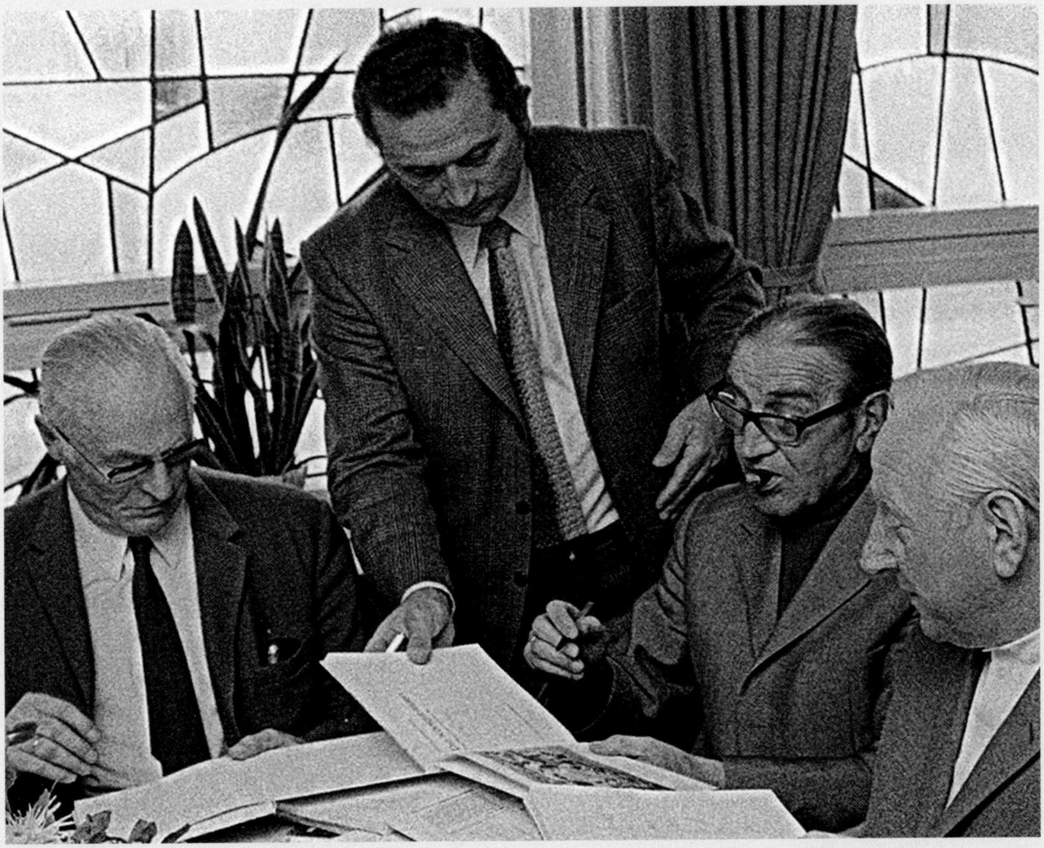

Autogrammstunde mit Herbert-Wilhelm Koch (WAZ), Herbert Burdenski (stehend), Ernst Kuzorra und Fritz Szepan (rechts) im Vereinslokal Bosch.

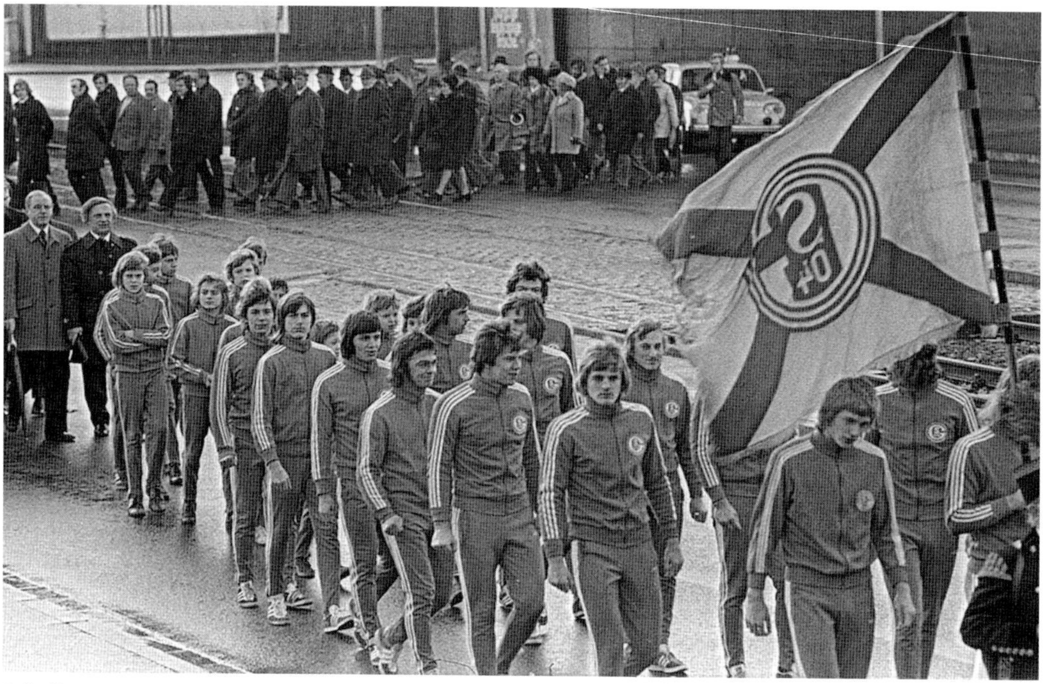

Schalke trägt Trauer: Der Alt-Internationale Fritz Szepan wird unter großer Anteilnahme der Bevölkerung, Vertreter aller Mannschaften, des Präsidiums und der Fans zu Grabe getragen.

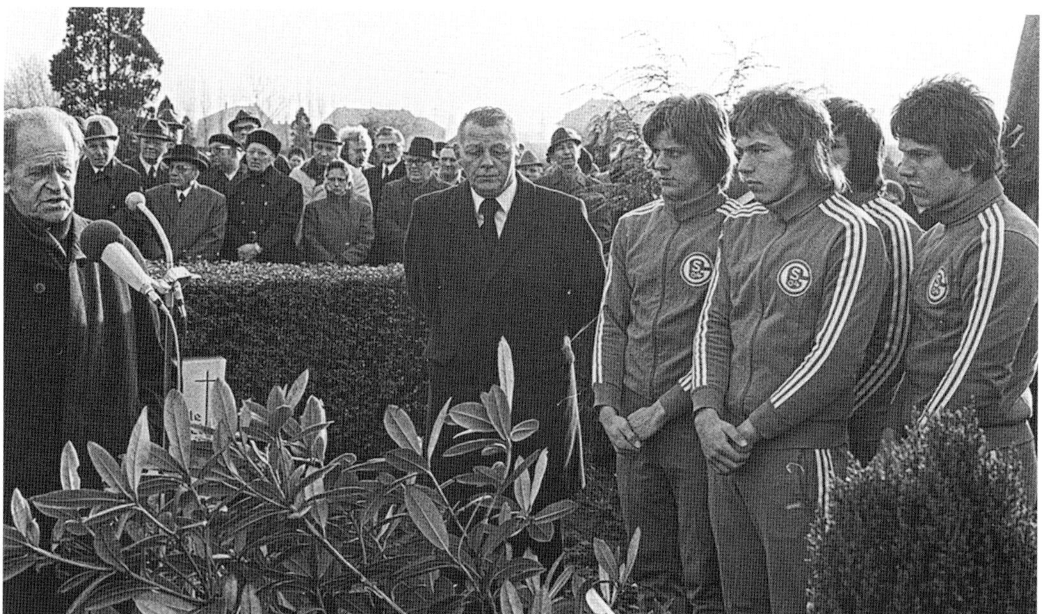

Alt-Bundestrainer Sepp Herberger (links) erweist dem ehemaligen Schalker Spieler und RWE-Meistertrainer Fritz Szepan die letzte Ehre. Auch die Jugendabteilung der Knappen, hier vertreten durch Hans Salewski, Uwe Höfer und Mathias Schipper, nahm an der Trauerfeier in Gelsenkirchen teil.

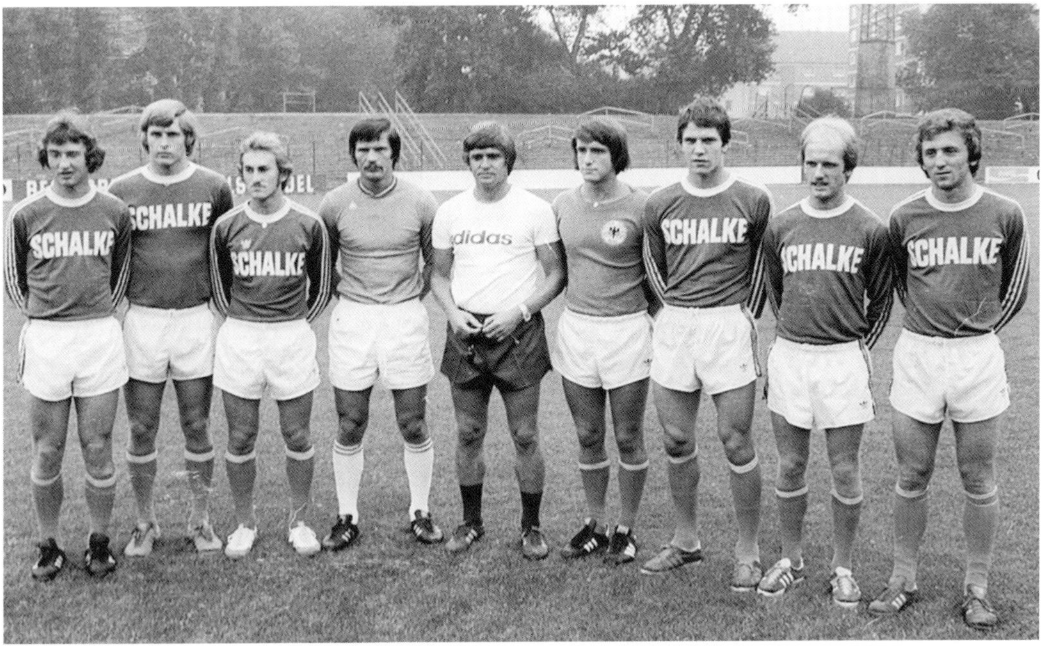

Friedel Rausch (Mitte) mit den neuen Vertragsspielern: Friedhelm Schütte, Thomas Lander, Wolfgang „Oskar" Reichel, Enver Marić, Peter Sandhofe, Mathias Schipper, Ulrich Bittcher und Hans-Peter Mentzel (v. l.).

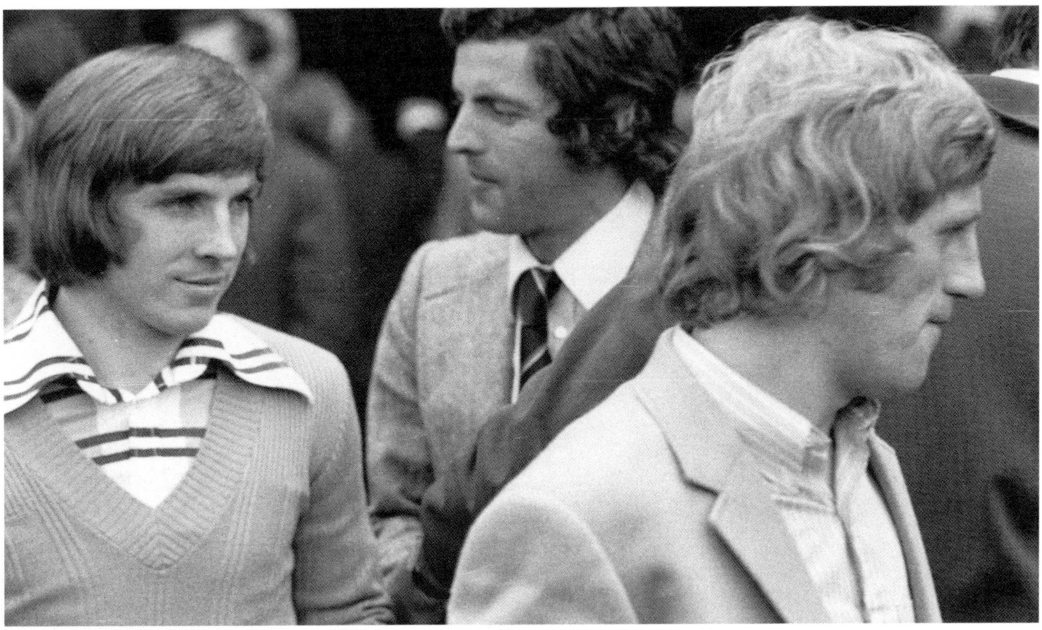

Nach dem Bundesligaskandal und der danach folgenden Sperre besuchen Klaus Fischer und Klaus Fichtel erstmals wieder ein Spiel in der Glückauf-Kampfbahn.

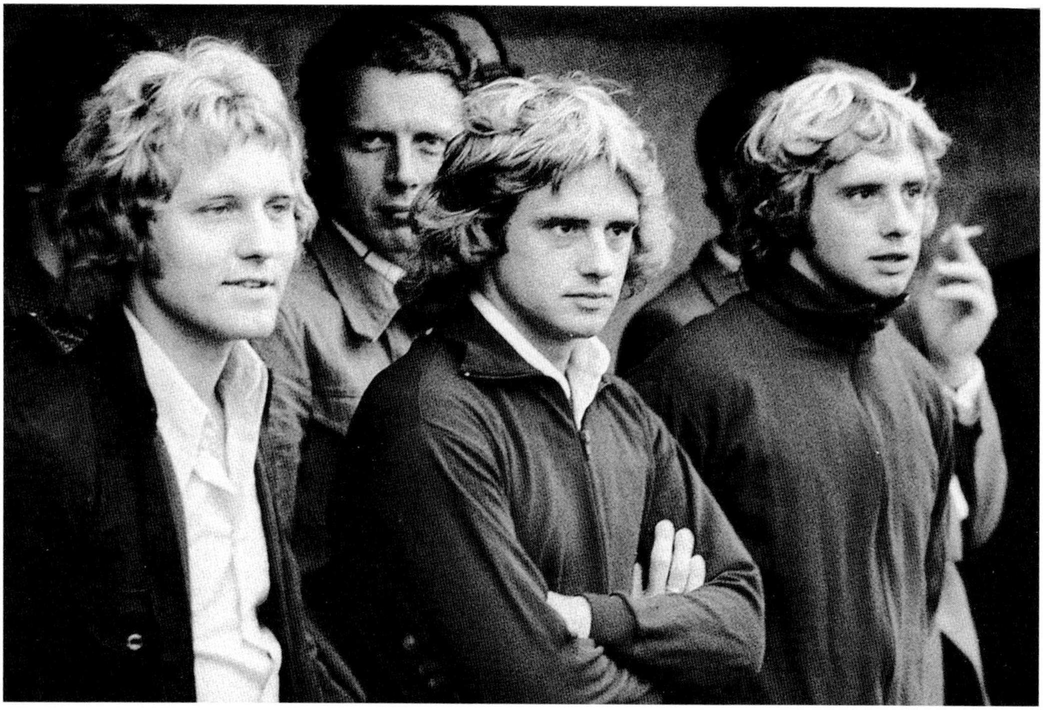

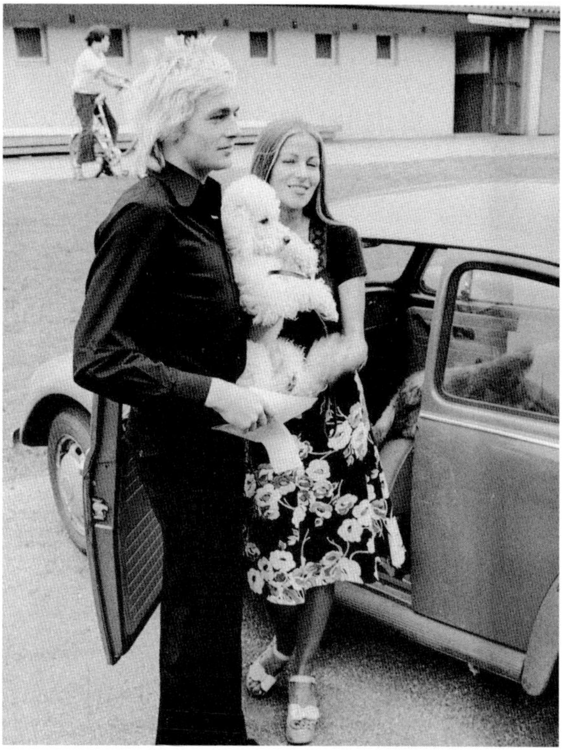

Diesmal nur interessierte Zuschauer in der Glückauf-Kampfbahn: Jürgen Sobiray und die Kremers-Zwillinge Helmut und Erwin. ▲

Hannes Bongartz, langjähriger Spieler der SG Wattenscheid, besucht seine neue Schalker Wirkungsstätte. Die Anreise mit Freundin und Pudel erfolgte in einem VW-Käfer.

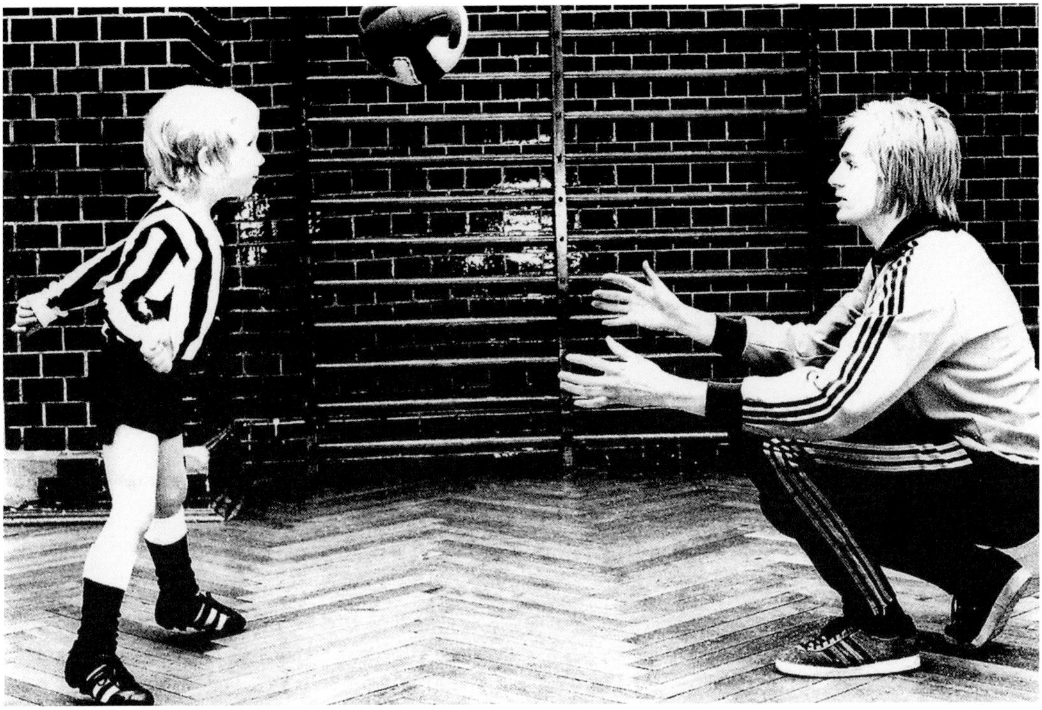

Hannes Bongartz (rechts) beim Balltraining mit einem Nachwuchskicker.

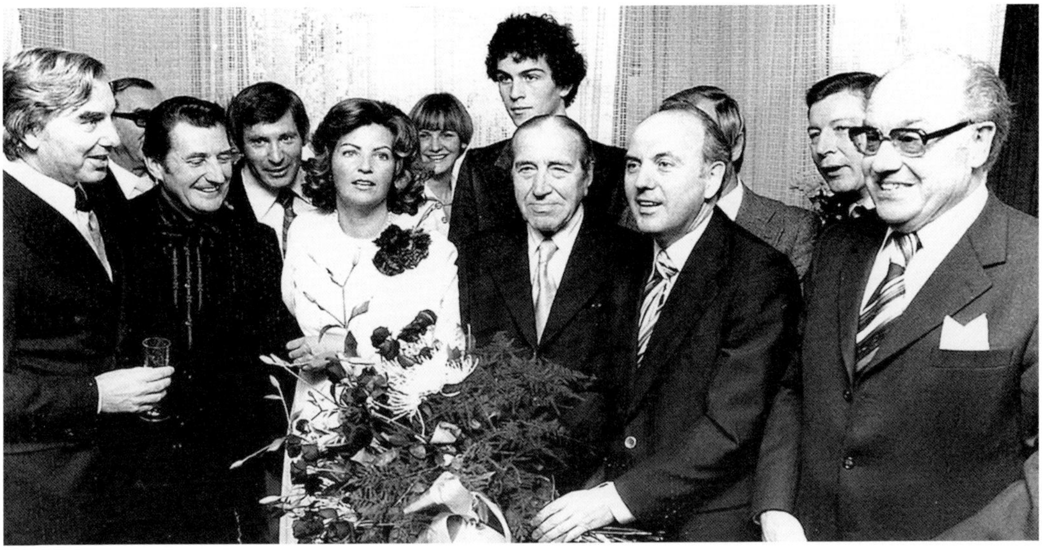

Berni Klodt (4. v. r.), die Schalke-Ikone, feiert in Horst zusammen mit Familie und vielen Freunden, so Kurt Brumme (WDR), Ex-Torhüter Heinz Kwiatkowski, Ernst Kuzorra, S04-Präsident Günter Siebert (verdeckt), Manni Kreuz und Bruder Hans Klodt (v. r.), seinen 50. Geburtstag.

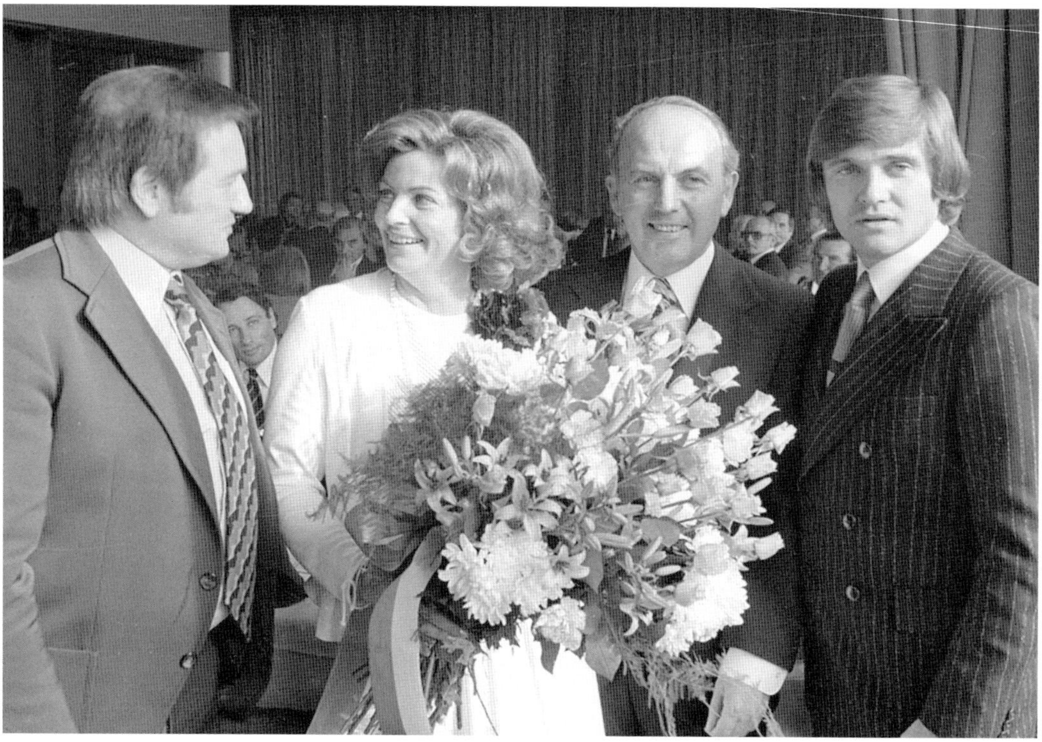

Geburtstagsglückwünsche zu seinem 50. konnte Berni Klodt auch von Charly Neumann (links) und Friedel Rausch (rechts) entgegennehmen.

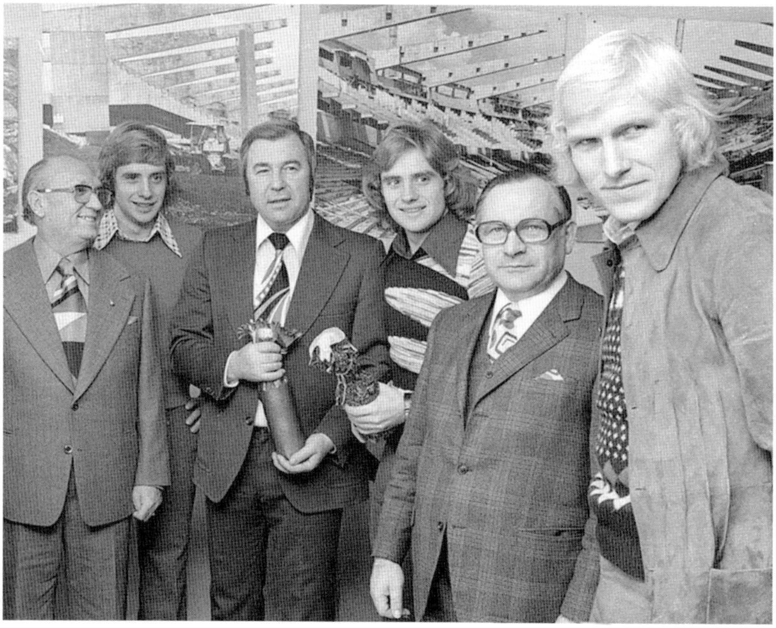

Präsident Günter Siebert (2. v. l.) feiert. Es gratulieren Schalke-Vorstandsmitglied Hörstermann, die Kremers-Zwillinge, Oberbürgermeister Josef Löbbert und Rolf Rüssmann.

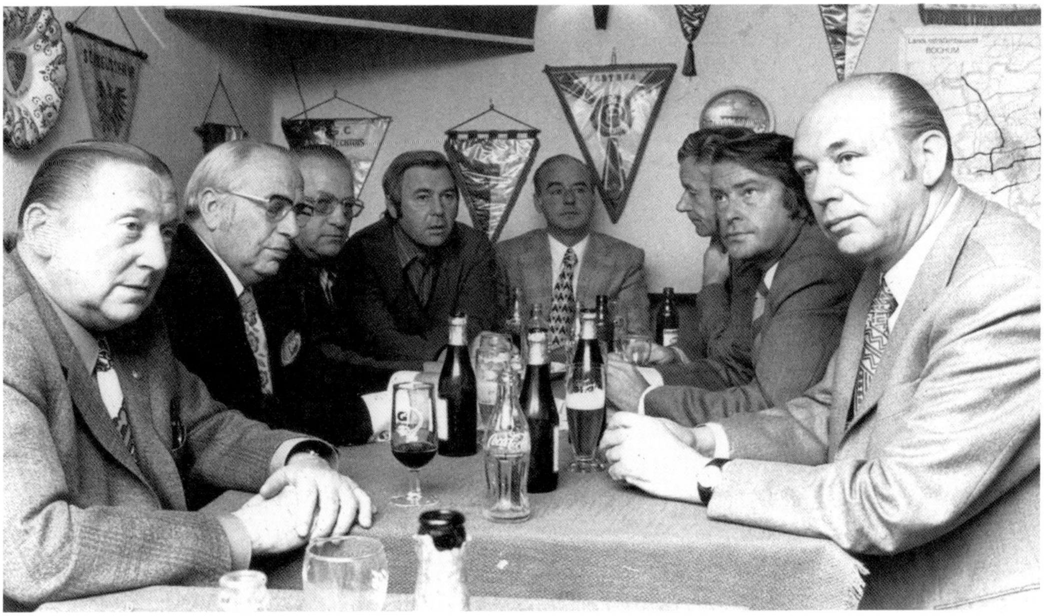

Prominente Schalke-Runde im Vereinslokal bei Bosch mit Günter Siebert. Diesem Kreis gehörten unter anderem Vertreter der Industrie und der Stadtverwaltung an.

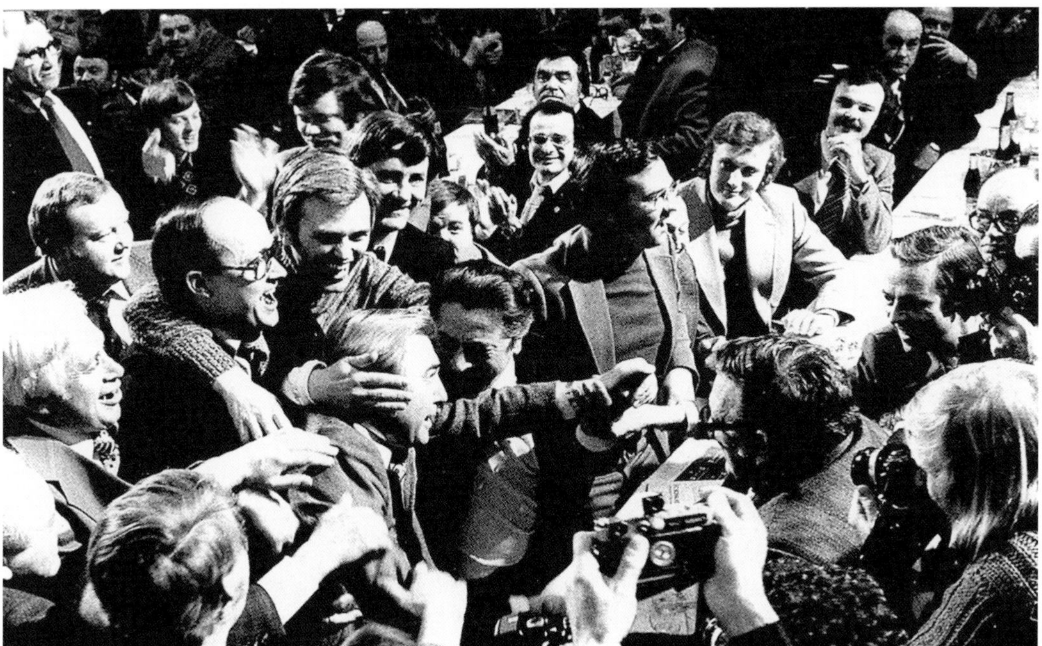

„Geschafft" – Günter Siebert konnte bei der Wahl zum S04-Präsidenten wieder einmal die meisten Stimmen auf sich vereinigen. Nach Bekanntgabe des Ergebnisses im Saal des Hans-Sachs-Hauses wurde Siebert von den Fans frenetisch gefeiert.

„Für Schalke habe ich einst mein Taschengeld geopfert!"

„Fußball hat mich immer fasziniert", sagt Ilona Caroli, die 1944 in Oberhausen geboren wurde und dort aufwuchs. So pöhlte die kleine Ilona schon recht früh mit Jungen aus der Nachbarschaft. „Unsere Spiele fanden manchmal unter Aufsicht und Mitwirkung eines später bekannten Kickers statt – nämlich Kalli Feldkamp, der seine Karriere bei Rot-Weiß Oberhausen begann", erzählt Caroli. Sie erinnert sich auch noch gut an die Fußball-Weltmeisterschaft im Jahr 1954. „Familie, Nachbarn und Freunde hockten vor einem kleinen Schwarz-Weiß-Fernseher in einer Eckkneipe – ein unbeschreibliches Erlebnis", schildert die Oberhausenerin, die danach zusammen mit ihren Kickerfreunden zu den Rot-Weißen ins Niederrhein-Stadion wanderte, um sich dort einem offiziellen Team anzuschließen. Doch die Zehnjährige wurde enttäuscht. „Ihr Jungen könnt bleiben, Mädels können wir hier nicht gebrauchen", war die harsche Ansage des damaligen RW-Nachwuchstrainers.

Von diesem Zeitpunkt haderte die fußballbegeisterte Zehnjährige mit den Rot-Weißen und fuhr mit einem Vetter nach Schalke. „Meine bergmännischen Verwandten waren nämlich echte Knappenfans", erzählt Ilona Caroli. „Vom ersten Spiel", so die Oberhausenerin, die heute in Köln lebt, „habe ich nicht viel gesehen. Doch die Atmosphäre hat mich fasziniert – ich war danach vom Schalkefieber erfasst."

Von nun an ging es zu allen Heimspielen der Königsblauen, die damals noch in der Kampfbahn Glückauf spielten. „Für die Fahrten nach Schalke habe ich mein ganzes Taschengeld geopfert", erinnert sich die dreifache Mutter lächelnd, die 1958 dabei war, als ihre Knappen in Hannover im Endspiel um die „Deutsche" den HSV bezwangen. Von Oberhausen zog Ilona Caroli nach Bremen, wo sie nicht nur die Bundesligaspiele der Werderaner besuchte, sondern auch den Weg für ihre weitere berufliche Zukunft vorbereitete: Abendschule und Studium. Später wurde sie hier wissenschaftliche Mitarbeiterin der Uni und übernahm die Geschäftsführung der Gewerkschaft Erziehung und Wissenschaft in der Hansestadt. In diesen arbeitsreichen Jahren absolvierte die junge Mutter nebenbei eine Schiedsrichterausbildung. „Ich gehörte damals zu den ersten Frauen in Deutschland, die Fußballspiele leiten durften", berichtet Caroli weiter. 1986 übernahm sie für einige Jahre die Gleichstellungsstelle für Frauen in der saarländischen Landeshauptstadt Saarbrücken, ehe sie von 1992 bis 2003 die Leitung des Dezernates für Soziales, Gesundheit, Arbeit und Frauen im hessischen Kassel übernahm.

Auch in Sönke Wortmanns Klassiker „Das Wunder von Bern" (2003) taucht die fußballverrückte Kölnerin auf. Als Wortmann für seinen Film in Oberhausen recherchierte, traf er auch Kalli Feldkamp. Der erzählte dem aus Marl stammenden Regisseur die Geschichte einer jungen Kickerin, Wortmann griff die Episode auf und baute sie in seinem Film ein. So jagte später in „Das Wunder von Bern" ein kleines blondes Mädchen dem Protagonisten (gespielt von Louis Klamroth) während eines Matches auf der Straße den Ball ab. Ilona Caroli lacht: „Ja, genau so hat es sich damals abgespielt."

Ihren Knappen blieb Caroli treu, war zu Gast bei vielen Spielen ihrer Königsblauen im Ausland, besuchte ihre Schalker bei Trainingslagern und verfolgt auch heute noch die Heimspiele ihre Mannschaft in der Nordkurve. „In N3 ist unser Fantreff", berichtet die Kölnerin weiter, die 2012 in der Schalker Kampfbahn Glückauf zum Schiedsrichterteam gehörte, das dort ein großes Turnier von 26 Fanteams als Unparteiische begleitete. „Ein unbeschreibliches Gefühl, noch einmal dort im Stadion zu sein, wo 1954 meine königsblaue Liebe entflammte."

Im Juli 2021 wurde Ilona Caroli im Rahmen der Jahreshauptversammlung des königsblauen Vereins in den fünfköpfigen Ehrenrat gewählt: „Eine große Ehre für mich."

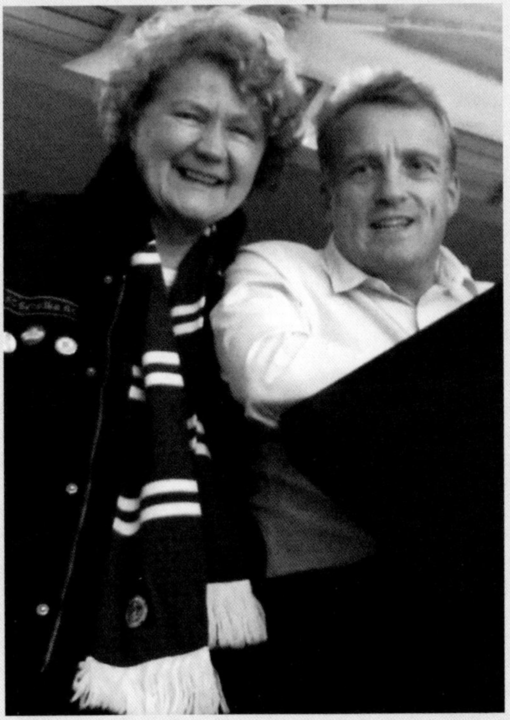

Schalkefan Ilona Caroli mit einem ihrer großen Idole: Mike Büskens.

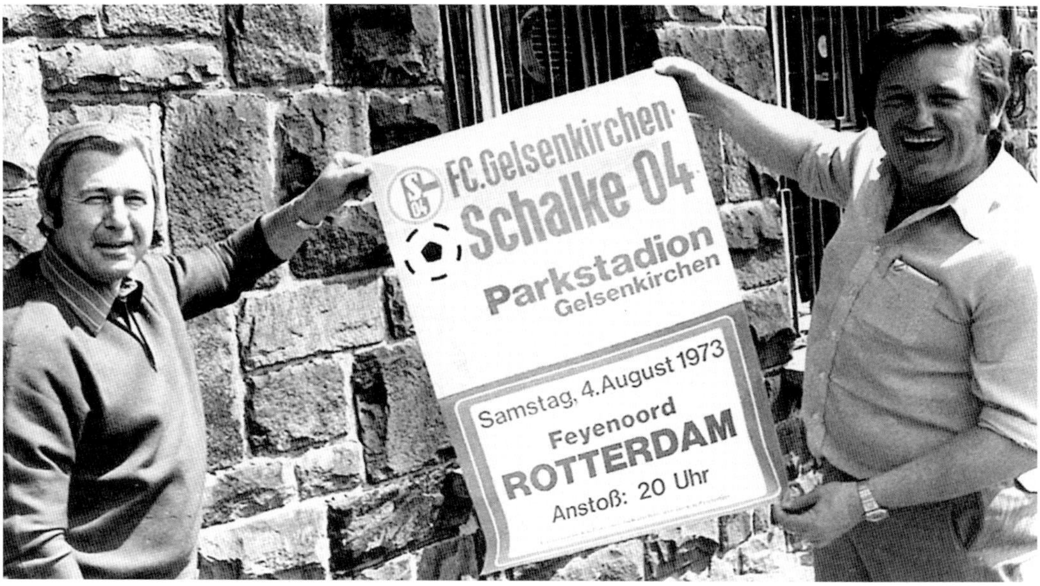

Mit dem Plakat des Eröffnungsspiels am 4. August 1973 im neuen Parkstadion: Günter Siebert und Charly Neumann. Als Gegner wurde Feyenoord Rotterdam erwartet.

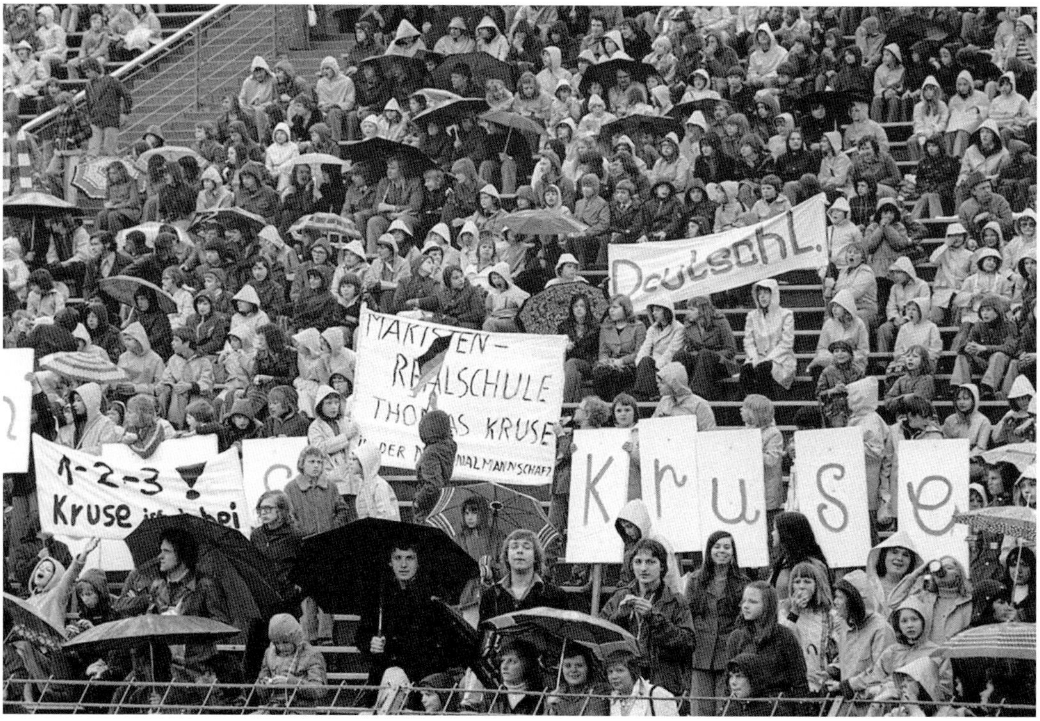

Schülerländerspiel im neuen Parkstadion. Gegner des deutschen Nachwuchsteams war Irland. Der aus Recklinghausen stammende Nachwuchskicker Thomas Kruse, der später für S04 spielen sollte, hatte sogar eine eigene Fangruppe mitgebracht.

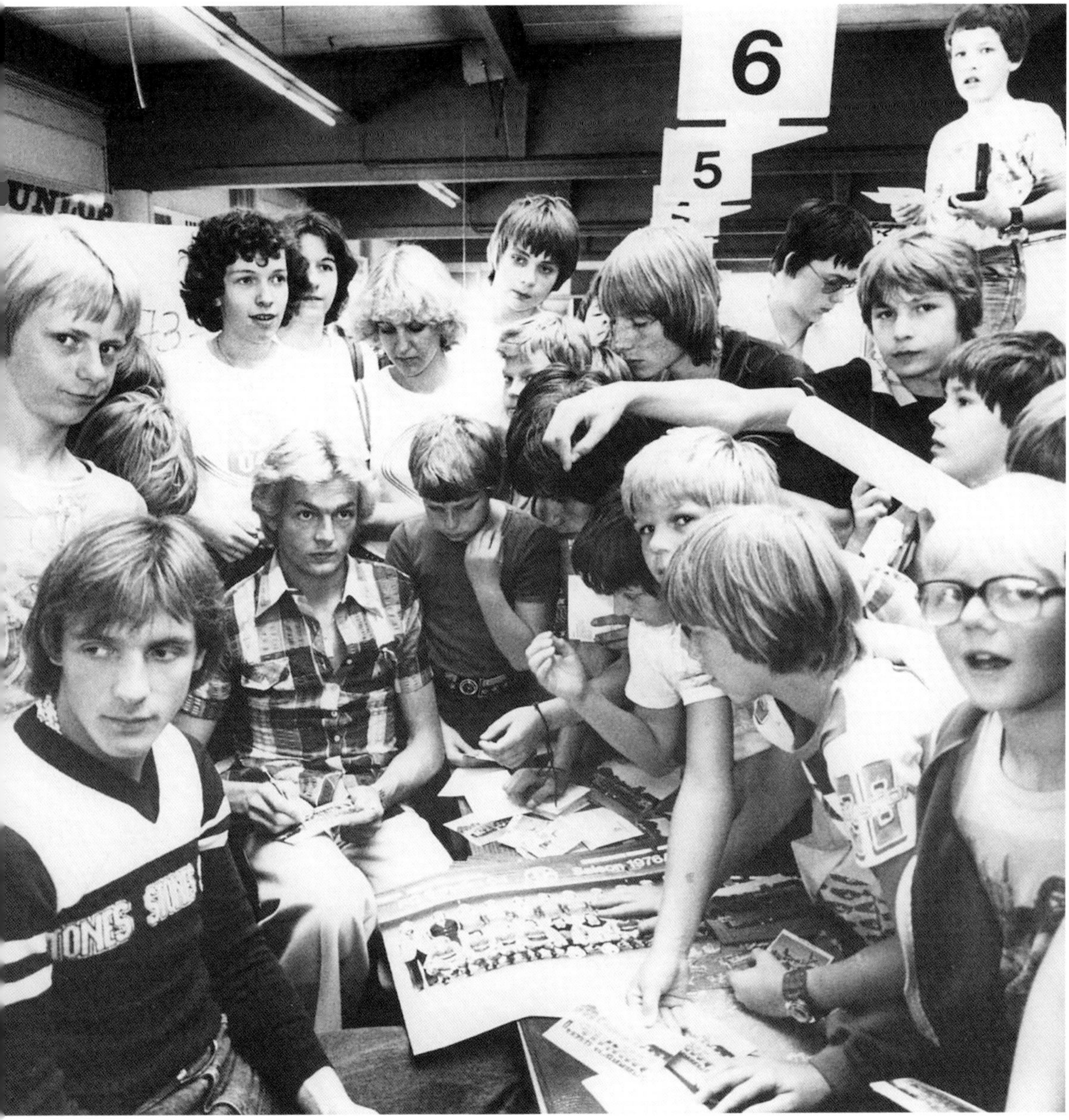

Rüdiger „Abi" Abramczik und Hannes Bongartz werden während einer Autogrammstunde von Fans umringt.

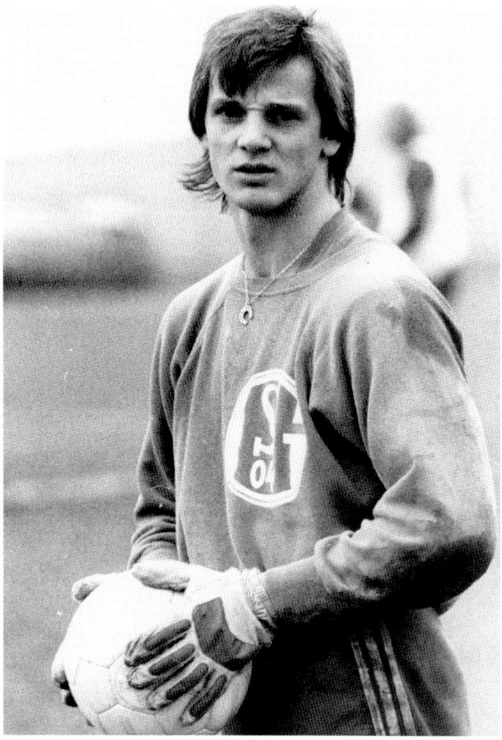

Der aus Siegen stammende Peter Endrulat absolvierte nur ein Bundesligaspiel für die Knappen, später wechselte er in die „verbotene Stadt". Für den BVB hütete er sechsmal den Kasten, musste aber in einem Spiel gegen Mönchengladbach mit zwölf Toren die höchste „Klatsche" der BL-Geschichte hinnehmen.

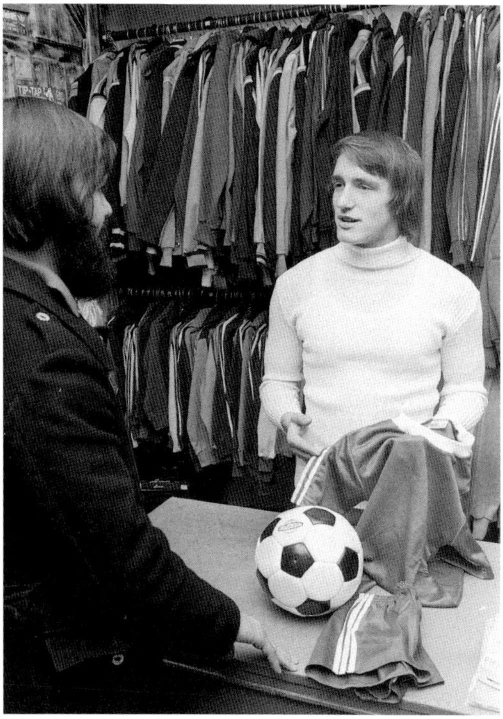

Peter Sandhofe aus Datteln gehörte zunächst zu den Stützen der königsblauen Jugendteams. Mit der A-Jugend wurde er Deutscher Vize- und 1976 sogar Deutscher Meister. Für das Erstligateam absolvierte er danach 30 Spiele.

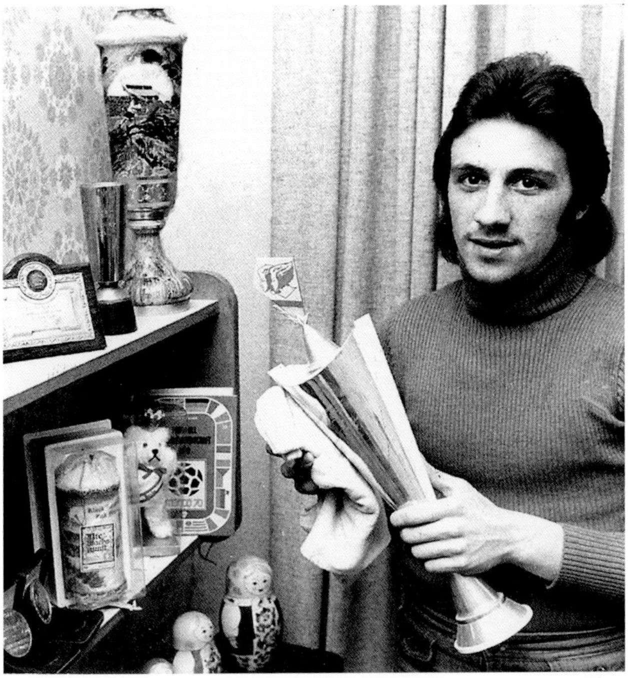

Bernd Thiele, hier in seinem Zimmer in der elterlichen Wohnung in Herne-Sodingen, kickte in Schalke bei den Schülern, in der Jugend, den Amateuren und später bei den Profis. Hier kam er bei 189 Spielen zum Einsatz, später wechselte der „Terrier aus Sodingen" zu Hannover 96.

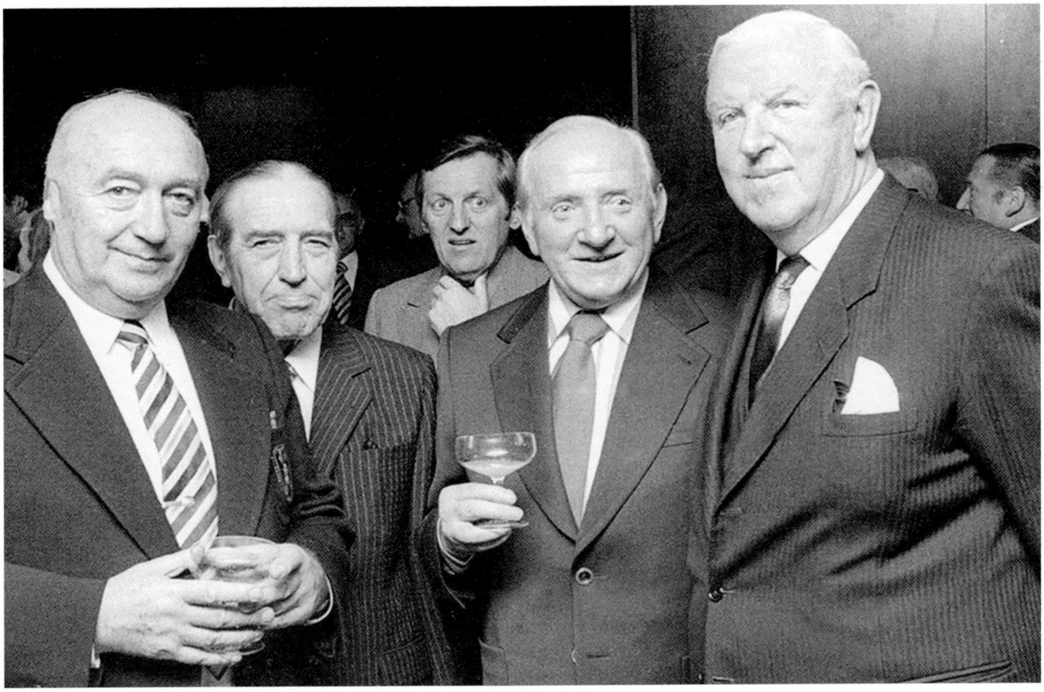

Empfang im Schloss Horst aus Anlass der anstehenden WM-Begegnungen im neuen Parkstadion mit Ehrengast FIFA-Präsident Sir Stanley Rous (rechts). Auch bekannte Schalker waren dazu eingeladen, so Fritz Szepan (2. v. r.) und Ernst Kuzurra (2. v. l.).

Günter Siebert legte 1972 den „Grundstein"

Mit einem Autogramm des langjährigen S04-Präsidenten Günter Siebert fing alles an. Heute gehört der 1962 im Münsterland geborene Peter Krevert zu den renommiertesten deutschen Autogrammsammlern. Rund 7.000 Unterschriften von Künstlern, Politikern und Fußballern hat er mittlerweile zwischen Flensburg und Starnberg, Aachen und Rostock zusammengetragen. Doch alles begann 1972 mit den Schalker Knappen.

Am 1. Juli 1972 war Peter Krevert, damals schon ein begeisterter Schalkefan, mit seinem Großvater, dem ehemaligen Taxiunternehmer Ernst Bein, nach Hannover gefahren, um dort das DFB-Pokalendspiel Schalke 04 gegen den 1. FC Kaiserslautern mitzuerleben. „Der erste Auswärtsspielbesuch meiner Knappen", erinnert sich Krevert, der in den 1970er-Jahren noch mit seiner Familie in Gelsenkirchen lebte. Die Königsblauen fegten an diesem Samstag die Roten vom Betzenberg mit 5:0 vom Platz. Da war die Freude nicht nur bei Opa Bein und seinem Enkel Peter groß. 61.000 Zuschauer waren damals ins Niedersachsenstadion gekommen. Auf der Heimfahrt wurde jedes Tor, das zum Pokalerfolg geführt hatte, noch einmal fachkundig analysiert. Der junge Schalkefan schwärmte besonders von den königsblauen Pokaltorschützen Helmut Kremers (2), Klaus Scheer, Herbert Lütkebohmert und Klaus Fischer.

Für den folgenden Sonntag, es war der 2. Juli, kündigte Gerti Krevert, Peters Mutter, einen Spaziergang an. Ziel war das Schloss Berge unweit der heutigen Arena und des ehemaligen Parkstadions. Als Mutter und Sohn so durch den Schlosspark schlenderten, hörten sie plötzlich „Liibbuuudaa"- und „Schaaalke"-Rufe. „Da muss ich hin", quengelte der neunjährige Peter und zog seine Mutter in Richtung Schloss. Was sie dort sahen, versetzte den damaligen Grundschüler in Erstaunen: Auf der offenen Ladefläche eines Lkw genossen seine Pokalhelden sichtlich das Bad in der Menge. Erst später erfuhr der fußballbegeisterte Gelsenkirchener, dass seine Elf nebst Trainer Horvat auf dem Weg zu einem Empfang im Schloss waren, zu dem OB Josef Löbbert kurzfristig geladen hatte.

Peter stürmte los, um die Mannschaft ganz aus der Nähe zu sehen. Vorher bat er aber seine Mutter, um ein Stück Papier und einen Kugelschreiber. Gerti Krevert fand das Gewünschte in ihrer Handtasche und der Junge mischte sich unter die jubelnden und wartenden Fans. Plötzlich stand Peter Krevert vor Günter Siebert und hielt ihm spontan Mutters Notizblock und Kugelschreiber entgegen. Der unterschrieb, ohne zu zögern. „So wurde ich eigentlich ganz spontan zum Autogrammsammler", erzählt Krevert gerne. Danach unterschrieben auch Trainer Horvat und Publikumsliebling Reinhard Libuda. Nun war der Ehrgeiz des Jungen geweckt, er wollte die Autogramme aller Pokalhelden. Im Schloss, in dem sich die Mannschaft anschließend traf, ergatterte der junge Gelsenkirchener danach die Autogramme von Norbert Nigbur, Klaus Fichtel, Hartmut Huhse, Rolf Rüssmann, Helmut und Erwin Kremers, Herbert Lütkebohmert, Heinz van Haaren, Klaus Scheer und Klaus Fischer. Damit war der Grundstein für die heute riesige Autogrammsammlung gelegt. Unterstützung fand Krevert später in der Schalke-Legende Herbert Burdenski. Der aus Gelsenkirchen stammende Fußballer, Trainer und Sportlehrer stellte die entsprechenden Kontakte her und steuerte der Krevert-Sammlung selbst unzählige Autogramme bei, die er von befreundeten Ex-Kickern besorgt hatte.

In der Szene hat sich Krevert längst einen Namen als Autor, Moderator, Aussteller und Anekdoten-Plauderer gemacht. Dabei erzählt der promovierte Schalkefan gerne die Geschichten, die sich um seine ersten Autogramme drehen, die er einst auf einem kleinen Notizzettel und auf einer leeren Getränkedose erhielt.

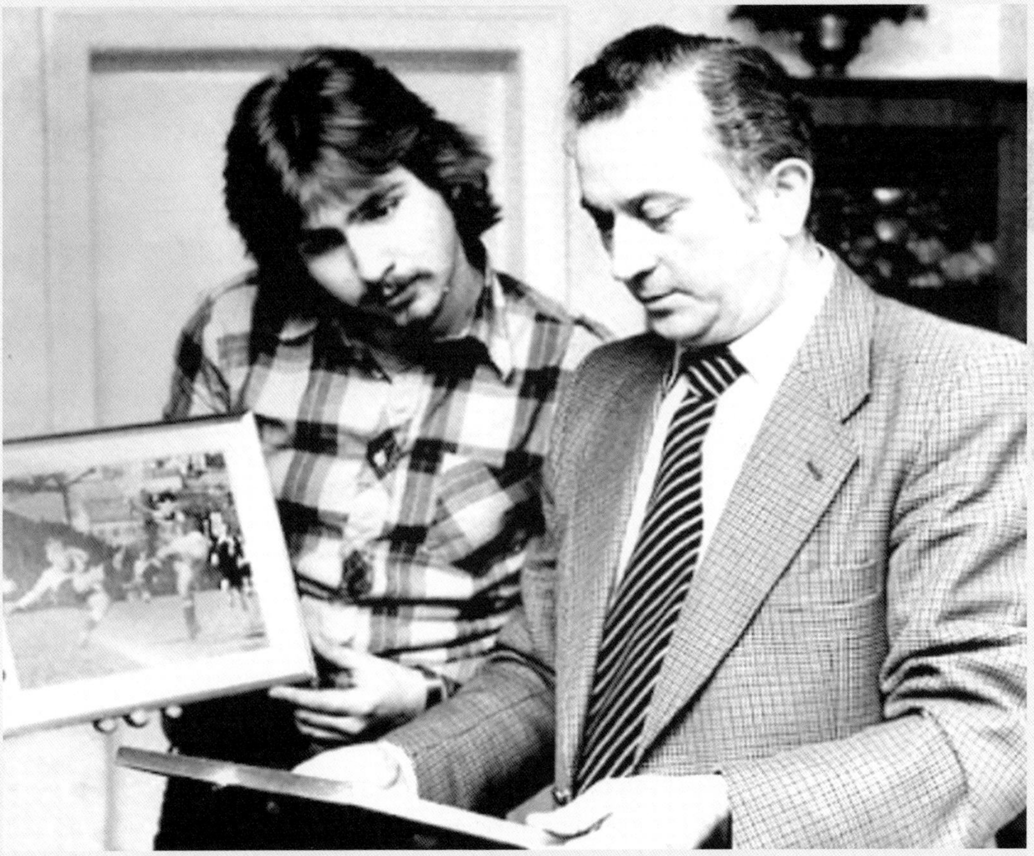

Autogrammsammler Dr. Peter Krevert im Gespräch mit dem bekannten Spieler und langjährigen Trainer Herbert Burdenski (rechts).

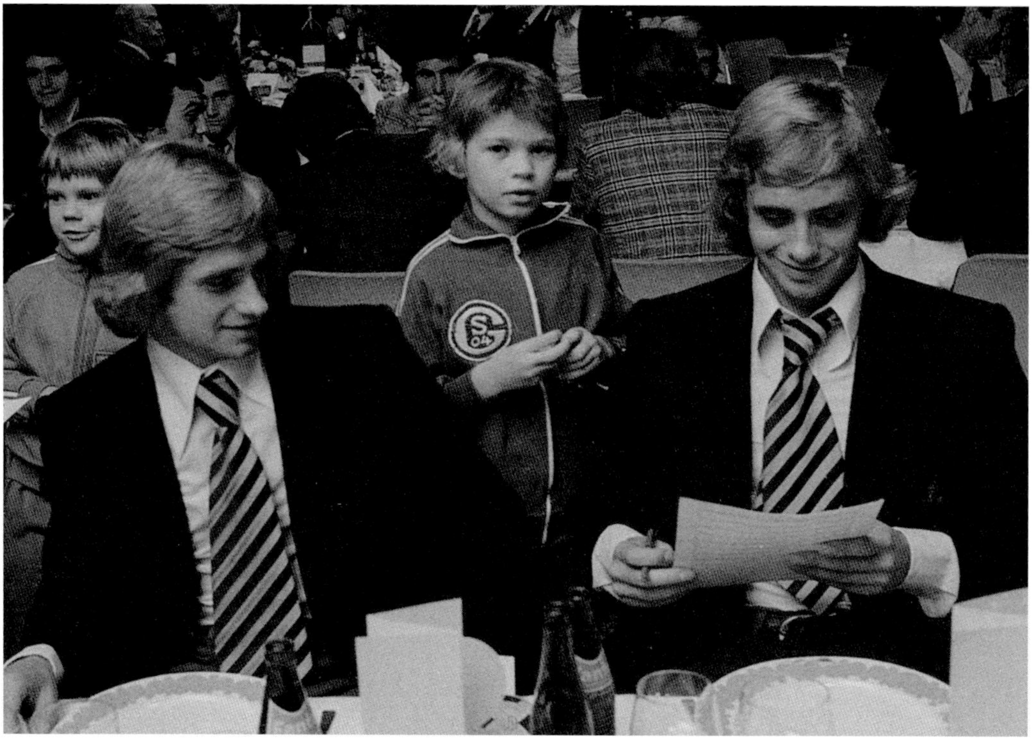

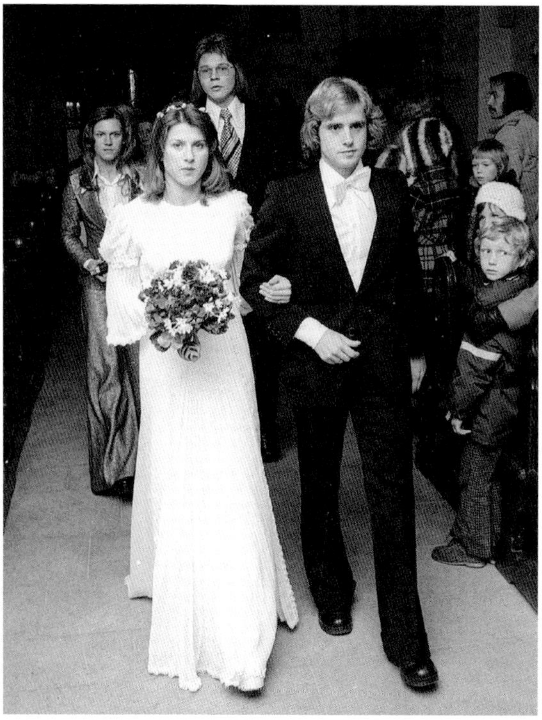

Auch während des Festbanketts nach dem Eröffnungsländerspiel Deutschland gegen Frankreich im Parkstadion mussten Erwin und Helmut Kremers, die von Helmut Schön ins Nationalteam berufen worden waren, im Gelsenkirchener „Maritim“ die Autogrammwünsche junger Fans erfüllen. ▲

Hochzeit eines Kremers-Zwillings in Gelsenkirchen.

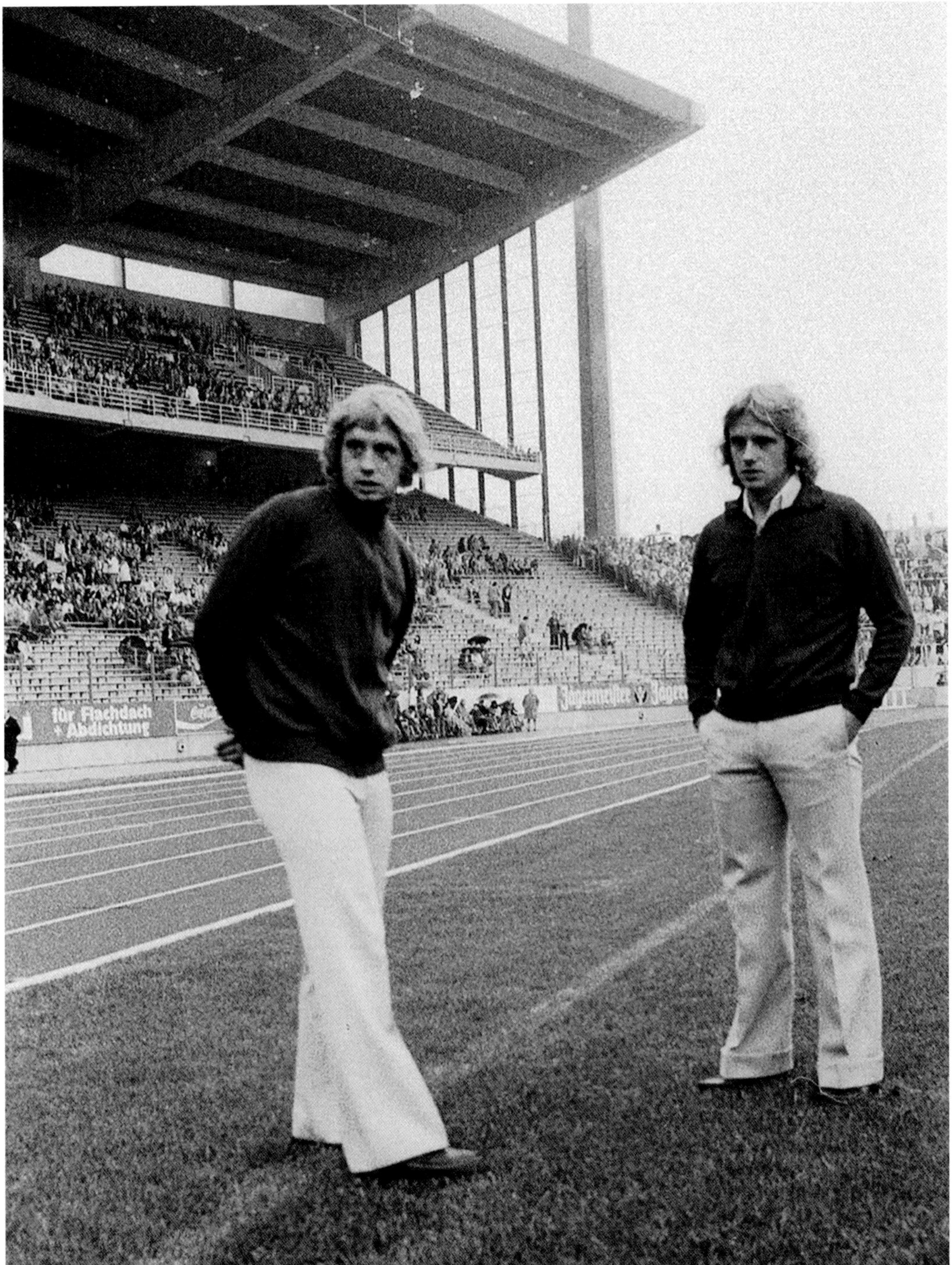

Helmut und Erwin Kremers begutachten vor dem Eröffnungsspiel gegen Feyenoord Rotterdam den Rasen und die Laufbahn des Parkstadions.

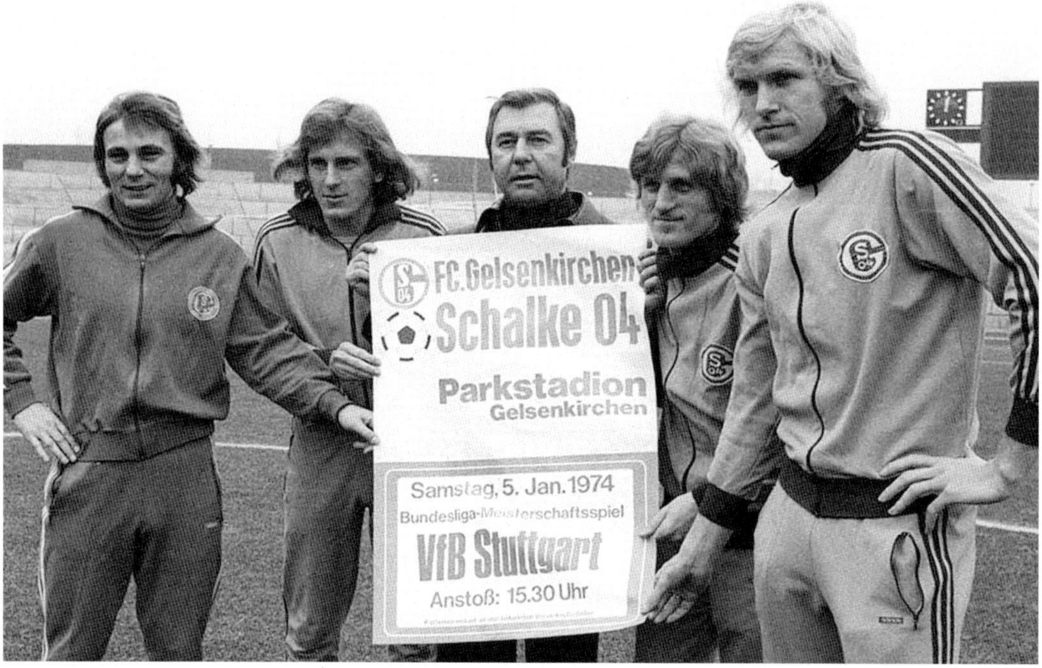

Mit dem Plakat des Eröffnungsspiels im Parkstadion: Reinhard Libuda, Herbert Lütkebohmert, Präsident Günter Siebert, Klaus Fichtel und Rolf Rüssmann (v. l.).

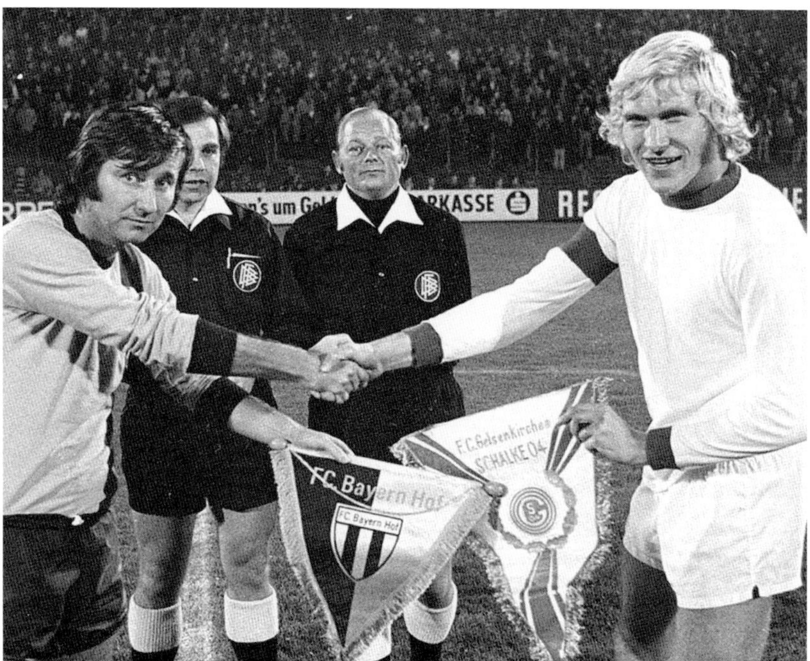

Ludwig Schuster (links) und Rolf Rüssmann beim Wimpeltausch vor dem DFB-Liga-pokalspiel gegen den FC Bayern Hof.

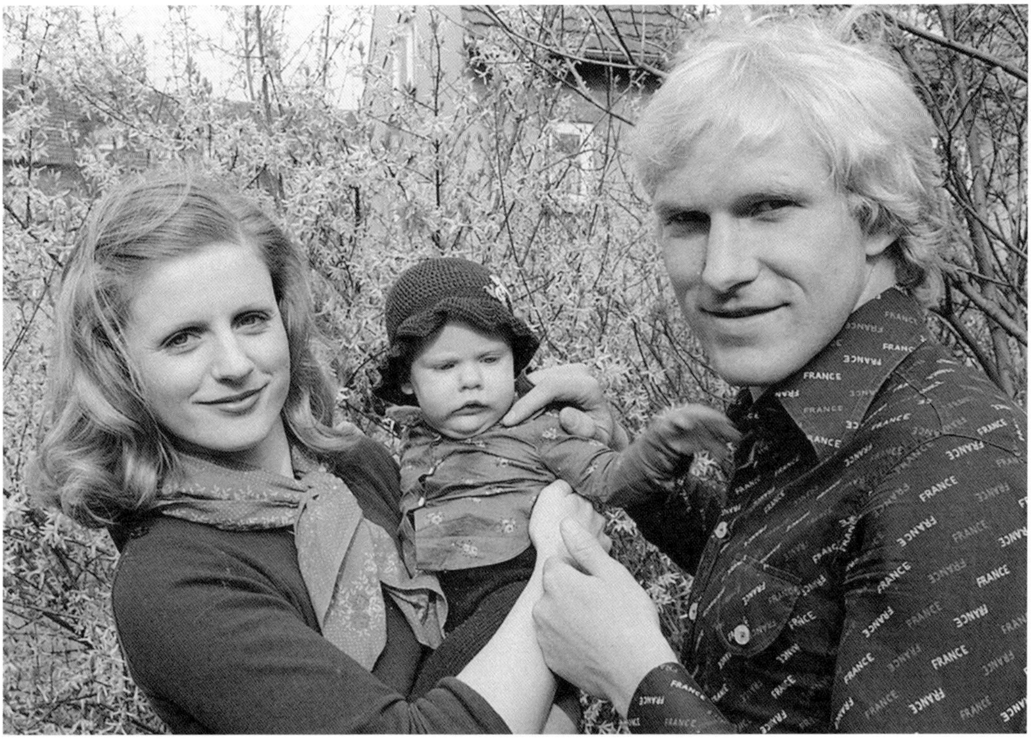

Besuch bei der jungen Familie Rüssmann (Eva, Nina, Rolf) im Garten ihres Hauses in Gelsenkirchen-Feldmark. ▲

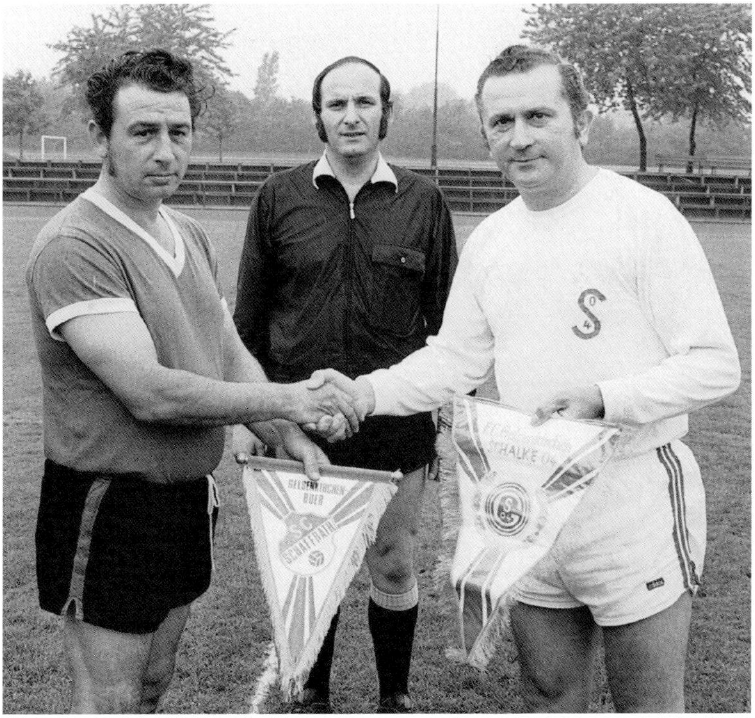

Wimpeltausch in Gelsenkirchen-Buer: Die Alten Herren des FC Schalke 04, vertreten durch Herbert Burdenski (rechts), treffen auf ein Team des FC Schaffrath.

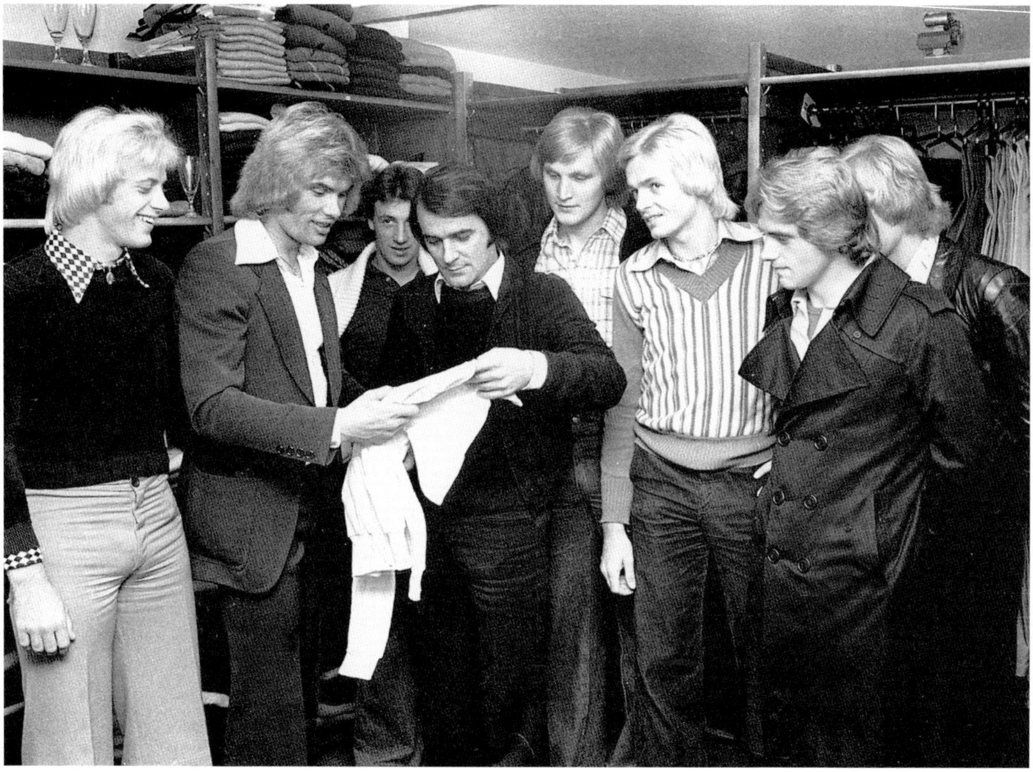

Auf Einkaufstour in Gelsenkirchen: Hans-Günter Bruns, Norbert Nigbur, Bernd Thiele, Ulrich van den Berg und die Kremers-Zwillinge (v. l.).

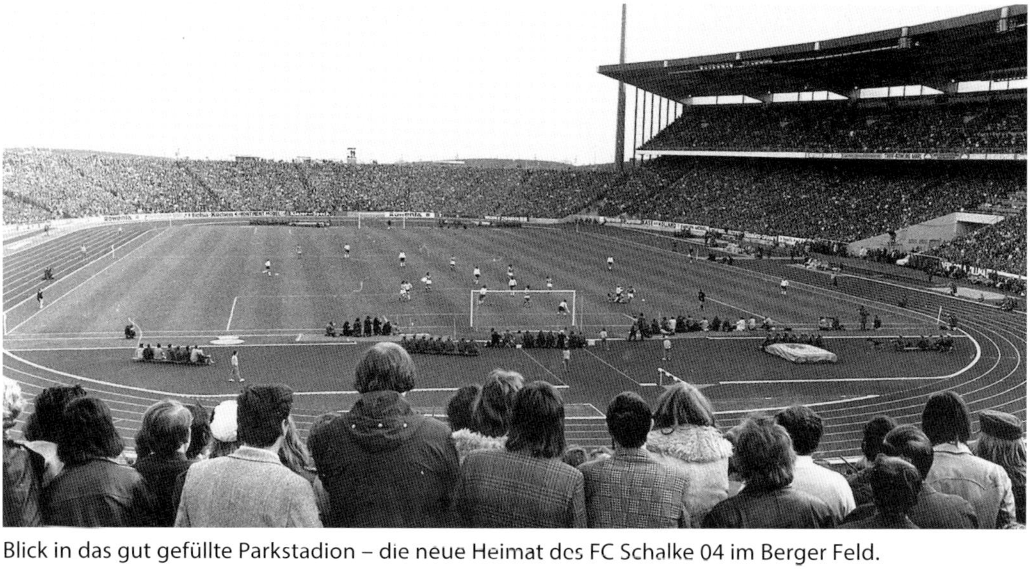

Blick in das gut gefüllte Parkstadion – die neue Heimat des FC Schalke 04 im Berger Feld.

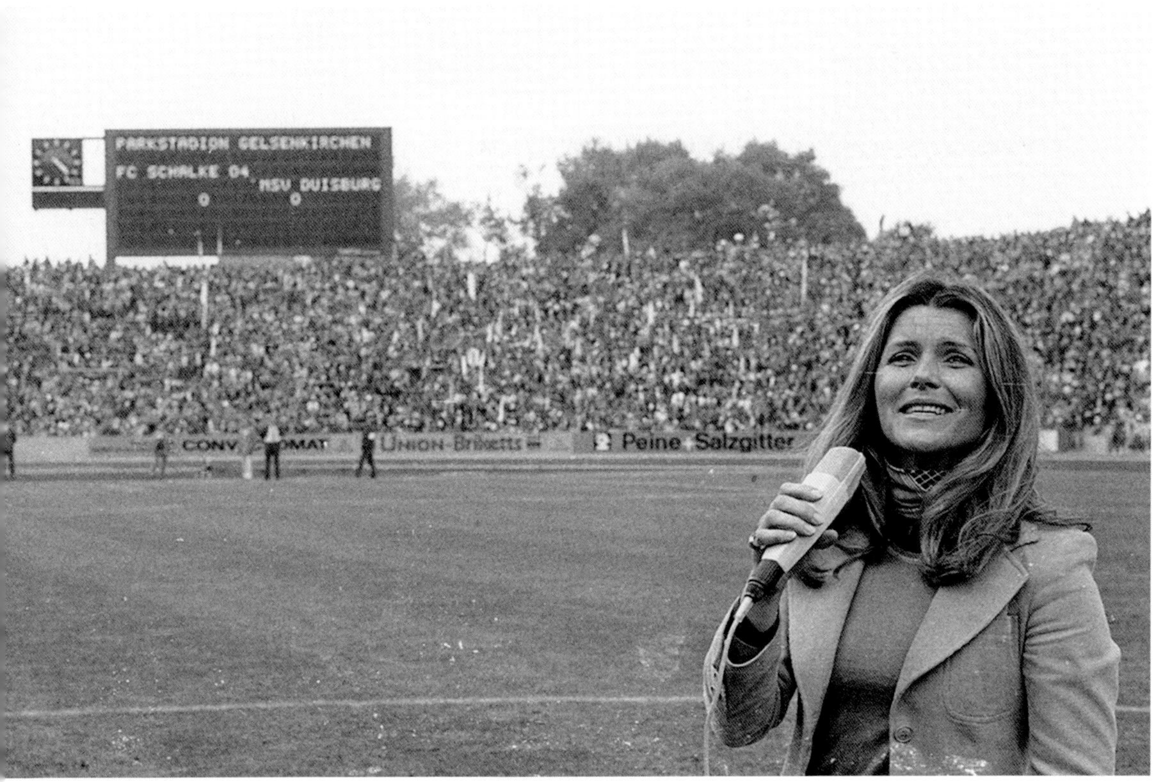

Stargast auf dem grünen Rasen vor einem Meisterschaftsspiel im Parkstadion gegen den MSV Duisburg: Schlagersängerin Lena Valaitis.

Rot-Weiß und Königsblau sind seine Farben: Klaus Windmüller

Jahrzehntelang trug Klaus Windmüller mit Stolz den Dress von Rot-Weiß Leithe. Von 1969 bis 2009 gehörte der gebürtige Wattenscheider nämlich nahtlos allen Mannschaften des Vorortvereins an. „Ich begann dort als Schüler und absolvierte mein letztes Spiel für das AH-Team der Rot-Weißen", erzählt der Gymnasiallehrer aus Wattenscheid. Als er jedoch am 13. Oktober 1973 erstmals das neue Parkstadion im Berger Feld beim Länderspiel gegen Frankreich betrat, wurde der damals 15-Jährige vom „königsblauen Fieber" gepackt. Seit dieser Zeit ist Windmüller, der, wie er mit einem verschmitzten Lächeln gerne erzählt, im letzten „Schalker Meistertiteljahr", im Jahr 1958, geboren wurde, ein eingefleischter Knappenfan. „Ich verfolge auch heute noch die Heimspiele in der Nordkurve. Das war schon im alten Parkstadion so", verrät der Fußballfan.

Der Gymnasiallehrer für die Fächer Englisch und Französisch schwärmt von Rot-Weiß und Königsblau. „In Leithe, einem Vorort, der an Gelsenkirchen grenzt, gab es eigentlich nur Schalkefans, obwohl es ja die SG Wattenscheid 09 gibt, die zeitweise auch in der ersten Liga kickte", betont Windmüller.

In seiner langen RW-Karriere spielte er auch in der damaligen Bezirksklasse gegen die Amateure von Schalke 04. „Trainer der Nachwuchsknappen war in jenen Tagen Willi Koslowski, der in Fußballkreisen besser als „Der Schwatte" bekannt ist. Auch an meinen direkten Gegenspieler erinnere ich mich noch sehr genau. Es war Günter Schlipper. Wir haben die Begegnung damals zum Leidwesen der Königsblauen gewonnen", unterstreicht der langjährige Defensivspieler aus dem Wattenscheider Vorort, der einst sogar vom Ex-Schalker Heinz Pliska (geboren 1941) trainiert wurde. Viele Schalker kreuzten so in den vergangenen Jahrzehnten den Weg des königsblauen Leithers. So Heinz van Haaren, Mitglied der Pokalsiegermannschaft von 1972 und danach Spielertrainer beim SV Höntrop.

Vor einem dieser Lokalderbys meinte der damalige RW-Coach Heinz Pliska lakonisch: „Junge, deck den Opa im Mittelfeld" – gemeint war Heinz van Haaren. Windmüller erinnert sich sehr gut an diese Begegnung: „Mann, hat der Heinz mich damals ausgetrickst." Später trafen sich die ehemaligen Kontrahenten einmal zufällig im Schalker Museum, wo das einstige Wattenscheider Lokalderby natürlich auch ein Gesprächsthema war.

Wenn es an den Gymnasien, an denen Windmüller unterrichtete, um Fußball ging, war er stets mit dabei, so auch bei einem Schüler-Lehrer-Vergleich am Herner Otto-Hahn-Gymnasium. Als „Ergänzungsspieler" lotste der schlitzohrige Wattenscheider den in Herne lebenden ehemaligen ghanaischen Auswahlspieler Isaac Otoo in sein damals siegreiches Team.

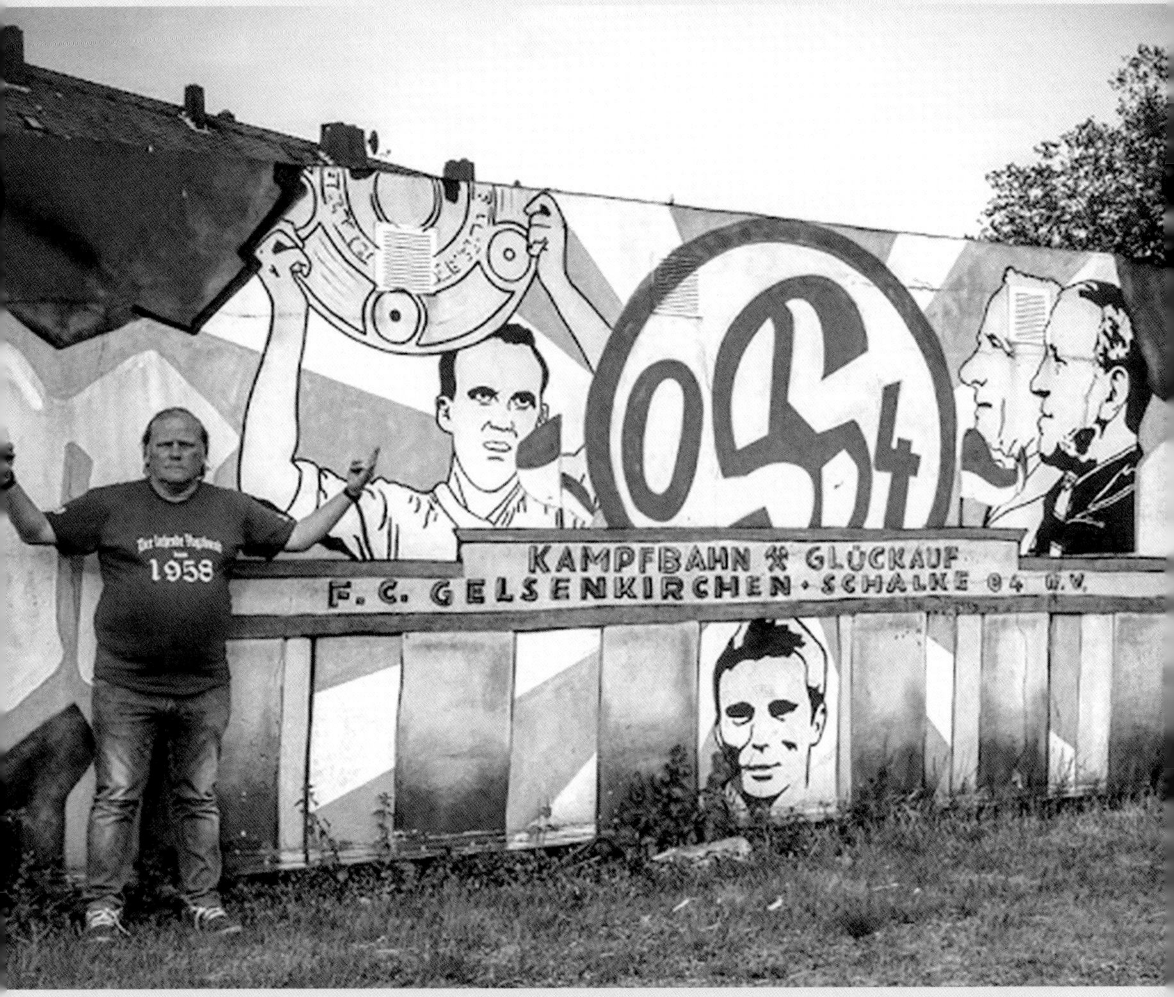

Klaus Windmüller aus Wattenscheid – auch der „Blaue Klaus" genannt – ist ein langjähriger begeisterter Knappenfan.

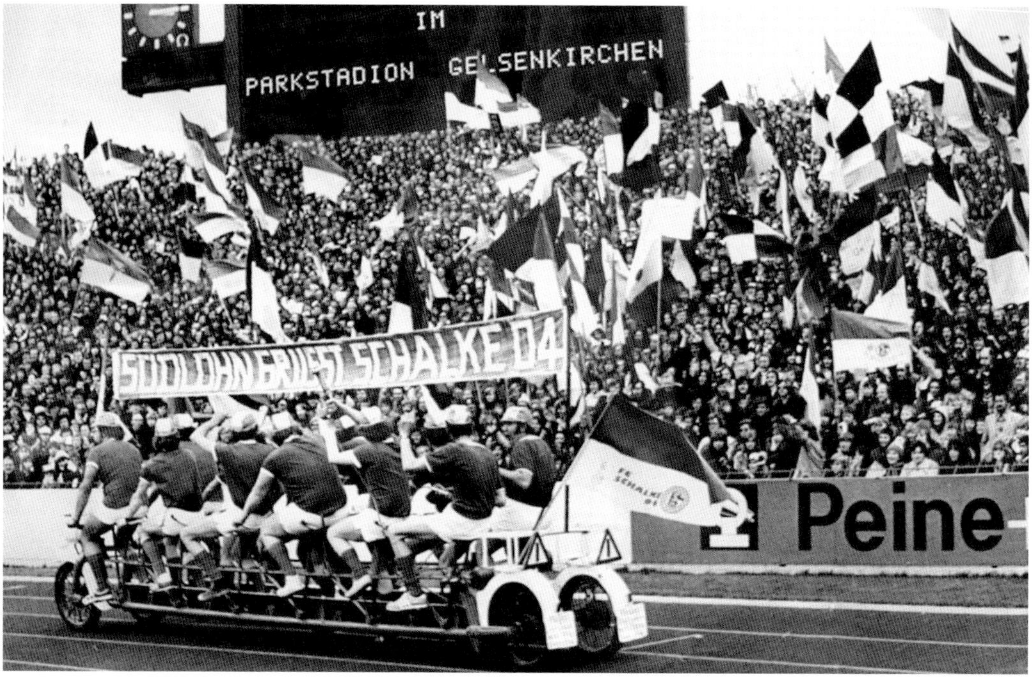

Fans aus Stadtlohn drehen mit einem selbstgebauten Riesenfahrrad vor einem Meisterschaftsspiel unter dem Jubel der Fans eine Ehrenrunde im Parkstadion.

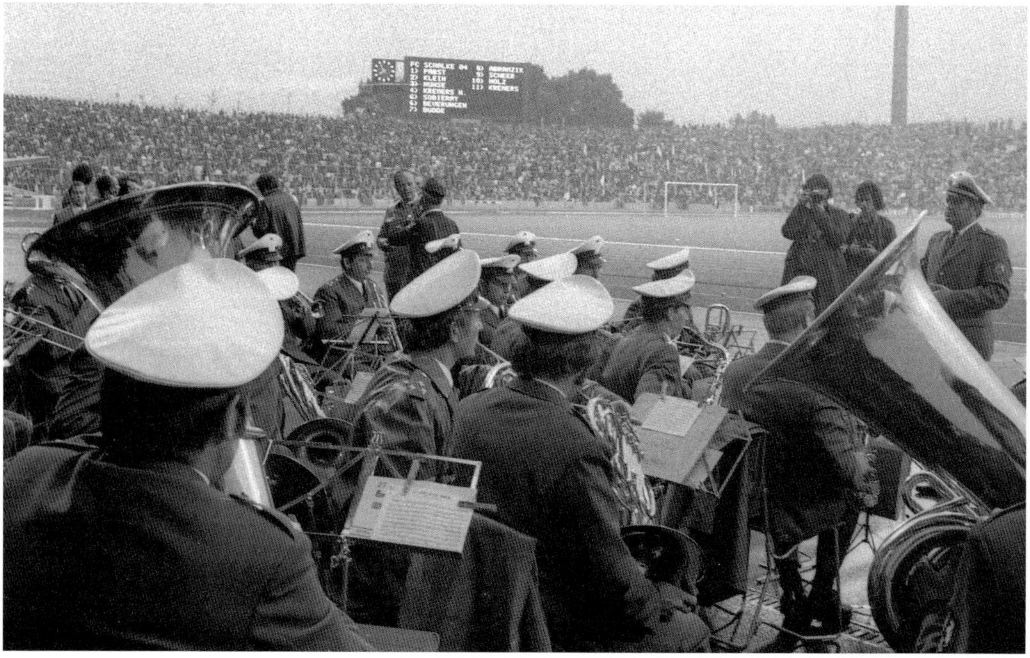

Und die Musik spielt. Diesmal ist ein bekanntes Polizei-Orchester zu Gast im Parkstadion und versetzt Besucher mit wohldosierten Klängen in die richtige Bundesligastimmung.

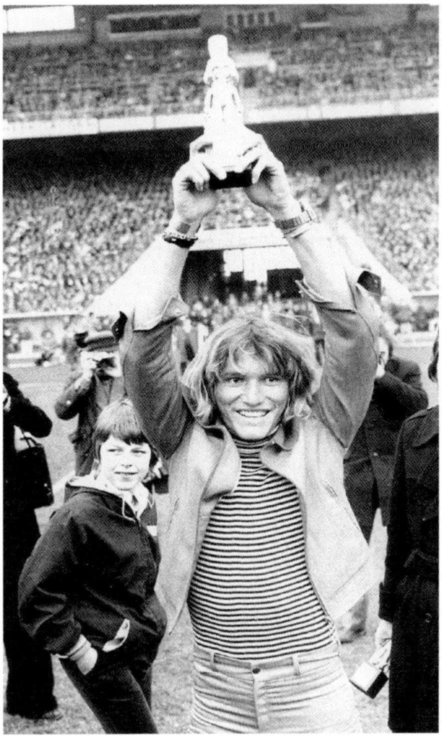

Francisco Marinho, der brasilianische WM-Star von 1974, im Parkstadion. Eigentlich sollte der bekannte Verteidiger ein Schalker werden, doch daraus wurde nichts – denn der FC 04 brauchte Stürmer. Dafür konnte der Brasilianer aber den „Goldenen Otto“, eine Auszeichnung der Bravo, mit in die Heimat nehmen.

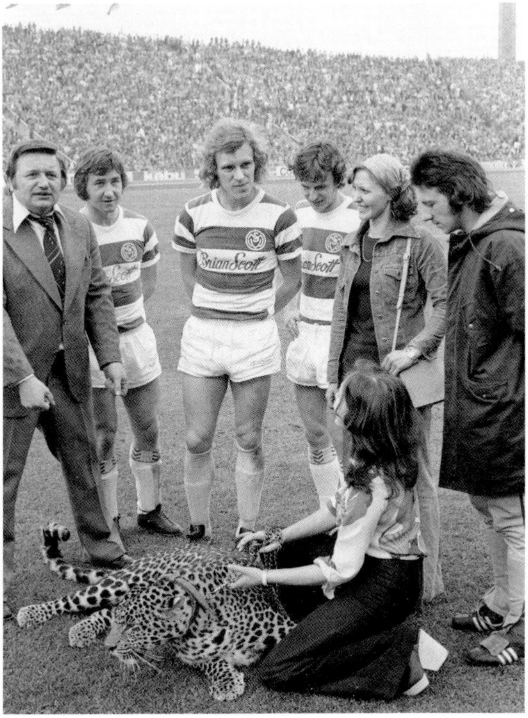

Tierischer Besuch im Parkstadion vor einem Match gegen den MSV Duisburg. Die Raubkatze bewundern hier Charly Neumann, Michael Bella, Bernd Lehmann, Klaus Wunder und Bernd Thiele (v. l.).

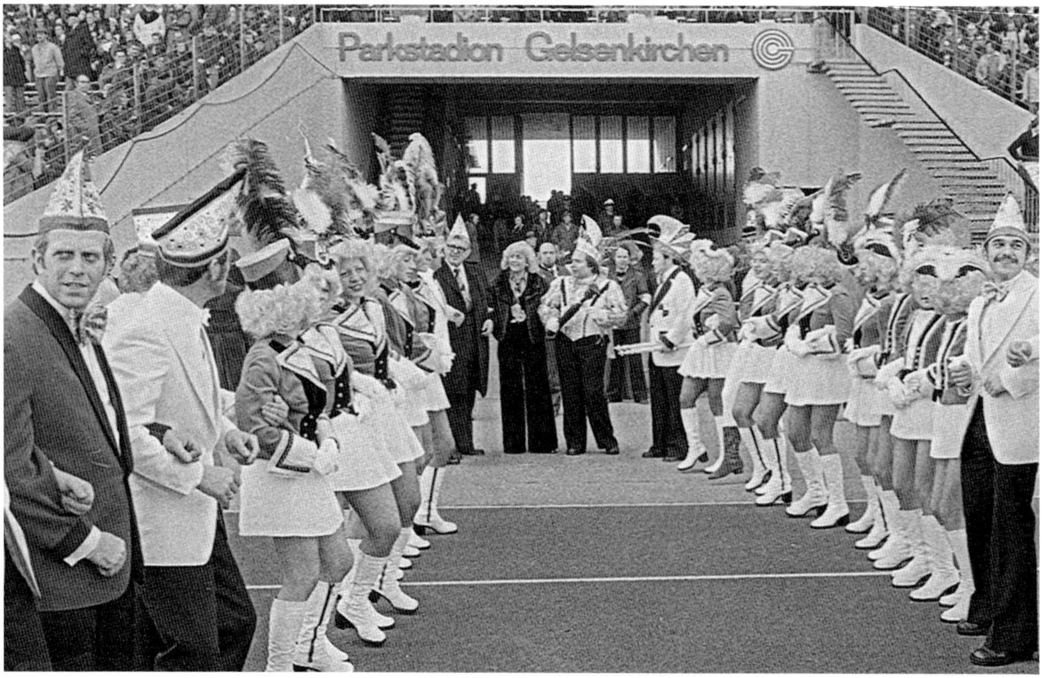

Vor einem Bundesligaspiel gegen Eintracht Frankfurt besuchte das Gelsenkirchener Stadtprinzenpaar das Parkstadion. Die Funkengarde stand sogar Spalier.

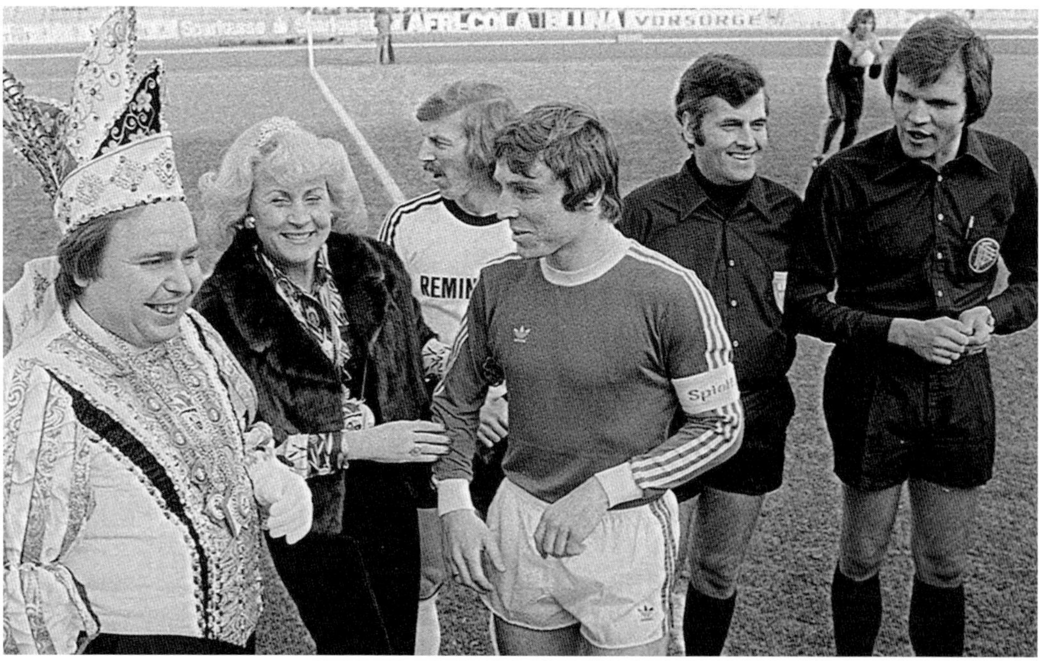

Die Mannschaftskapitäne Klaus Fischer (S04) und Jürgen Grabowski (Eintracht Frankfurt) nebst Schiri-Gespann hatten offensichtlich Spaß am Besuch der Tollitäten und Garde.

Sollte „NN" im Tor verdrängen: Dragan Mutibarić

In seiner mazedonischen Heimat gilt er auch heute noch als Torwart-Legende. Über 600-mal trug Dragan Mutibarić das Trikot von Vardar Skopje. 1975 wurde er von den Königsblauen verpflichtet, weil man am Schalker Markt nicht mehr mit den Leistungen von Stammtorhüter Norbert Nigbur zufrieden war.

„Auf der Ersatzbank werde ich nicht sitzen", tönte der 1946 im jugoslawischen Sombor geborene Keeper, als er im Sommer 1975 ein Königsblauer wurde. Doch es kam anders: An Norbert Nigbur, dem er eigentlich „Beine machen sollte", kam der zehnfache Nationaltorhüter nicht vorbei.

Im Laufe der Hinrunde 1975/76 entwickelte sich zwischen Norbert Nigbur und Dragan Mutibarić ein zäher Kampf um den Stammplatz im Knappentor. Zunächst setzte der damalige S04-Trainer Max Merkel auf Norbert Nigbur, der aber bei dem Wiener bald in „Ungnade" fiel. So bekam Mutibarić am 6. Spieltag der Saison 75/76 seine große Chance. In der Begegnung gegen Bayern München gab der Keeper aus Skopje sein Bundesliga-Debüt. Ein Einstand, der jedoch misslang. So musste der „schwache" Mutibarić kurz vor dem Schlusspfiff nach einem Foul von Jupp Kapellmann verletzungsbedingt ausgewechselt werden. Nigbur stand nun wieder zwischen den Pfosten. Kurz vor dem Abpfiff erzielte Zobel im Parkstadion noch per Kopfball den Ausgleich zum Endstand von 2:2.

Erneut kam es danach zu Differenzen zwischen Nigbur und Merkel. So wurde Dragan Mutibarić für das anstehende Pokalspiel gegen Borussia Dortmund nominiert. Auch die zweite Chance konnte der jugoslawische Torwart nicht nutzen. Gegen den Reviernachbarn unterliefen ihm wieder Fehler. Und bei einer Bundesligabegegnung gegen Aufsteiger Bayer Uerdingen zeigte er ebenfalls Unsicherheiten. Nun saß er endgültig auf der Schalker Ersatzbank. Für den Familienvater ein unhaltbarer Zustand. Er verließ nach nur einer Saison mit zwei schwachen Einsätzen die Knappen, absolvierte in Schwenningen noch 22 Spiele und kehrte 1977 in seine Heimat zurück.

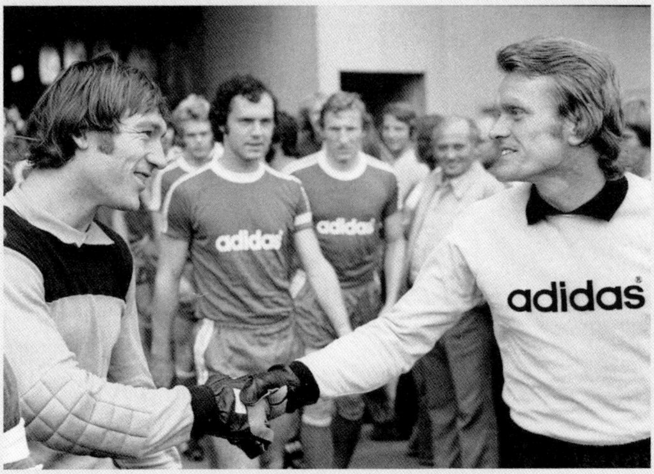

Dragan Mutibarić (S04) wird vor dem Spiel gegen den FC Bayern München am Stadiontor von Kult-Torhüter Sepp Maier freundlich begrüßt. Im Hintergrund Franz Beckenbauer und „Katsche" Schwarzenbeck (München).

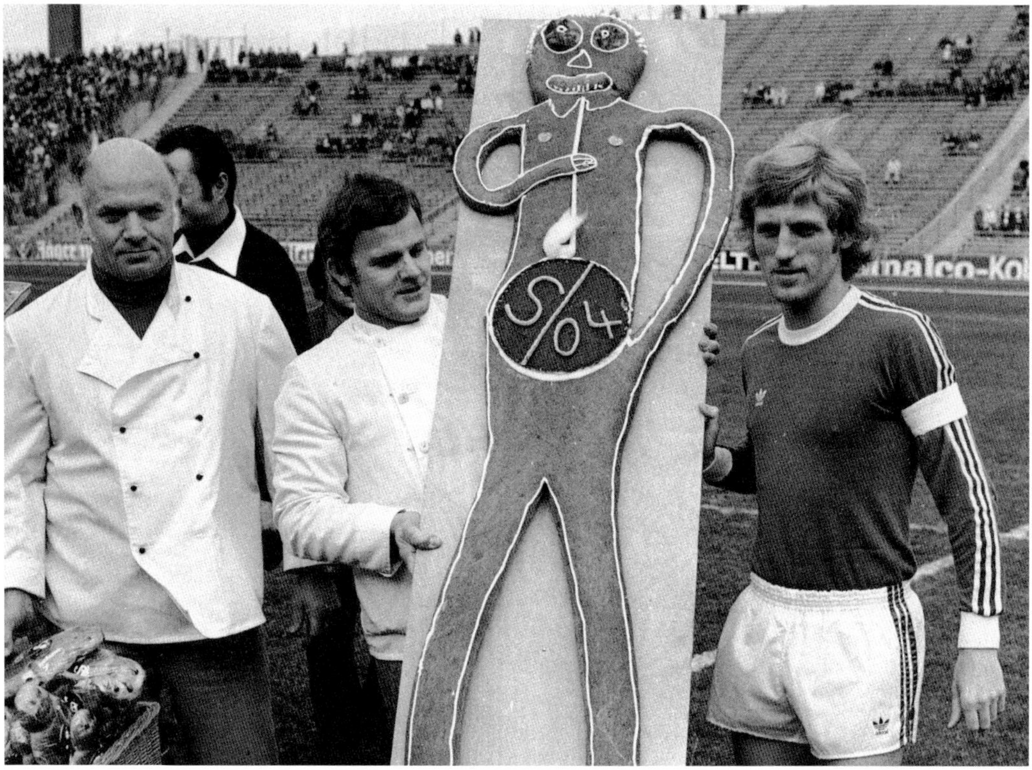

Einen Riesenstutenkerl überreichte die heimische Bäckerinnung vor einem BL-Match im Parkstadion Mannschaftskapitän Klaus „Tanne“ Fichtel (rechts).

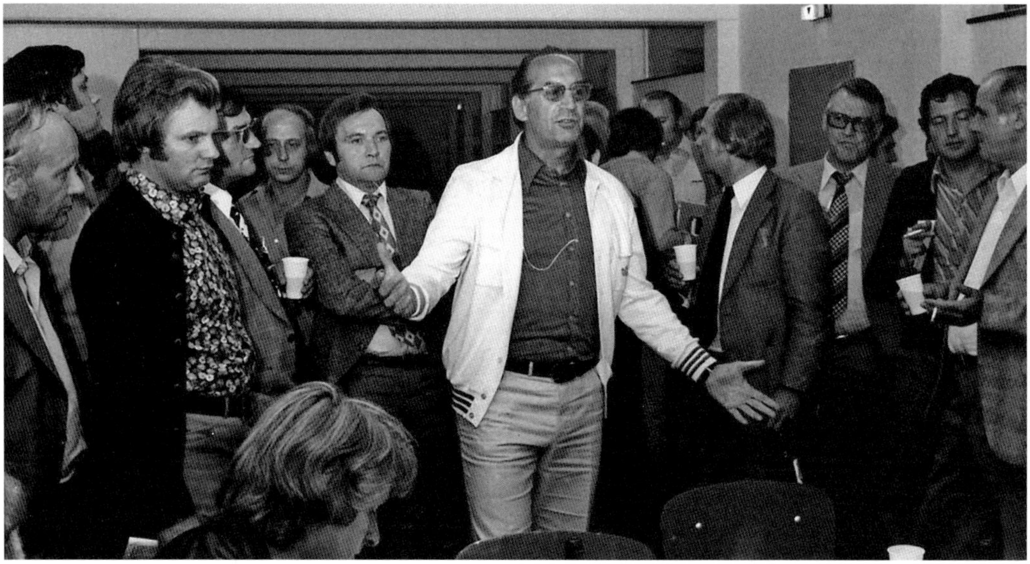

S04-Trainer Max Merkel (Mitte) in seinem Element: Seine dialektisch gefärbten Monologe sorgten manchmal sogar für Heiterkeit in der anwesenden Journalistenrunde.

Ein Panther im Schalker Tor: Enver Marić

In seiner bosnischen Heimat nennt man den 1948 in Mostar geborenen Kicker respektvoll den „Panther von der Neretva“. Denn Enver Marić absolvierte für seinen Stammverein VK Velez Mostar über 400 Spiele. Bereits als Elfjähriger stand der junge Bosnier als Torhüter der Schülermannschaft zwischen den Pfosten des Vereins an den Ufern der Neretva. Der „Panther“ trug auch zwei Jahre lang das Trikot der Knappen. 1974 stieg er bei der WM in Deutschland in die „Klasse der weltbesten Torhüter“ auf.

Bei seinen Einsätzen im Gelsenkirchener Parkstadion, wo die jugoslawische Mannschaft damals mehrfach antrat, hinterließ Marić einen hervorragenden Eindruck. Bei diesen Spielen wurden die Verantwortlichen des Gelsenkirchener Bundesligisten nicht nur auf den Weltklassetorhüter, sondern auch auf den Mittelfeldstrategen Branko Oblak aufmerksam, der ebenfalls dem Ruf der Knappen folgte.

Marić sollte in Schalke 1976 endlich das Torhüterproblem lösen, denn Norbert Nigbur hatte zwischenzeitlich beim Ligakonkurrenten Hertha BSC unterschrieben. Sein Bundesliga-Debüt gab Marić am 14. August 1976 beim 3:2-Heimsieg gegen Werder Bremen. Zwei Jahre stand der Bosnier für die Knappen zwischen den Pfosten, doch richtig glücklich wurde er auf Schalke nicht. Zwar bestritt er in der Saison 1976/77 31 der 34 Begegnungen, aber ihm unterliefen einige Fehler, die ihm das Leben am Schalker Markt recht schwer machten. Die königsblaue Elf von Trainer Friedel Rausch landete damals trotzdem auf Rang zwei.

In seinem zweiten Schalker Jahr bekam Enver Marić mit Volkmar Groß einen ernsthaften Rivalen, daher wurde der bosnische Keeper nur bei 16 Bundesligaspielen eingesetzt. So kehrte er im Sommer 1978 wieder zu seinem Heimatverein an der Neretva nach Mostar zurück, wo er noch bis 1985 im Tor stand und weitere 216 Spiele absolvierte, bis heute ist er mit insgesamt 438 Einsätzen der Rekordtorhüter des Vereins.

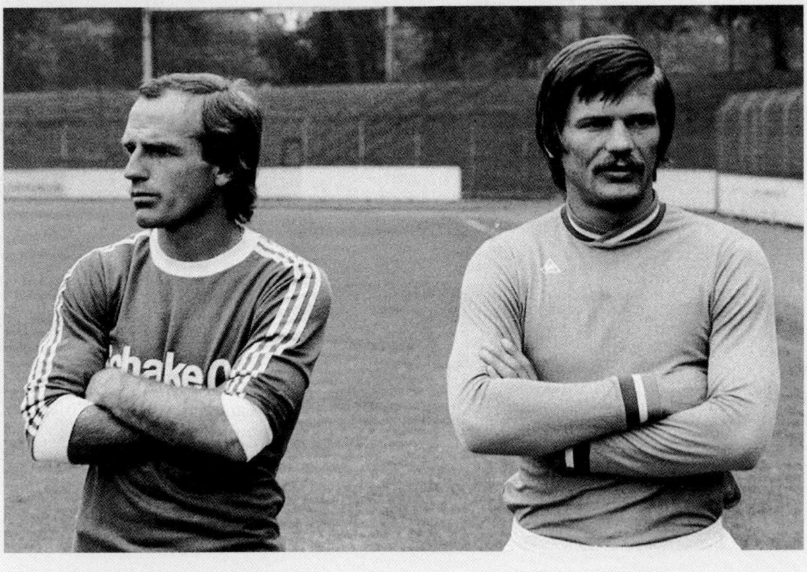

Hatten sich offensichtlich bei der Spielervorstellung viel zu sagen: Branko Oblak und der neue S04-Torwart Enver Marić (rechts).

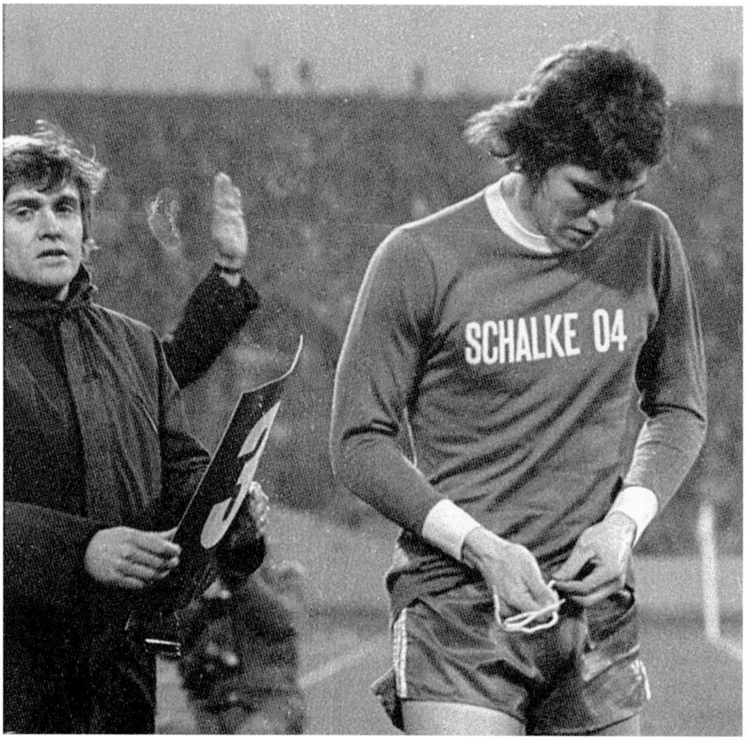

Mathias Schipper macht sich für seinen BL-Einsatz im Parkstadion bereit.

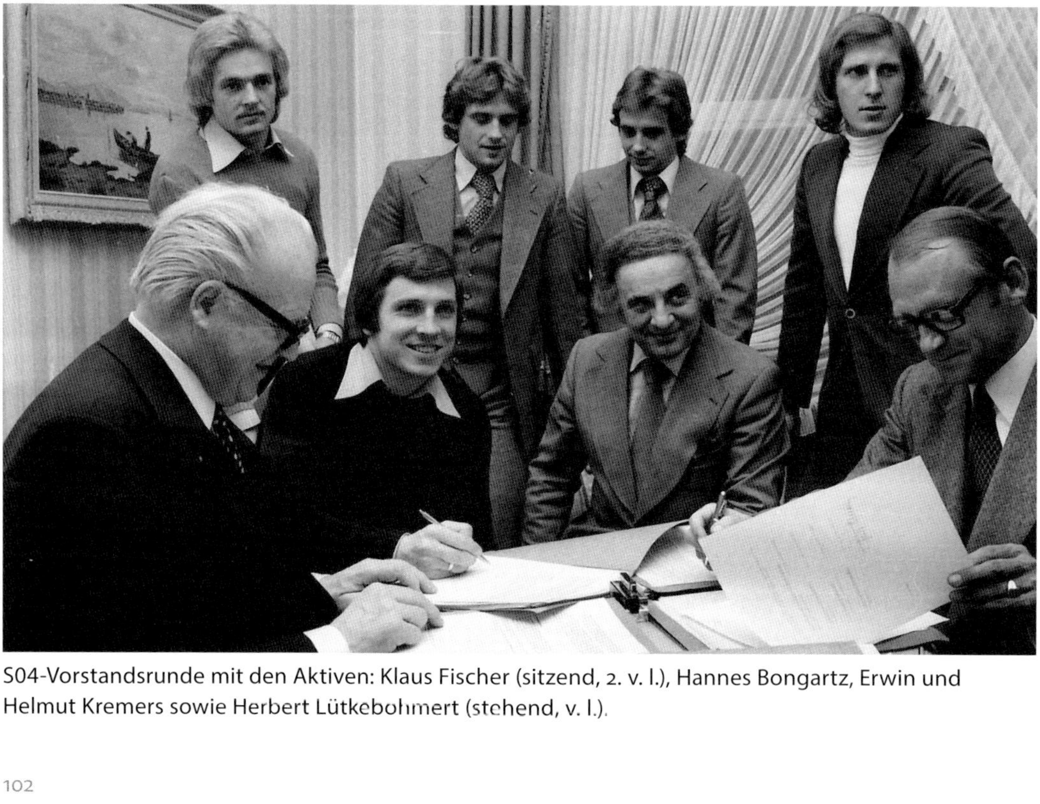

S04-Vorstandsrunde mit den Aktiven: Klaus Fischer (sitzend, 2. v. l.), Hannes Bongartz, Erwin und Helmut Kremers sowie Herbert Lütkebohmert (stehend, v. l.).

8

Jugend

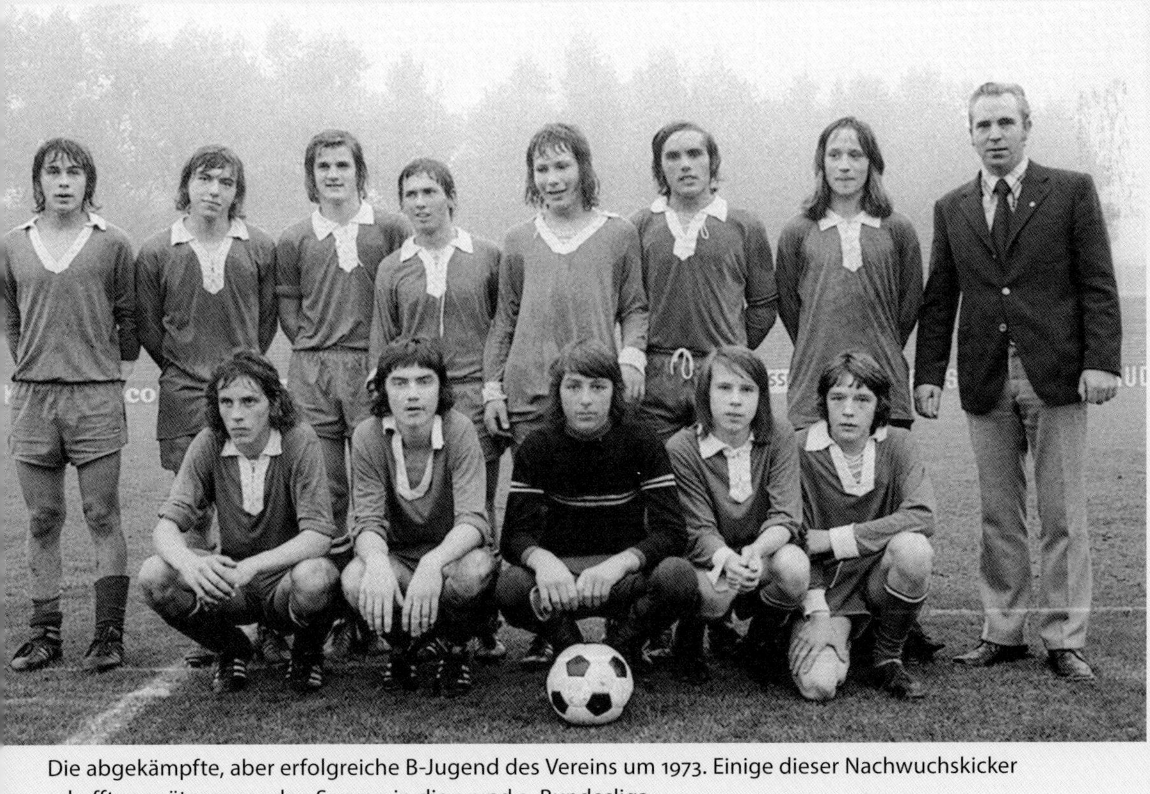

Die abgekämpfte, aber erfolgreiche B-Jugend des Vereins um 1973. Einige dieser Nachwuchskicker schafften später sogar den Sprung in die 1. und 2. Bundesliga.

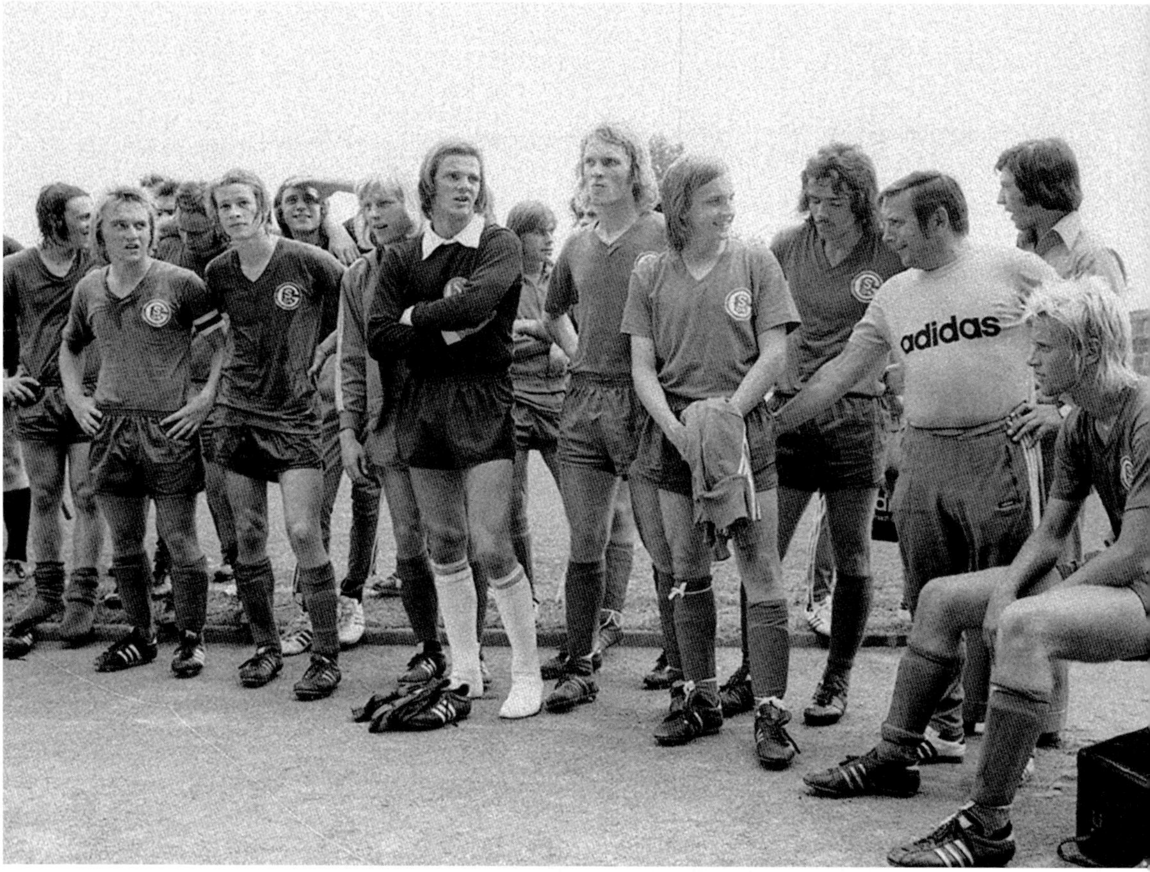

Diese Nachwuchsknappen überzeugten 1973 in einem Pokalwettbewerb gegen die Elf aus Bochum. Rechts Hans-Günter Bruns, der es später sogar bis in die Nationalmannschaft schaffte.

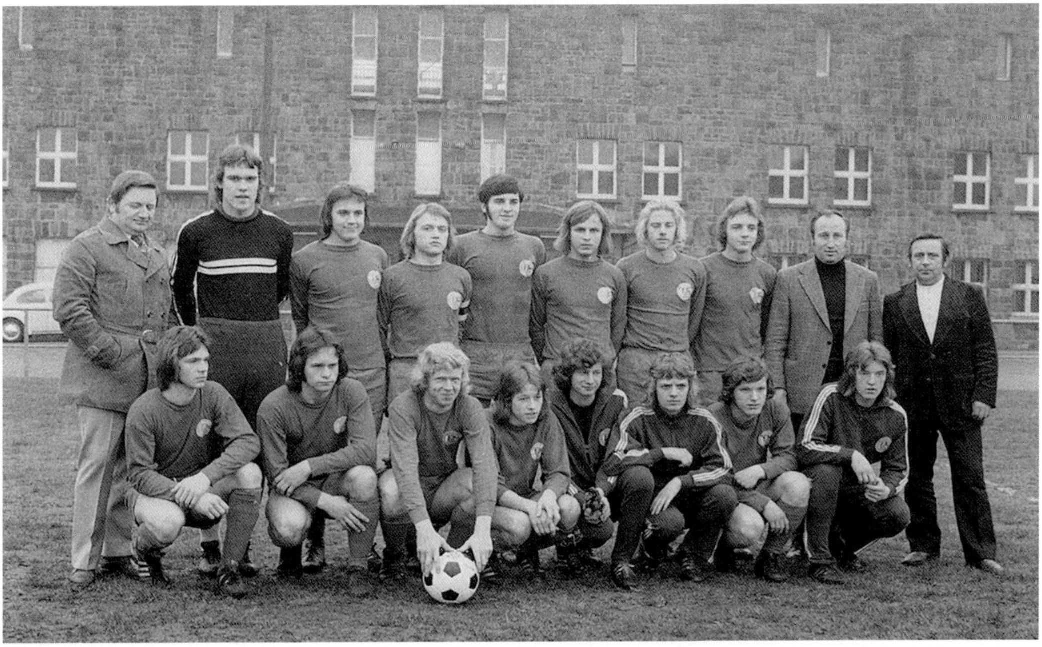

Erwin „Camillo" Forstkamp (oben 2. v. r.) hat das Training der Jugendmannschaft übernommen. Diesem Kader gehörten unter anderem die späteren BL-Spieler Hans-Günter Bruns, Rüdiger Abramczik, Roland Kosien und Siegfried Bönighaus an. Als Betreuer fungierte Charly Neumann (oben links).

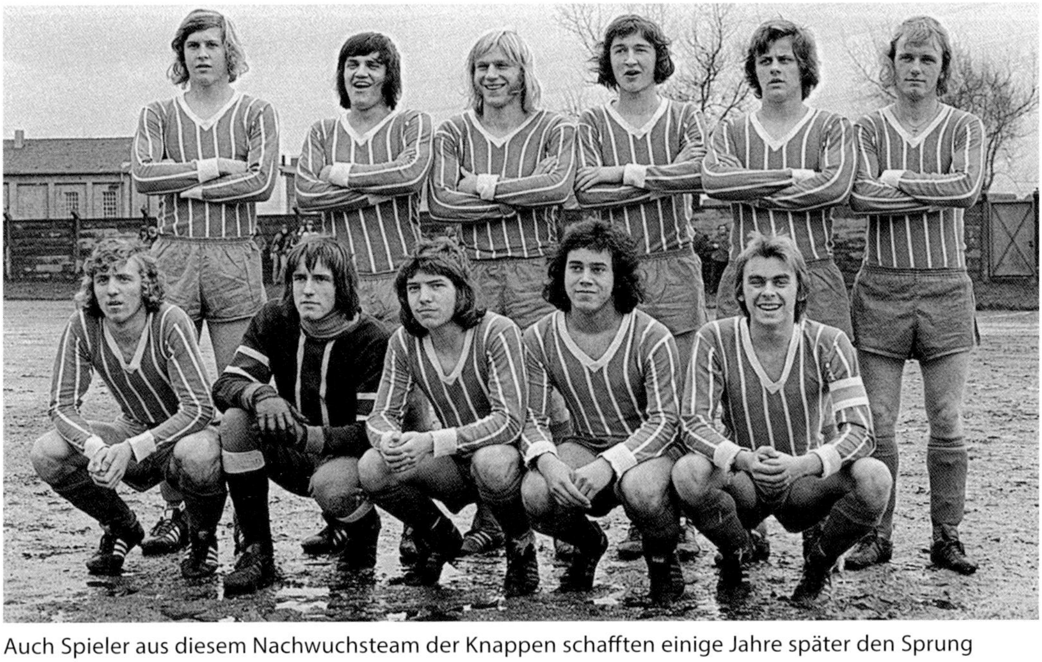

Auch Spieler aus diesem Nachwuchsteam der Knappen schafften einige Jahre später den Sprung in die höchste deutsche Spielklasse, darunter Thomas Lander (oben links), Uli Bittcher (oben rechts), Peter Sandhofe (unten 2. v. l.) und Jürgen Gede (3. v. l).

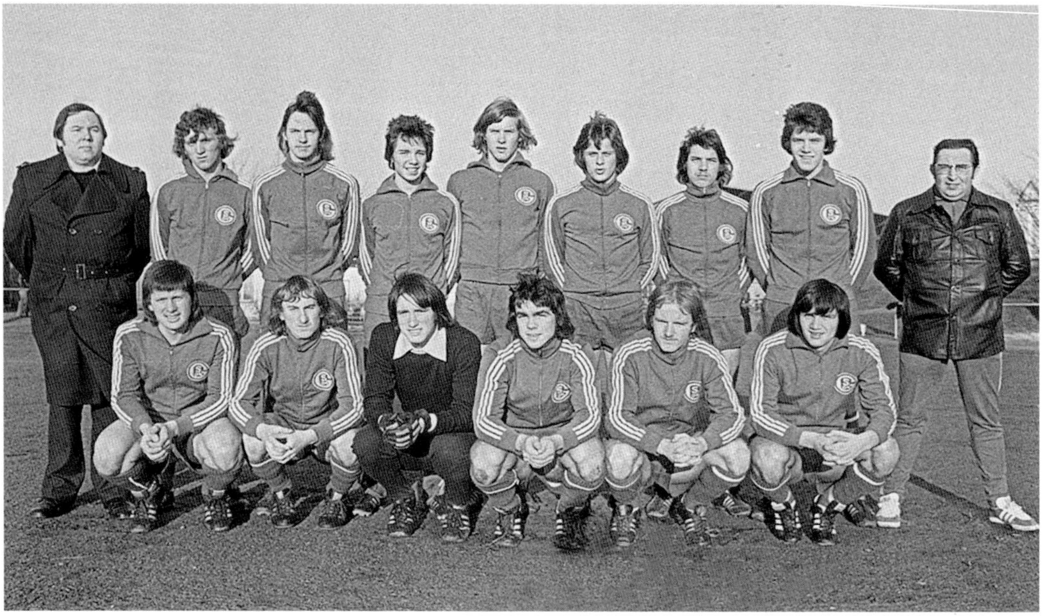

Die Nachwuchskicker des Bundesligisten mit etlichen späteren Erst- und Zweitligaspielern.

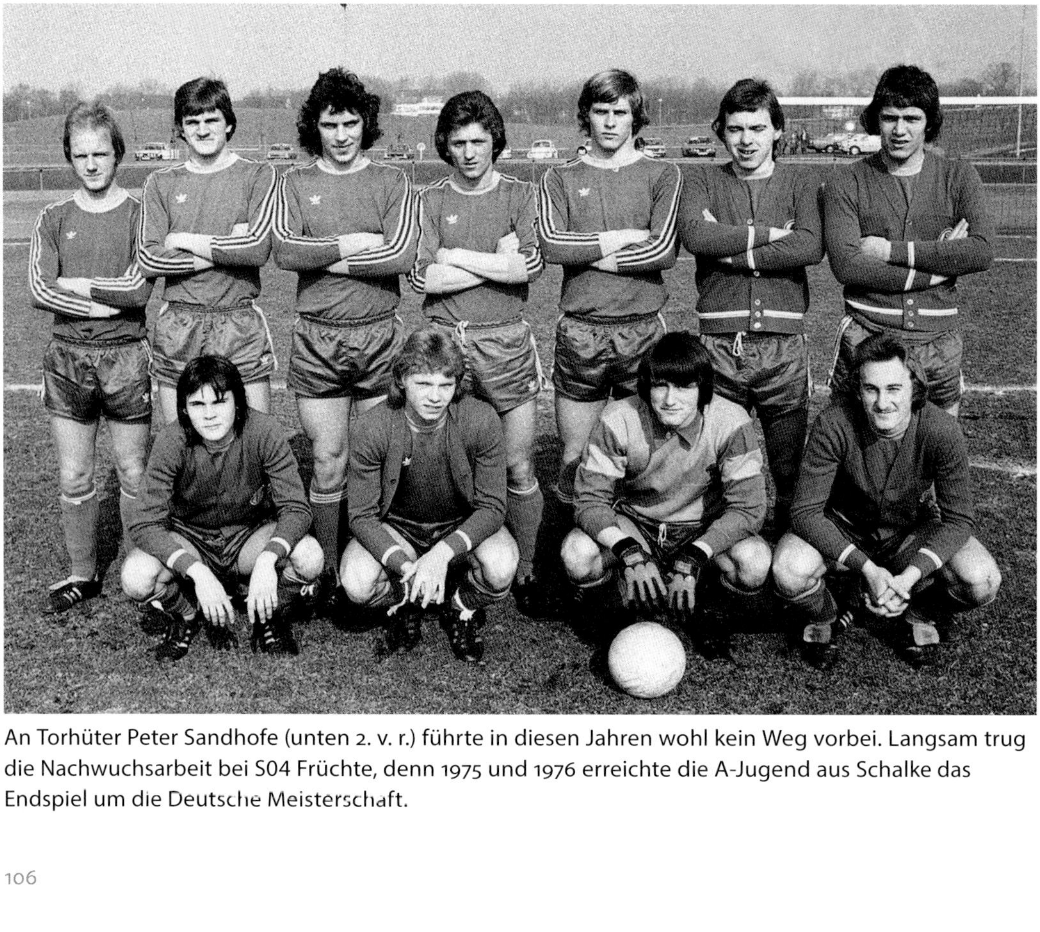

An Torhüter Peter Sandhofe (unten 2. v. r.) führte in diesen Jahren wohl kein Weg vorbei. Langsam trug die Nachwuchsarbeit bei S04 Früchte, denn 1975 und 1976 erreichte die A-Jugend aus Schalke das Endspiel um die Deutsche Meisterschaft.

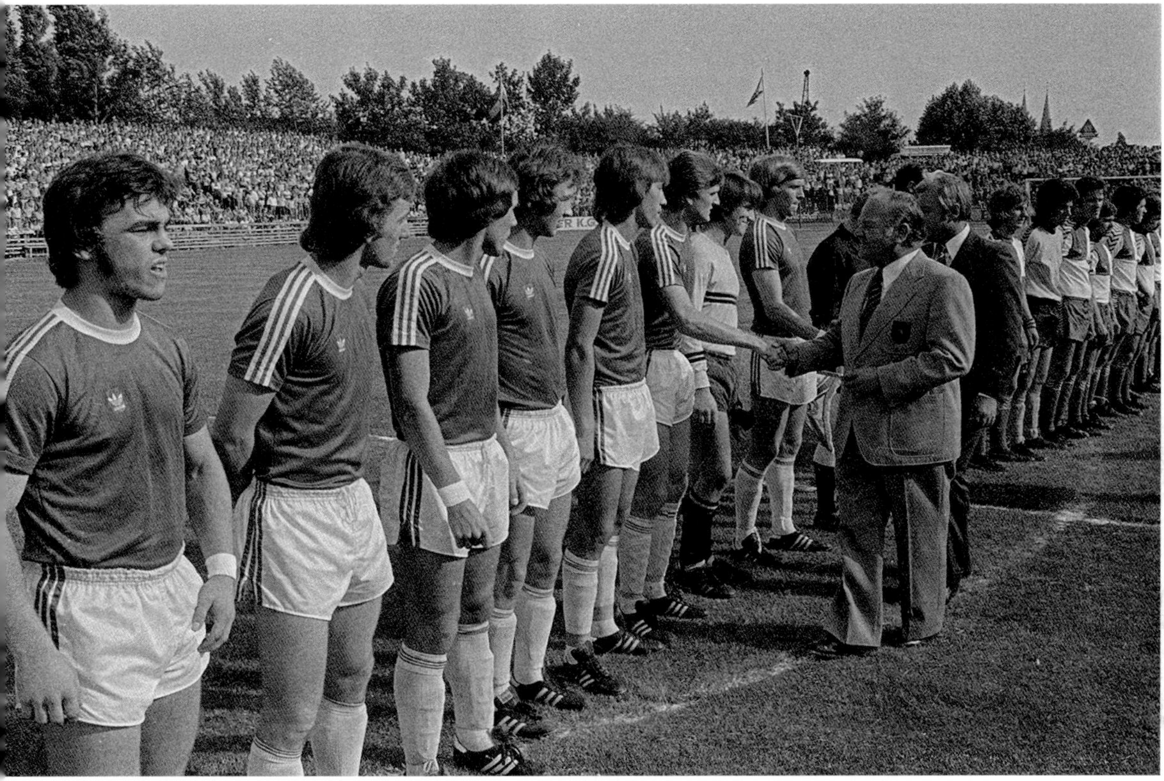

Die A-Jugend-Teams aus Schalke und Essen werden im Sommer 1976 im Herner Stadion am Schloss Strünkede vor dem Endspiel um die Deutsche Jugendmeisterschaft von Verbandsfunktionären begrüßt.

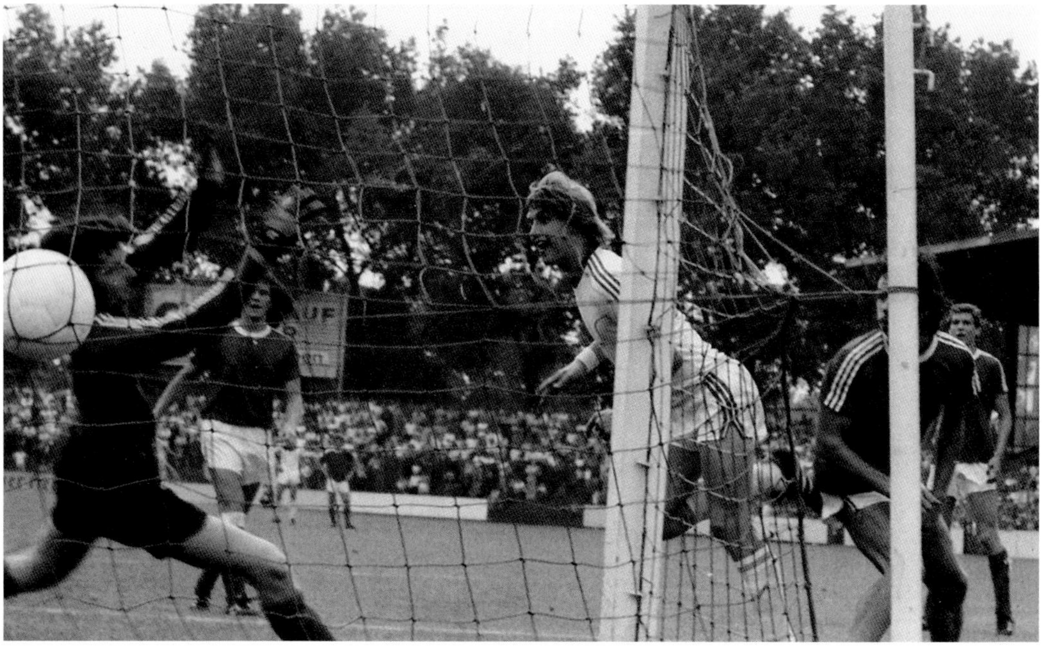

Thomas Lander (Mitte), hier bei einem Vorrundenspiel um die Deutsche A-Jugendmeisterschaft, überzeugte mit starkem Kopfballspiel.

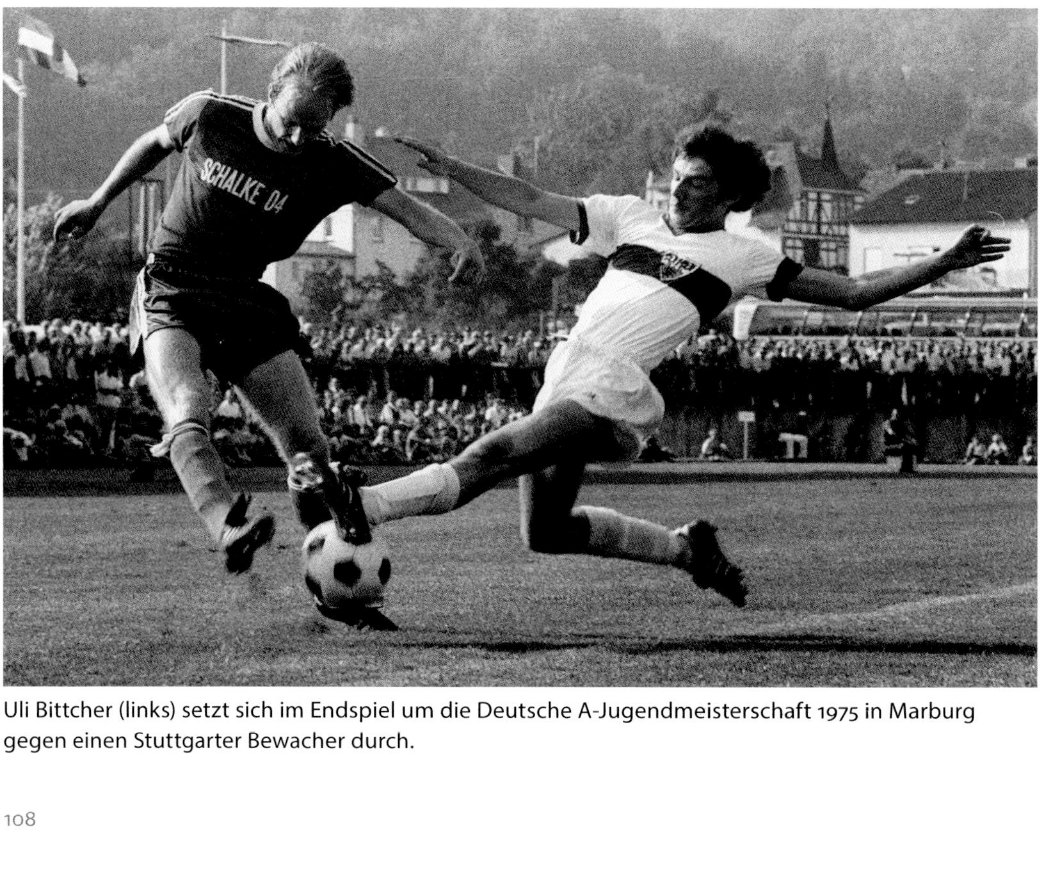

Uli Bittcher (links) setzt sich im Endspiel um die Deutsche A-Jugendmeisterschaft 1975 in Marburg gegen einen Stuttgarter Bewacher durch.

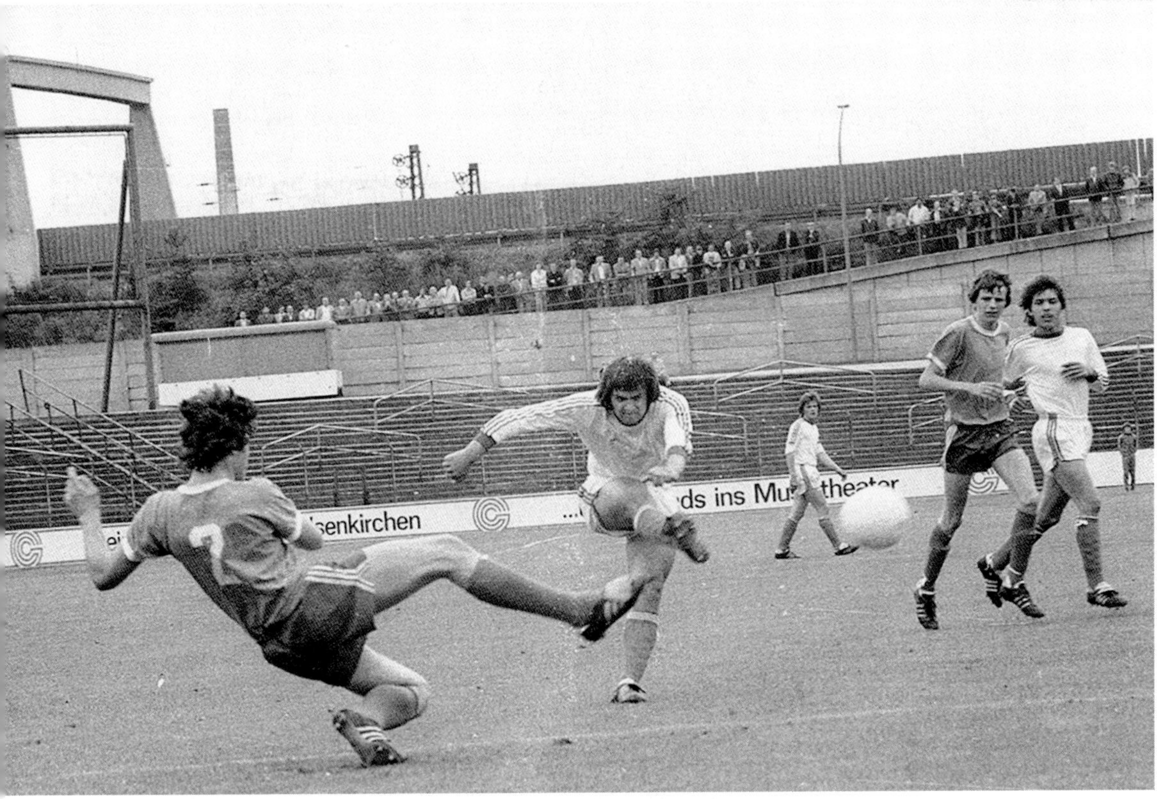

A-Jugend-Begegnung in der Kampfbahn Glückauf mit Detlef Rohn (links), Hans Salewski und Jürgen Gede (weiße Trikots).

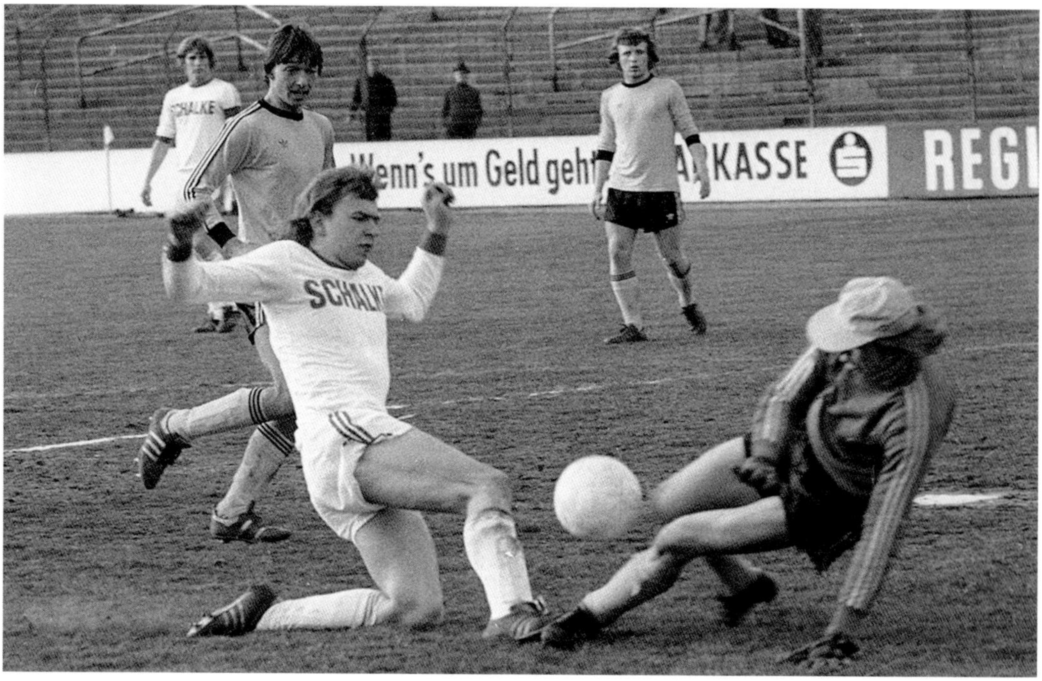

Seine Torgefährlichkeit bewies Uwe Höfer (vorne) in vielen Begegnungen der S04-Nachwuchsknappen. Im Hintergrund beobachtet Thomas Lander das Geschehen.

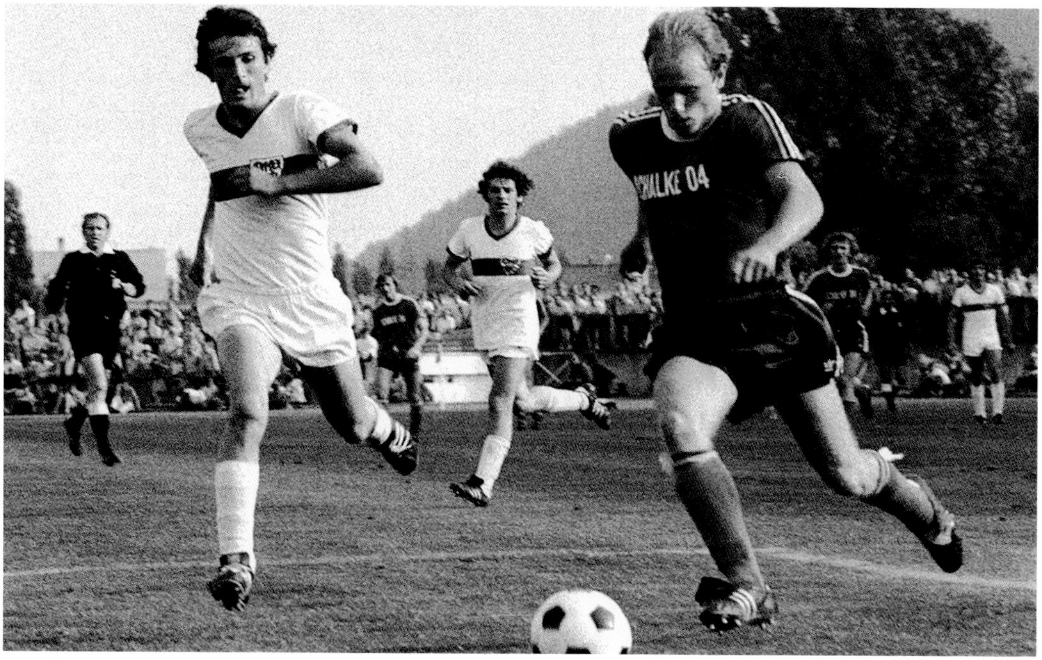

Sein Tordrang wurde in diesem Endspiel gegen die A-Jugend aus Stuttgart nicht belohnt.
Uli Bittcher (rechts) sorgte im Sommer 1976 in Marburg aber immer für Unruhe im VfB-Strafraum.

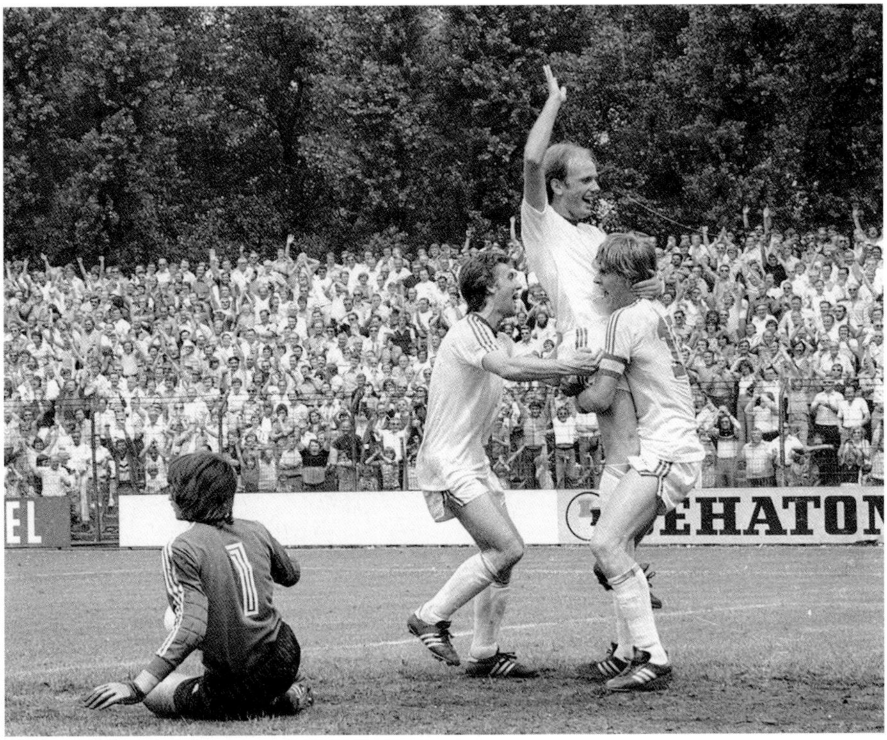

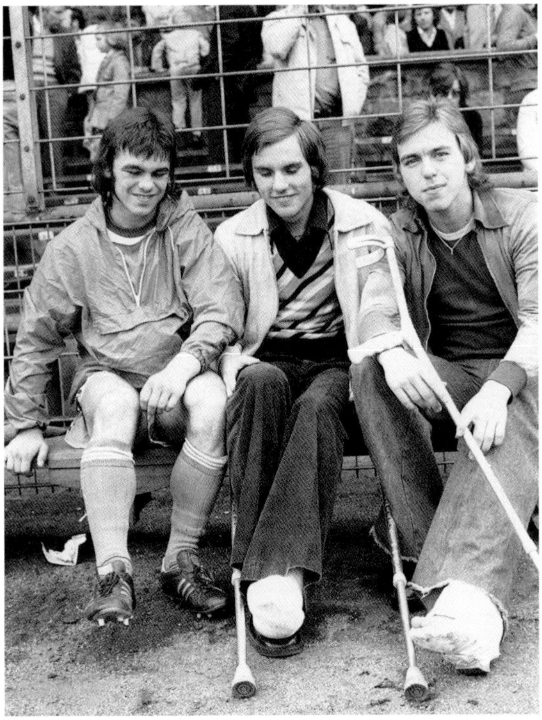

Torjubel in Herne: Uli Bittcher wird euphorisch von seinen Mitspielern Mentzel und Lander getragen. Szene aus dem Endspiel um die Deutsche A-Jugendmeisterschaft 1976. Gegner: die Jugendvertretung aus dem benachbarten Essen. ▲

Die A-Jugendspieler Klaus Santanius, Rolf Köster und Uwe Höfer (v.l.) verfolgen diesmal von der Bank aus das Meisterschaftsspiel ihres S04-Teams.

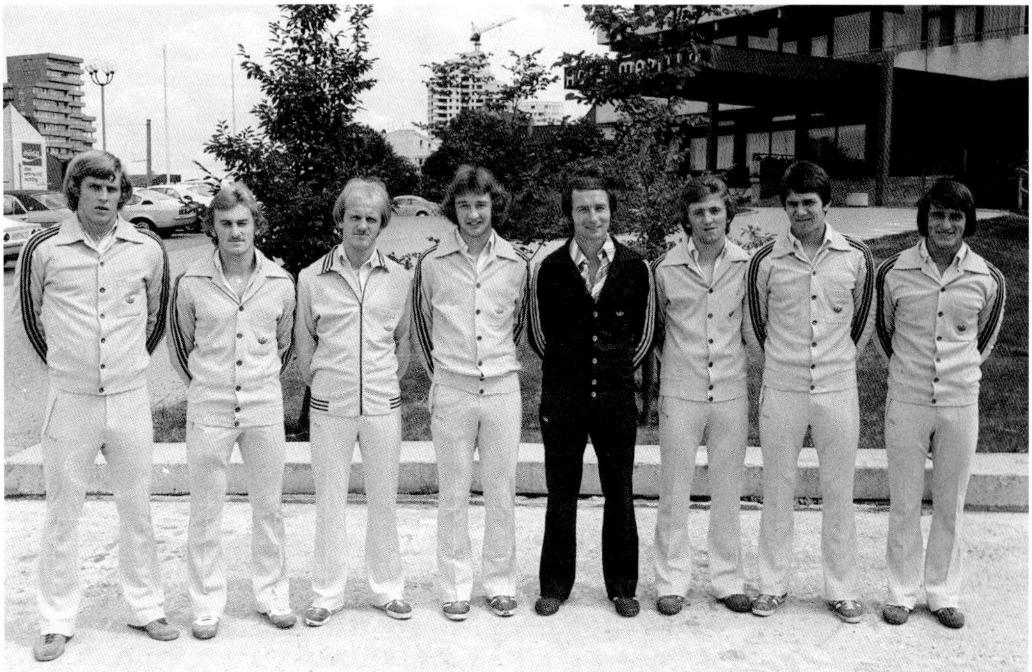

S04-Jugendtrainer Uli Maslo (5. v. l.) mit seinen Stammspielern Thomas Lander, Wolfgang Reichelt, Uli Bittcher, Friedhelm Schütte, Peter Mentzel, Mathias Schipper und Peter Sandhofe (v.l.).

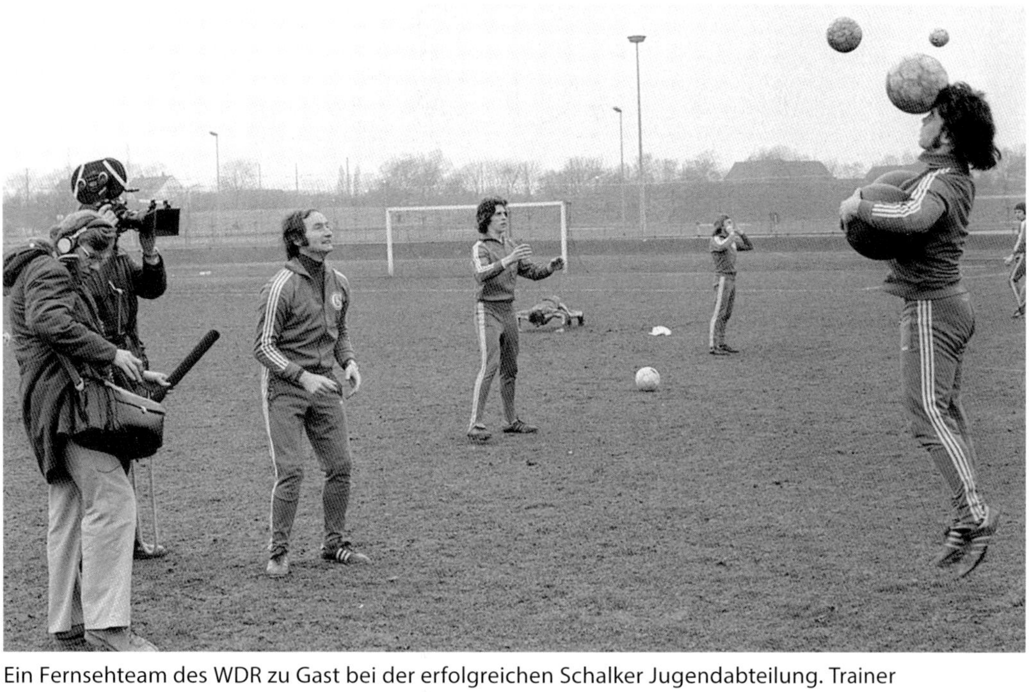

Ein Fernsehteam des WDR zu Gast bei der erfolgreichen Schalker Jugendabteilung. Trainer Maslo (3. v. l) beim Kopfballtraining mit Klaus Santanius. Im Hintergrund Friedrich Wagner.

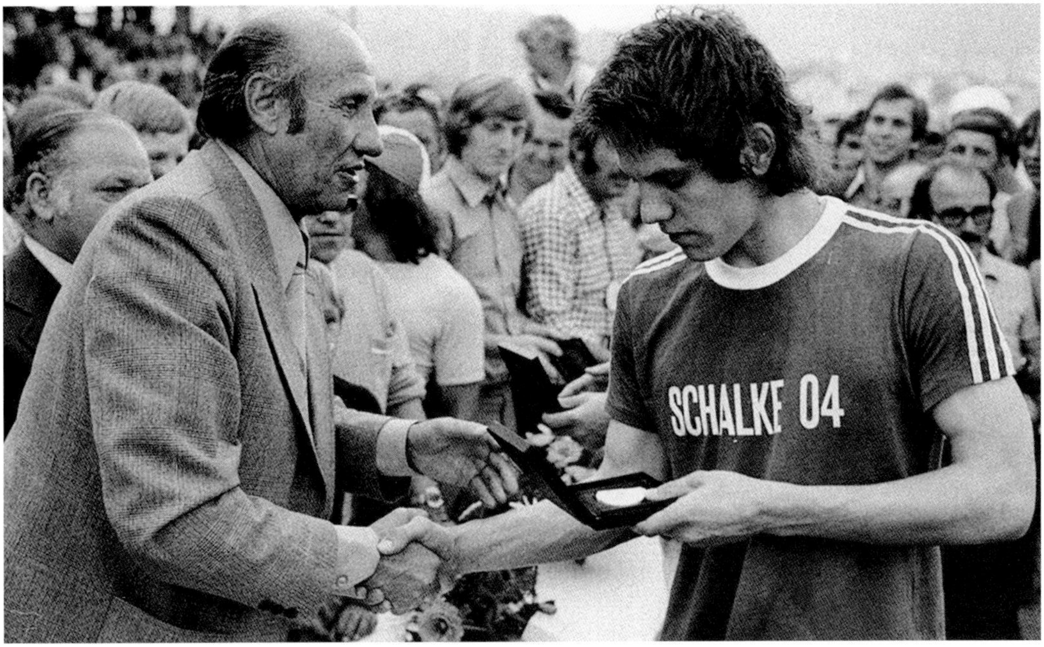

Mathias Schipper nimmt nach dem verlorenen Endspiel um die Deutsche A-Jugendmeisterschaft 1975 in Marburg gegen den VfB Stuttgart aus der Hand von Bundestrainer Helmut Schön eine Erinnerungsmedaille in Empfang.

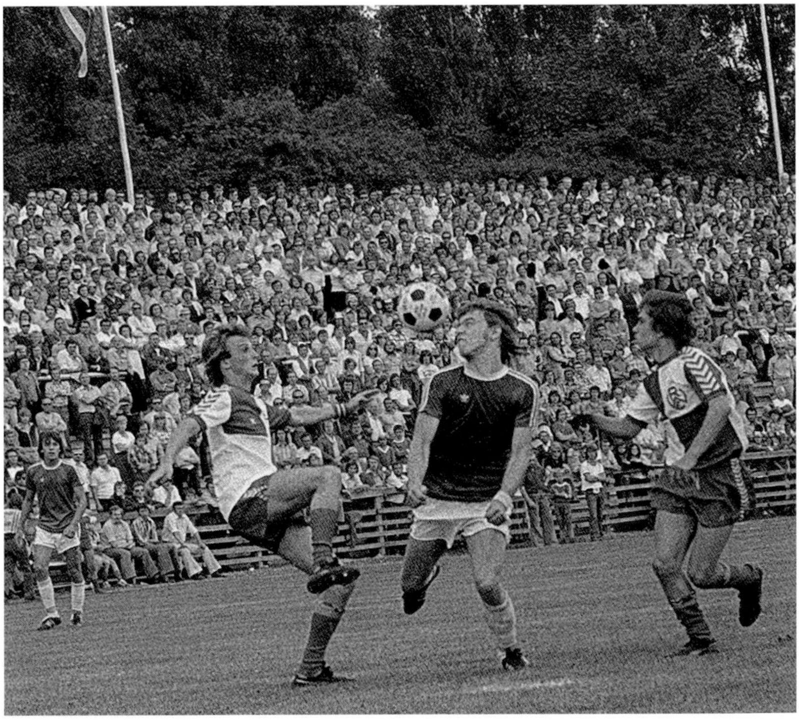

Uwe Höfer (2. v. r.) setzt sich hier im Endspiel um die Deutsche A-Jugendmeisterschaft 1976 in Herne gegen zwei Essener durch.

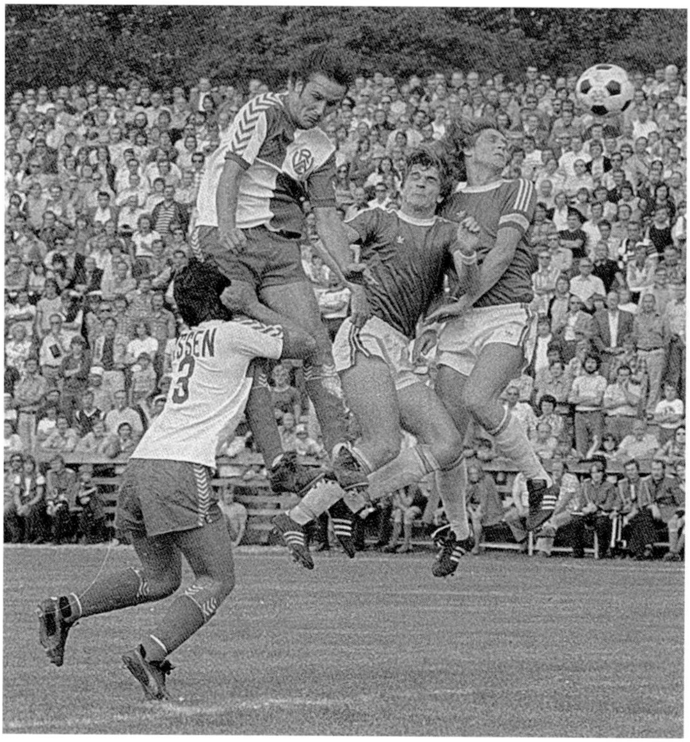

Szene aus dem 1976er-Endspiel: Thomas Lander (rechts) und Norbert Dörmann (2. v. r.) überwinden hier zwei Essener A-Jugendspieler.

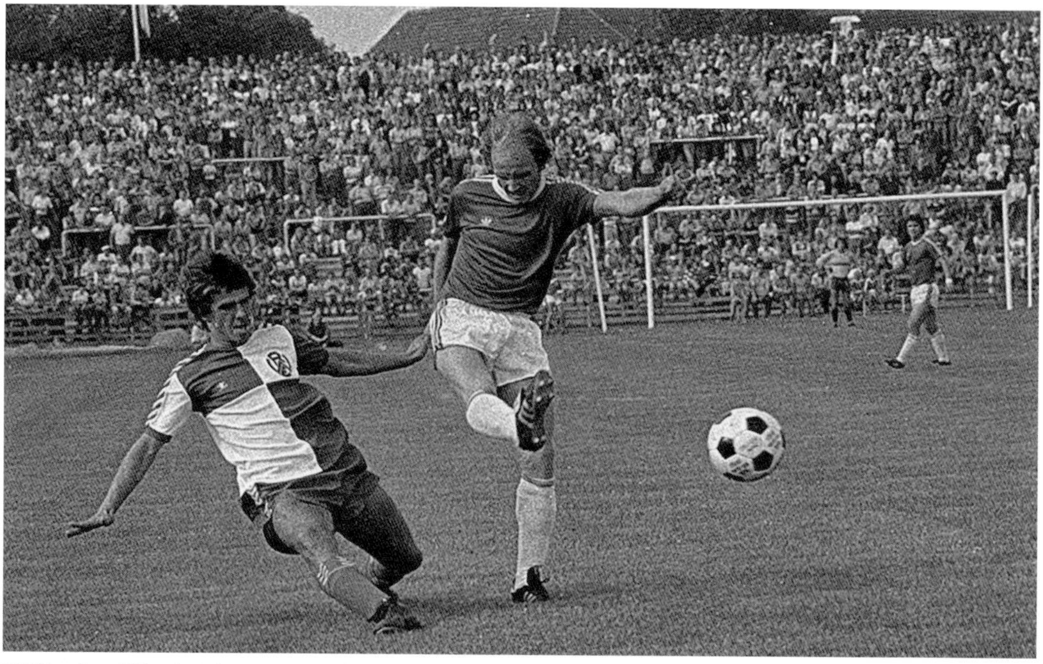

Uli Bittcher (Mitte) zieht in Herne ab.

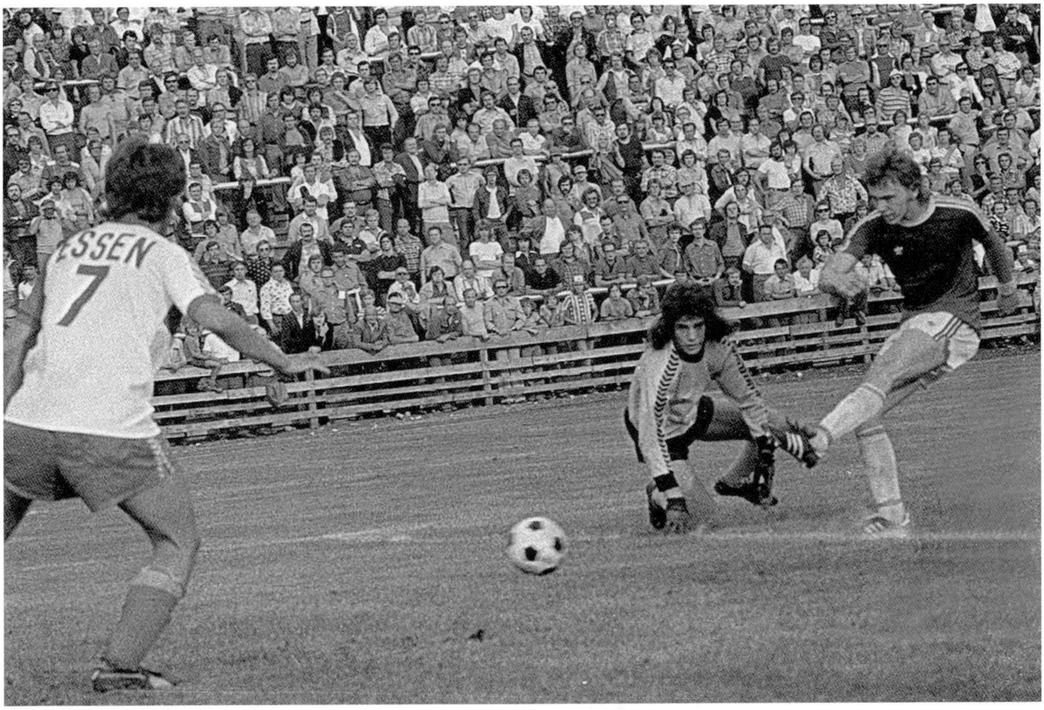

Uwe Höfer (rechts) trickst den Essener Keeper aus.

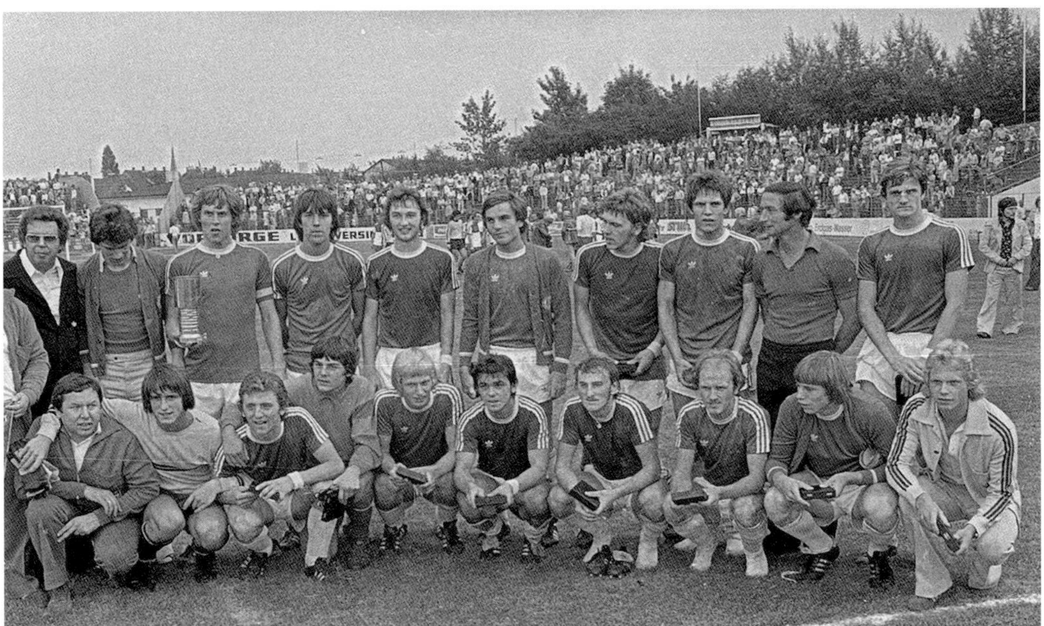

Geschafft – die Schalker A-Jugend ist Deutscher Meister 1976. Im Endspiel vor 26.000 Zuschauern in Herne wurde RWE deutlich mit 5:1-Toren bezwungen.

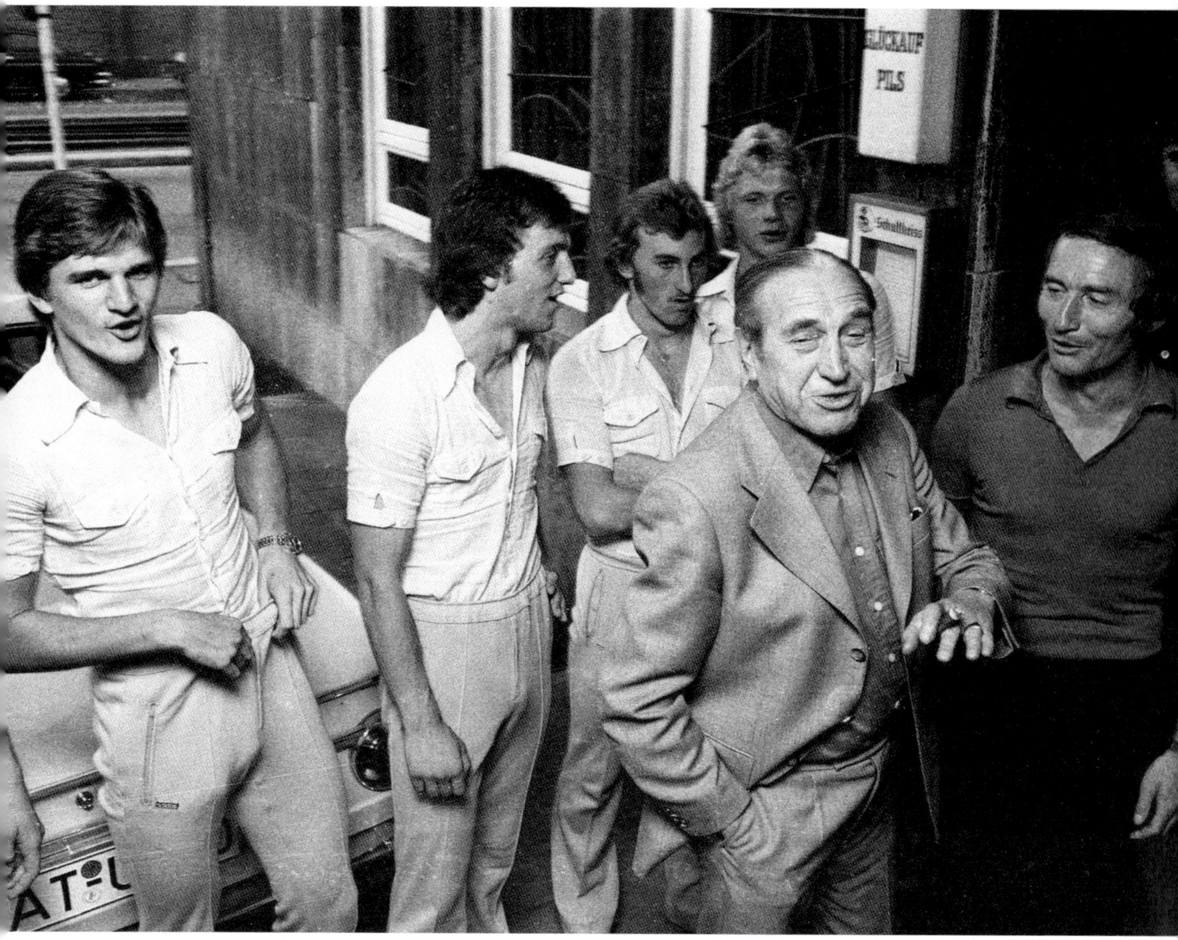

Vor dem Schalker Vereinslokal wurden die erfolgreichen Nachwuchsknappen 1976 von S04-Ikone Ernst Kuzorra (2. v. r.) begrüßt. Von links: Norbert Dörmann, Peter Mentzel, Wolfgang Reichelt, Thomas Kruse und Trainer Uli Maslo.

9

Derbytage endeten einst mit „Hafermotorrennen"

In Herne begann 1925 die Ära der „Mutter aller Revierderbys". Auf dem alten Platz der im Jahr 1904 gegründeten Westfalia, in der Nähe des heutigen Bahnhofs, standen sich im Mai 1925 erstmals die Mannschaften vom Schalker Markt und vom Dortmunder Borsigplatz gegenüber. Dabei waren Königsblau und Schwarzgelb unter anderem von 1972 bis 1976 keine Konkurrenten auf dem grünen Rasen in der 1. Bundesliga – denn die 09er kickten zu der Zeit zweitklassig – dafür gab es aber eine sportliche Besonderheit am Nienhausener Busch. Einmal im Jahr fand dort nämlich ein gemeinsamer Renntag statt. Vater dieser außergewöhnlichen Sportveranstaltung war Ede Lichterfeld (1940–1985), der damalige Obmann und Mannschaftsbetreuer der Knappen war auch Inhaber des bekannten Rennstalls „Luna". In dieser Zeit waren unter anderem Klaus Fichtel, Rolf Rüssmann, Herbert Lütkebohmert, Norbert Nigbur und Bernd Thiele aus dem aktuellen Kader häufig bei verschiedenen Abendrennen auf der Bahn zu Gast. Auch Neuzugang Hannes Bongartz fand in jenen Tagen Gefallen am Trabrennsport und stieg wie einige seiner Mannschaftskollegen gerne in den Sulky.

Nun wollten es auch die Spieler des BVB wissen. Sie gingen unter anderem mit Horst Bertram, Achim Wagner und Gerd „Ede" Kasperski an den Start. Sieger des ersten gemeinsamen Renntages wurde Achim Wagner, ein 09er mit Schalker Vergangenheit. Die BVB-Größen Burkhard Segler und Mirko Votava absolvierten sogar ein „Geheimtraining" mit den schnellen „Hafermotoren" in Gelsenkirchen.

Mit Lichterfelds Tod endete die Sulky-Ära der Revierrivalen jedoch. 2009 wurde in Gelsenkirchen die Aktion „Schalke hilft" ins Leben gerufen. Nun gab es auch wieder Rennen in Nienhausen. In den Sulky stiegen unter anderem Kevin Kuranyi, Gerald Asamoah, Klaus Fischer, Peter Sendscheid und Willi Landgraf. Doch eine Fortsetzung des Derbytages auf der Trabrennbahn hat es nicht mehr gegeben. Nach dem Verkauf der Trabrennbahn gehören auch die Aktionen rund um „Schalke hilft" in Nienhausen der Vergangenheit an.

Hannes Bongartz, der heute noch gerne und oft im Sulky sitzt, erinnert sich: „Die Verbindung zwischen dem FC Schalke 04 und der Trabrennbahn ist legendär. Wir Spieler hatten dort in der Gaststätte eine Art Stammtisch, auch Präsident Günter Siebert schaute damals oft vorbei."

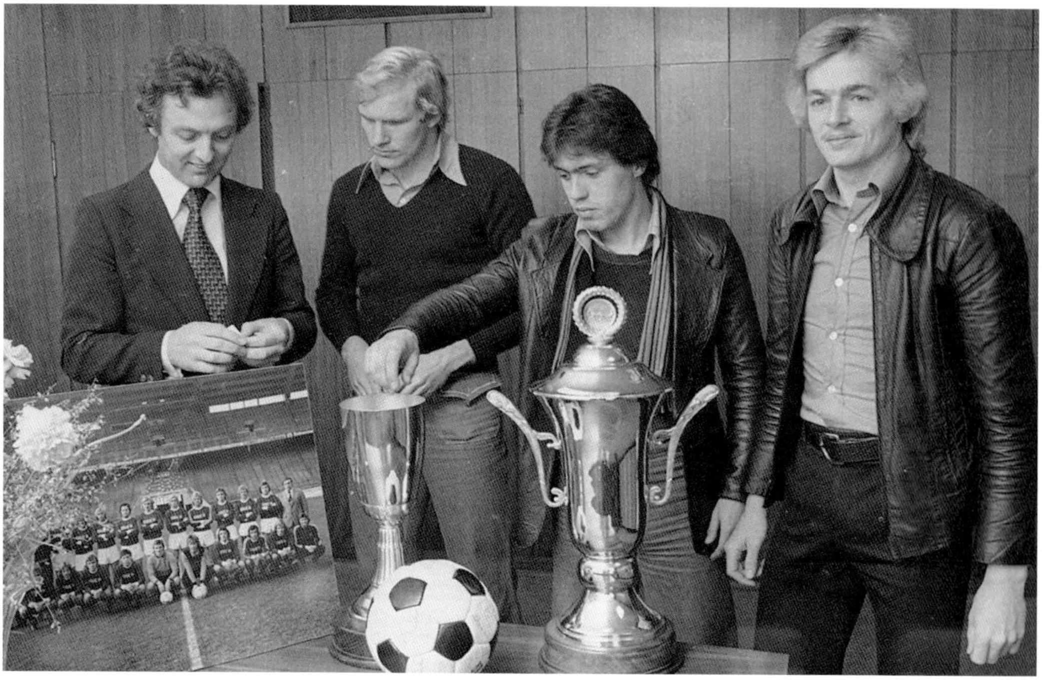

Auslosung für einen Derbyrenntag in Gelsenkirchen: Gelsentrab-Geschäftsführer Hans Schneider, Rolf Rüssmann, Manfred Dubski und Hannes Bongartz (v. l.).

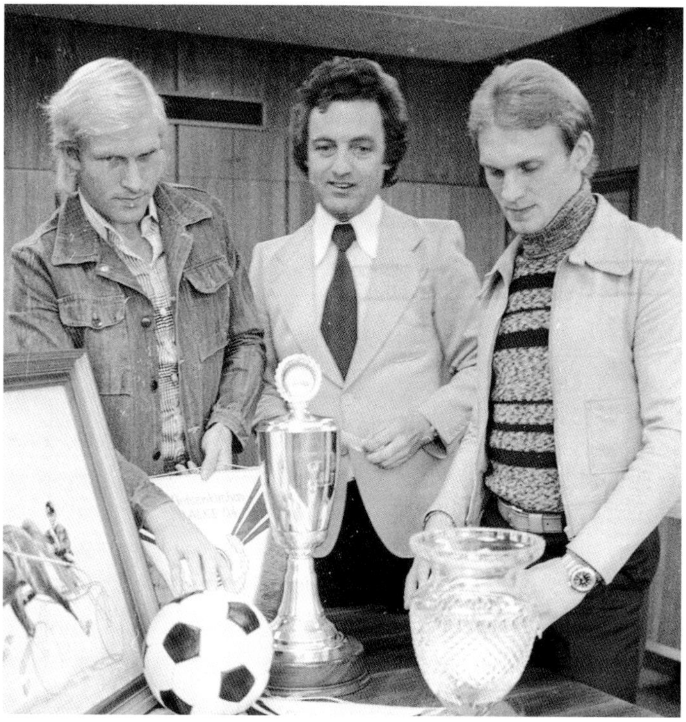

Diesmal am Lostopf: Rolf Rüssmann, Hans Schneider und Achim Wagner (v. l.).

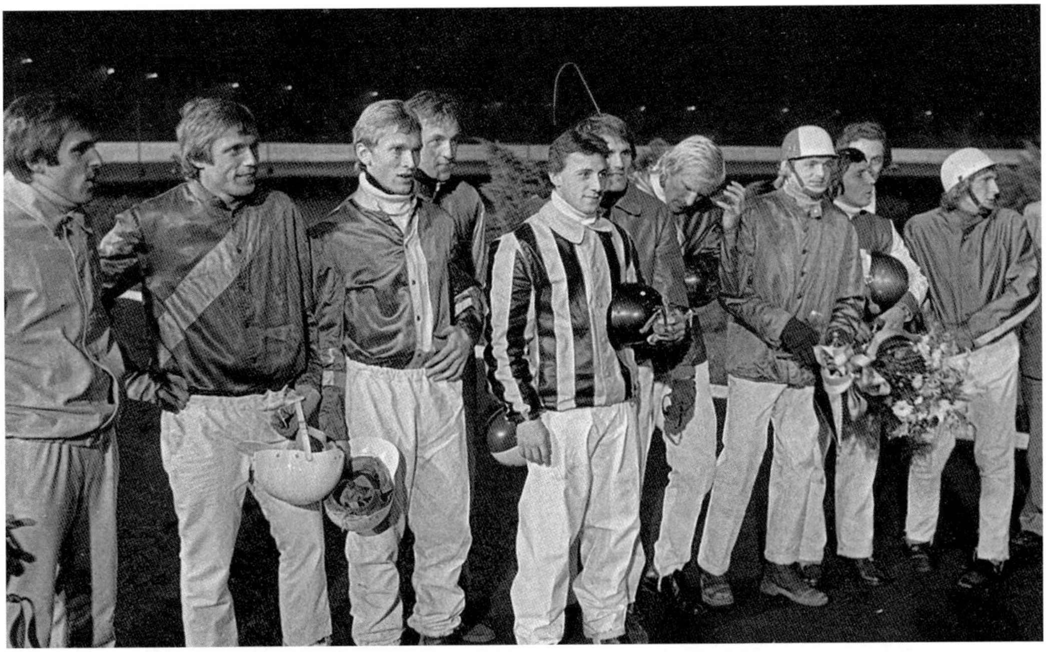

Beim Derby-Renntag am Nienhausener Busch: Mirko Votava, Horst Bertram, Achim Wagner, Burkhard Segler, Bernd Thiele, Ede Kasperski, Rolf Rüssmann, Hannes Bongartz, Klaus Fischer und Herbert Lütkebohmert (v. l.).

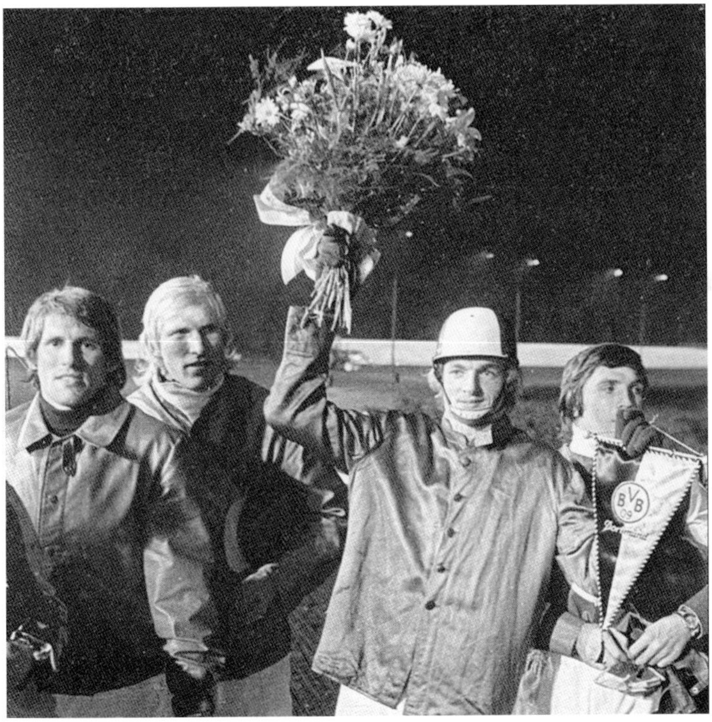

Strahlende Gesichter nach dem Gelsenkirchener Derbyrenntag 1976: Ede Kasperski, Rolf Rüssmann, Hannes Bongartz und Klaus Fischer.

Buchhinweise

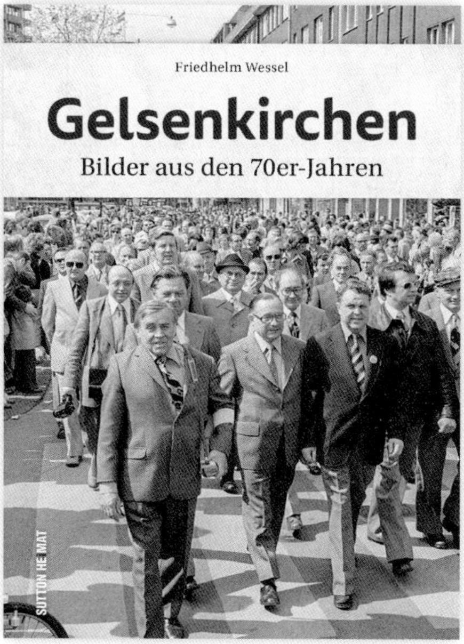

Friedhelm Wessel
Gelsenkirchen
Bilder aus den 70er-Jahren
19,99 €
ISBN: 978-3-96303-223-3

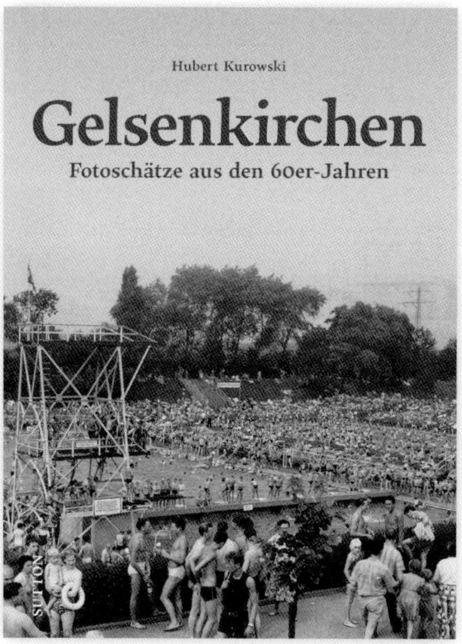

Hubert Kurowski
Gelsenkirchen
Fotoschätze aus den 60er-Jahren
22,99 €
ISBN: 978-3-96303-312-4

suttonverlag.de

Buchhinweise

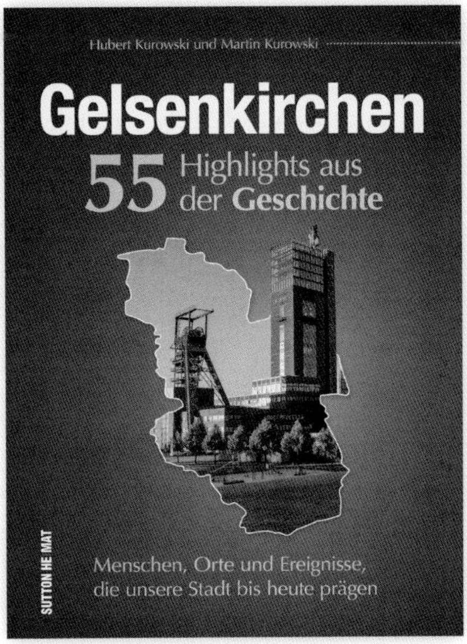

Hubert Kurowski und Martin Kurowski
Gelsenkirchen. 55 Highlights aus der Geschichte
Menschen, Orte und Ereignisse, die unsere Stadt bis heute prägen
19,99 €
ISBN: 978-3-96303-052-9

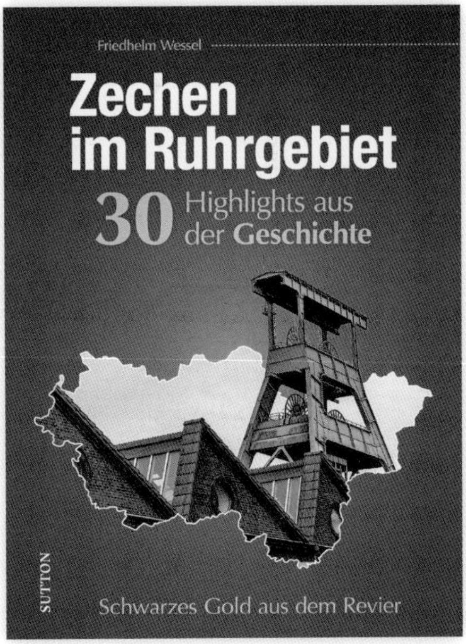

Friedhelm Wessel
Zechen im Ruhrgebiet. 30 Highlights aus der Geschichte
Schwarzes Gold aus dem Revier
19,99 €
ISBN: 978-3-96303-307-0

suttonverlag.de